아무래도 좋을 **그림**

여행을 기억하는 만년필 스케치

아무래도 좋을 **그림**

초판 1쇄 발행 2015년 9월 15일
초판 2쇄 발행 2015년 9월 30일

글 · 그림 | 정은우
사진 | nekotomori
펴낸이 | 金湞珉
펴낸곳 | 북로그컴퍼니
편집부 | 김옥자 · 태윤미 · 김현영
디자인 | 김승은
마케팅 | 김선규 · 이예지
경영기획 | 김형곤
주소 | 서울시 마포구 월드컵북로 1길 60(서교동), 5층
전화 | 02-738-0214
팩스 | 02-738-1030
등록 | 제2010-000174호

ISBN 978-89-94197-87-6 03600

여행을 기억하는 만년필 스케치

아무래도 좋을 **그림**

글 · 그림 정은우

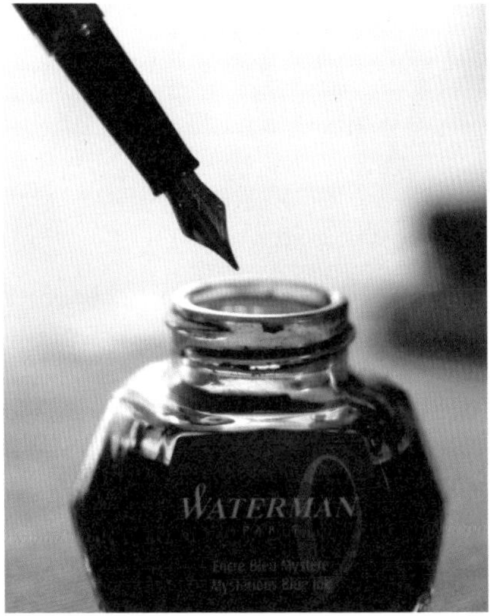

북로그컴퍼니

| 프 롤 로 그 |

만년필 여행 스케치를 펴내며

만년필로 여행지에서 글을 쓰고 그림을 그린다는 건 대단할 게 못 된다. 작고 가벼운 스마트폰으로 모든 것이 가능한 시대에 크고 번거로운 만년필과 스케치북을 챙긴다는 것은 어쩌면 미련한 짓일지 모른다. 하지만 대부분의 사람들은 메모할 일이 생기면 스마트폰과 연필 중 고민 없이 연필을 집어 든다. 우리는 인간적인 것을 여전히 사랑한다. 인간이기 때문이라는 지극히 당연한 이유에서다.

편리하기 때문에 만년필을 사용하는 사람은 거의 없다. 만년필을 사랑하는 이들은 인간이 만들어낸 그 집념과 인간적임을 사랑한다. 편리하고 빠른 것만 고집한다면 여행지에서도 디지털카메라와 스마트폰을 놓지 마시길. 하지만 그런 사람이라면 한 장의 그림을 위해 대상을 몇백 번씩 쳐다보는 이와는 보고 느끼는 것이 다를 것이다. 진짜 풍경은 그럴 때라야 내 안으로 들어온다.

잘 그리고 못 그리고는 전혀 중요하지 않다. '아무래도 좋을 그림'은 여행지에서 우리가 느껴야 할 또렷하고 생생한 인간적 감정을 깨닫게 해줄 것이다. 그런 생각에 공감해줄 독자가 어딘가에 있을지도 모른다는 실낱같은 기대로 이 책을 썼다.

2015년 8월 은우

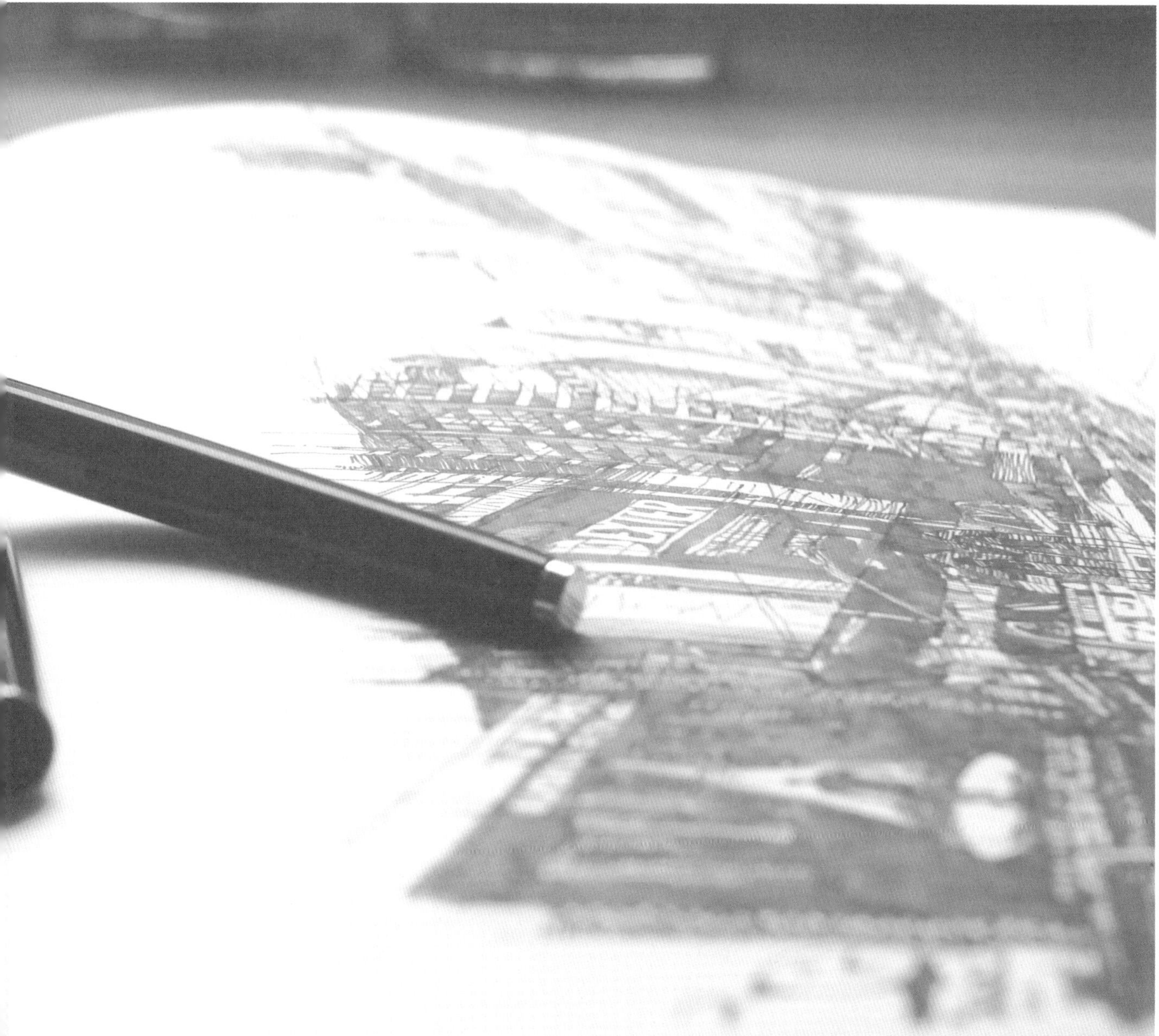

Part 1
내가 그리는 이유

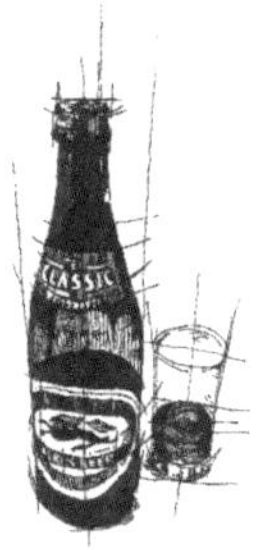

• Part **2**

몽상

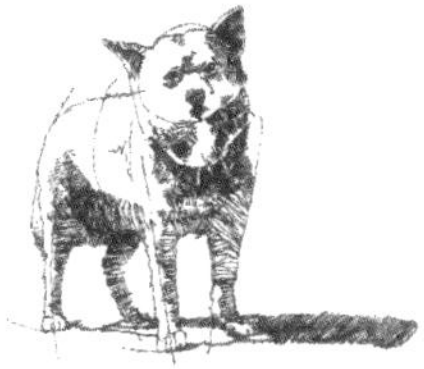

Part **3**

아무래도 좋을 그림

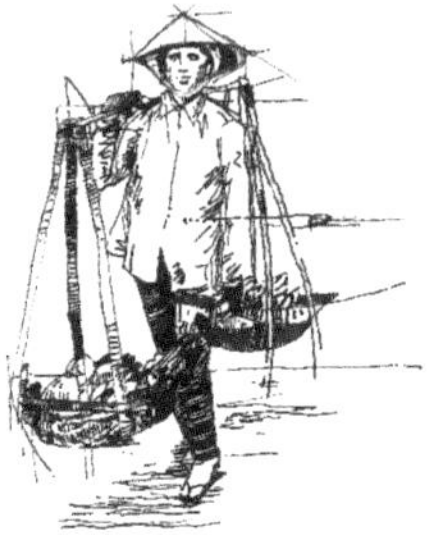

• Part **4**

두 도시 이야기

Waterman Hemisphere / Pelikan Tinte 4001 Royal-blue

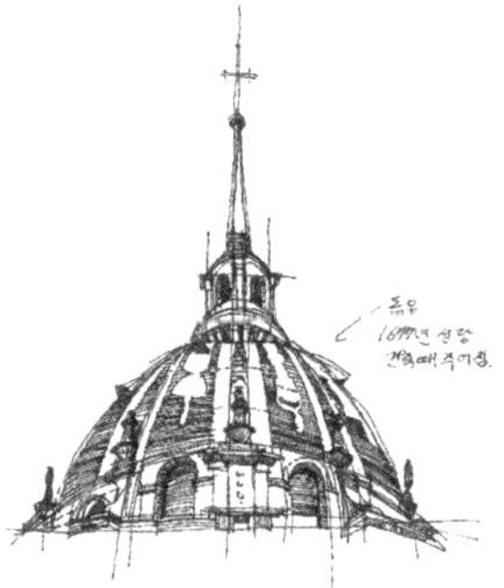

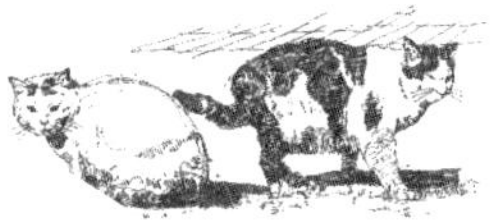

Part **5**

그림, 일상을 보는 법

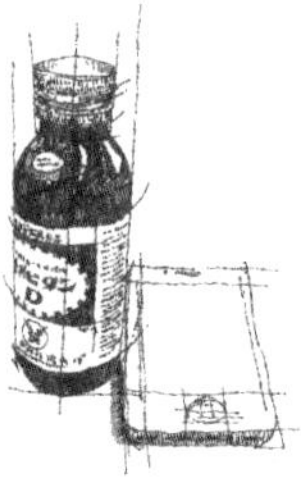

Part **1**

내가 그리는 이유

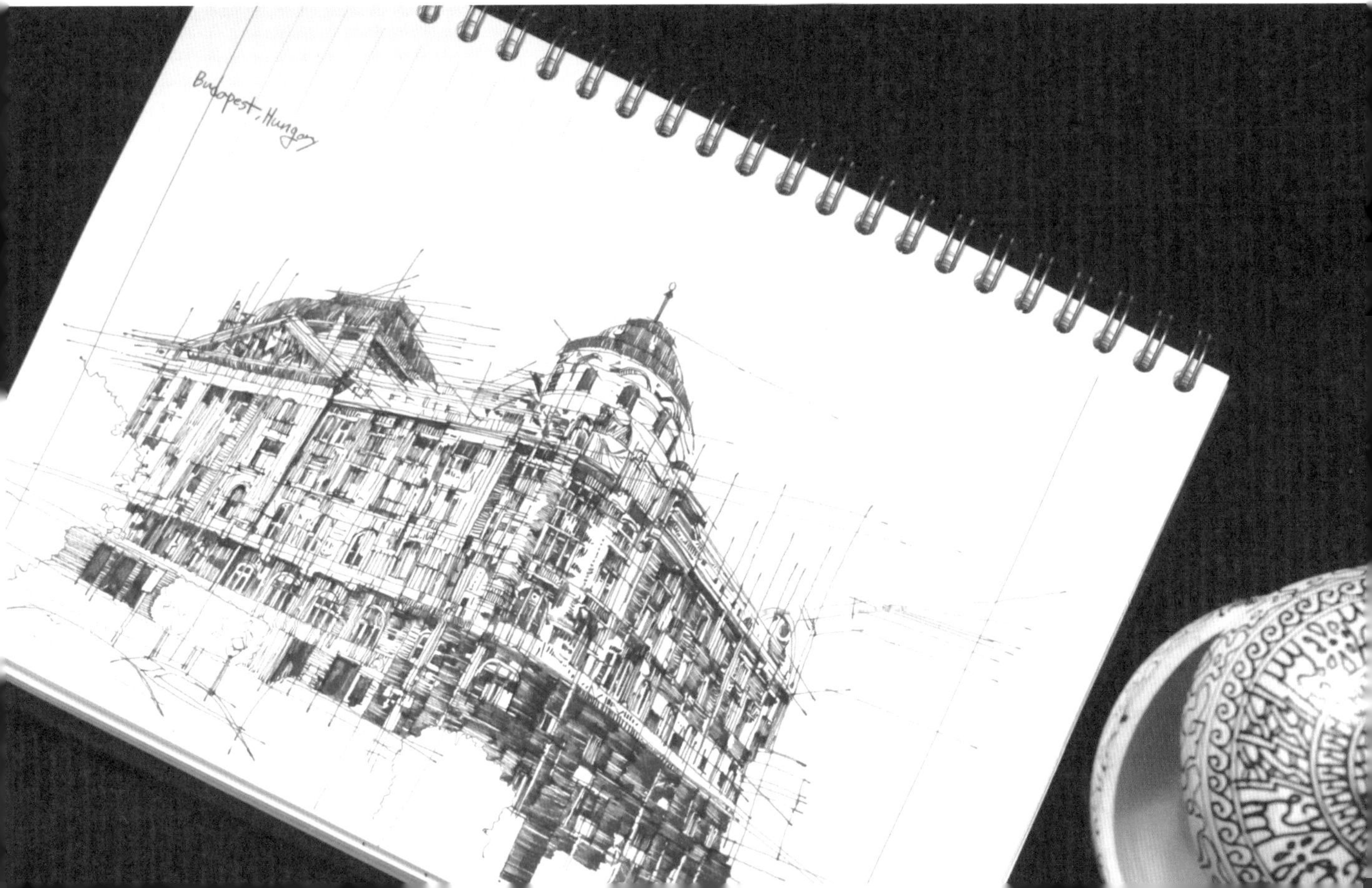

나의 여행

나에게 주어진 시간이 얼마 없다 해도

나는 이 세상을 여행하는 것에 조급해하고 싶지 않다.

오히려 소중한 이와

되도록 아주 천천히 여행하며

세상 구석구석의

보이지 않는 의미들을 볼 것이다.

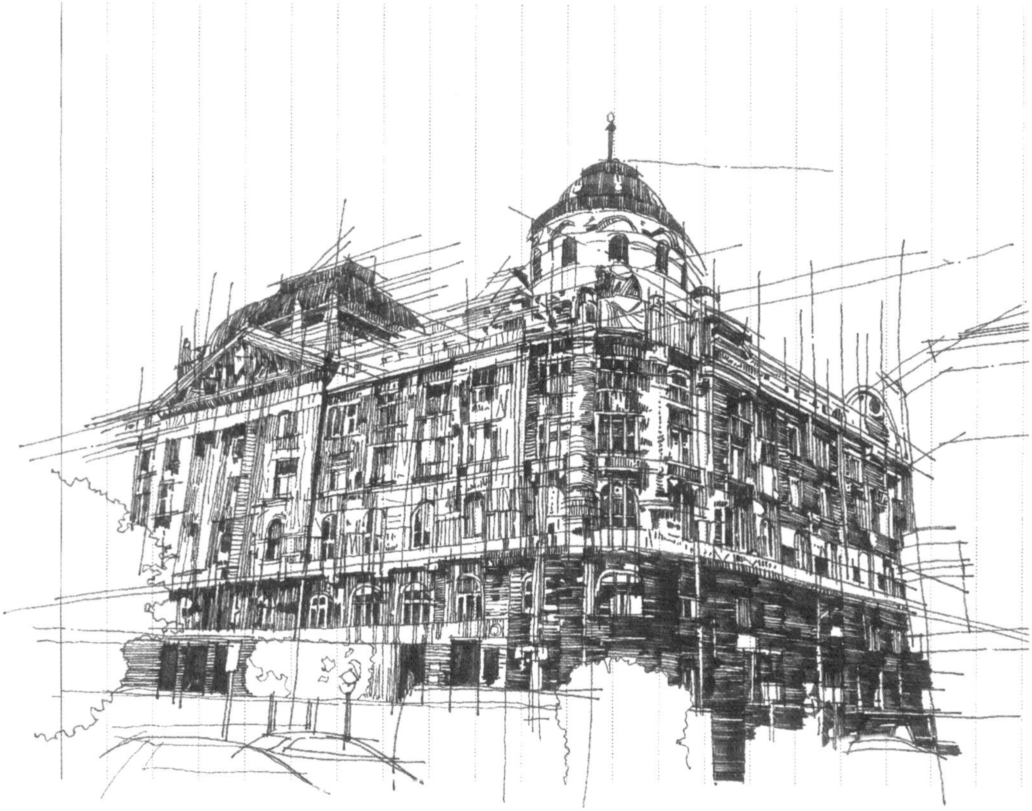

Budapest, Hungary, Platinum Blue-black

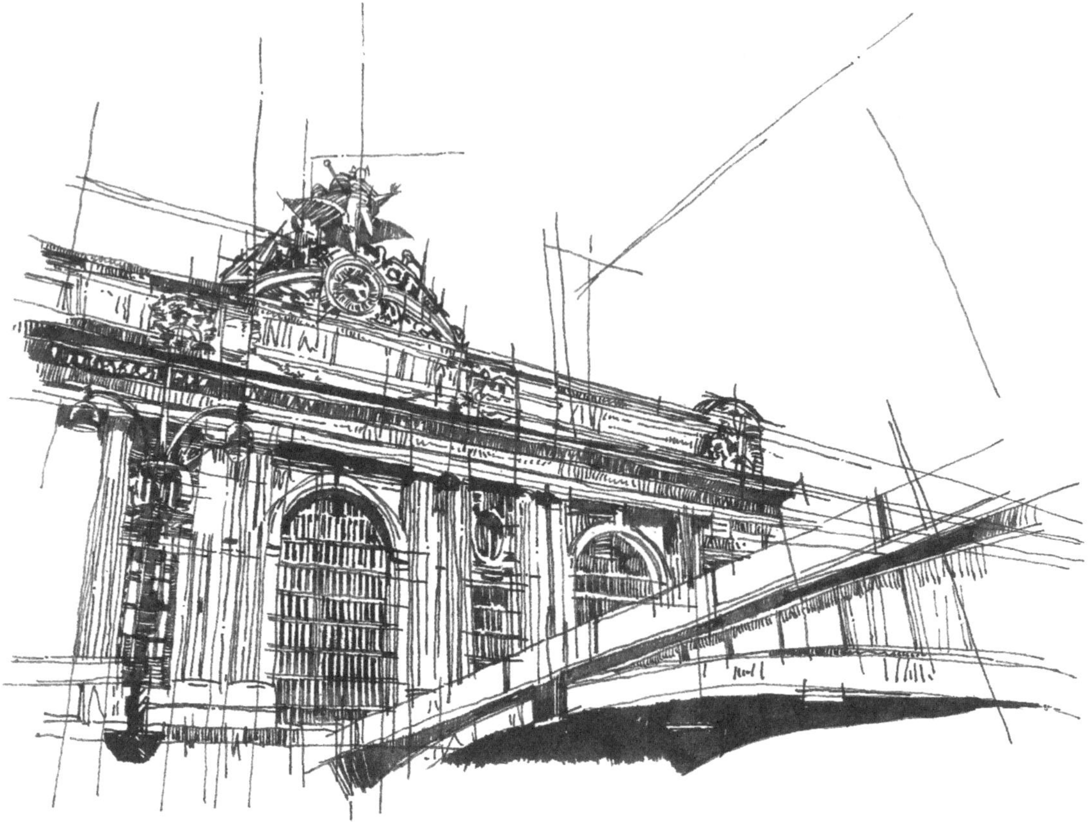

New York, U.S, Platinum Blue-black

나의 증명

우리는 소속으로 나를 증명하는 데 익숙해져 있다. 취업에 대한 불안도 사실 이 지점에서 찾을 수 있을지 모른다. 젊은이들은 25년이 넘는 시간을 통해 '인생이란 항상 어딘가에 소속되어 있는 것'이라는 사실을 의심 없이 받아들이게 된다. 그런데 입사지원서를 한 통 두 통 집어넣다 보면 아뿔싸, 내가 더 이상 소속 없이 살게 될지도 모른다는 불안감이 엄습해온다. 비단 구직자들에게만 해당되는 문제가 아니다. 정리해고의 두려움에 떠는 중년 회사원들도 마찬가지일 테지.

하지만 생각해보라. 언제든 바뀌거나 또 사라질 수 있는 게 소속감이다. 나이 오십 전에 모두 퇴사한다고 가정했을 때 우리는 소속이 없는 상태로 인생의 절반 이상을 살아내야 한다. 하지만 대부분의 사람들은 소속이나 지위가 없어졌을 때 '나'도 없어졌다고 생각하기 일쑤다. 우리가 혼자 잘할 수 있는 것, 스스로 재미있게 즐기며 몰입할 수 있는 것을 찾아야 하는 이유가 여기에 있다.

내가 그림을 그리는 이유는 '혼자 잘 놀고 싶어서'이다. 그림을 그리는 순간만큼은 처도 간섭을 하지 않는다. 서로 각자의 시간을 즐긴다. 그렇게 우리 부부는 소속이 아닌 '내가 몰입하는 일' '세상 속의 내 역할'로써 나를 증명하며 사는 연습을 지금부터 해가고 있다.

철듦의 의미

흔히 어른이 된다는 건 철이 드는 것이라고 이야기들 하지만 나는 최근까지 그 '철듦'의 의미를 정확히 알지 못했다. 바보 같긴 했지만 그래도 세상을 약간 살았던 내 경험을 바탕으로 추론해본바, 철이 든다는 것은 삶에서 '서투름'이 점점 희석된다는 뜻인 것 같다.

인간관계에 서툰 사람, 사리분별에 서툰 사람을 우리는 주저 없이 '철부지'라고 명명한다. 반대로 삶의 여러 방면에서 서투름이 사라진 사람을 우리는 어른이라고 부른다. 매사에 서툰 나는 모르는 일을 하기 전에 괜히 혼날까 봐 '어른'에게 묻는다.

그렇게 우리는 어른이 되어간다.

그런데 한편으론 이제 서툰 게 없는 삶은 또 얼마나 심심할까 하는 걱정도 든다. 서툰 게 불편한 것은 맞지만 서툴지 않다면 그의 짝패랄 수 있는 설렘도 없다는 뜻이 되기 때문이다.

인간은 익숙한 것에 설렘을 느끼지 못한다. 자전거를 잘 타게 되었을 때, 운전을 무사히 마쳤을 때 느끼는 희열은 그 전에 서투름이 있었기에 가능하다. 익숙해져버린 운전, 늘 하는 젓가락질에서 설렘을 느끼는 사람은 없다.

나는 내 삶의 서투름이 '철이 든다'는 핑계로 사라지는 게 너무 못마땅했다. 그렇다고 사회적 관계망 속에서 존재해야 하는 내가 마냥 철부지로만 지낼 수도 없는 노릇이었다.

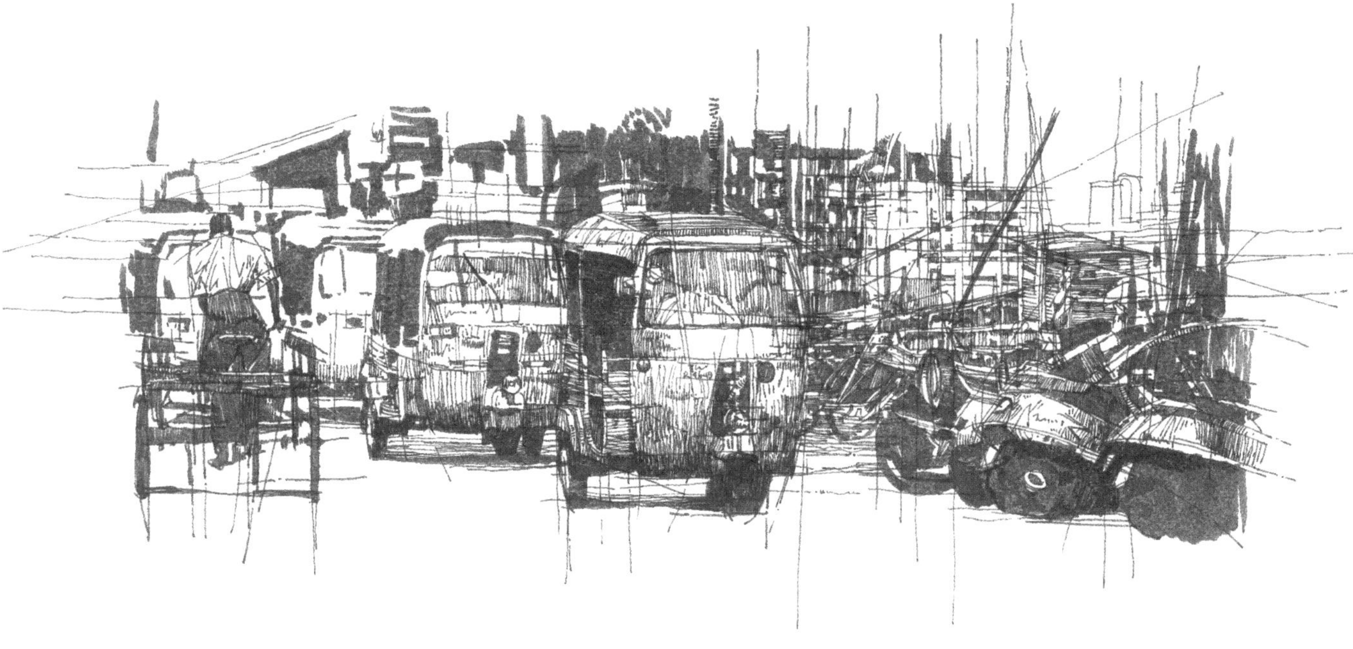

Deli, India, Waterman Blue-black

그렇다면 우리는 언제부터 어른일까. '내가 영원히 철부지로만 살 수 없음'을 깨닫게 되는 순간부터라고 할 수 있지 않을까. 책임과 굴레 때문에 영원히 서툴게만 지낼 수 없으니 우리는 익숙한 것만 찾게 되고, 익숙한 것을 찾음과 동시에 설렘과도 영영 작별해야 하는 건 아닐까. 난 그 순간이 영원히 오지 않았으면 좋겠지만 그래도 다행히 차선책은 있다.

여행.

여행지에서 우리는 너무나 많은 서투름에 무방비로 노출된다. 호텔에서, 식당에서, 공항에서, 시장 어귀에서 아무리 현지인처럼 행동하려 해도 몸에 붕대처럼 감겨 있는 이방인 특유의 서투름을 벗겨낼 수 없다.

현지인 역시 여행자들의 서투름에 지극히 관대하다. 여행지에서는 그 어떤 서투름도 흉이 아니다. 여행자니까, 하는 마음이 나처럼 그들에게도 있는 것이다.

서툴러서 불편한 건 맞지만 그 불편함이 역설적이게도 내 실존을 증명한다.

영원히 어른이 되지 않는 방법은 영원히 여행하는 것뿐일지도 모른다.

낮고 축축한 목소리

기내 서비스를 능가하는 관광버스, 사람을 무서워하지 않는 고양이, 찌꺼기가 두텁게 가라앉는 커피 등 터키를 낯설게 만드는 것은 한두 가지가 아니지만 그중 가장 인상적이었던 것은 조석으로, 아니 잊을 만하면 모스크에서 흘러나오던 예배를 알리는 목소리였다. 도무지 알아들을 수 없는 그 웅얼거림(?)은 내가 정말 이국의 어느 곳에 와 있구나, 라는 사실을 자각시키기에 충분했다. 나중에 알게 된 사실이지만 그 중얼거림의 대부분은 "알라는 위대하고 알라 외에 신은 없다"라는 내용이었다. 목소리는 미나렛이라는 사원의 첨탑에서 하루에 다섯 번씩 흘러나왔다.

구슬프다고 할까, 새벽에 듣는 그 목소리는 낮고도 습했다. 예배시간을 알려주는 그 행위를 '아잔'이라 부르고 예배시간을 알려주는 이를 '무에진'이라 부른다 했다. 흥미로운 것은 무에진 중에 '장님'이 많다는 사실이다.

이유는 크게 두 가지인데 선택할 수 있는 직업의 폭이 다양하지 않은 시각장애인들에게 그들이 감당할 수 있는 일자리나 직업을 제공해야 한다는 인도적 마음이 첫 번째 이유이고, 그들이 마을의 가장 높은 곳이라는 첨탑에 올라서도 마을 주민들의 안마당 같은 사적인 공간을 훔쳐볼 수 없게 하려는 사생활 보호 목적이 두 번째 이유였다. 나는 첫 번째보다 사생활 보호라는 두 번째 이유가 좀 더 설득력이 높다고 여겨지는데, 목소리 고운 무에

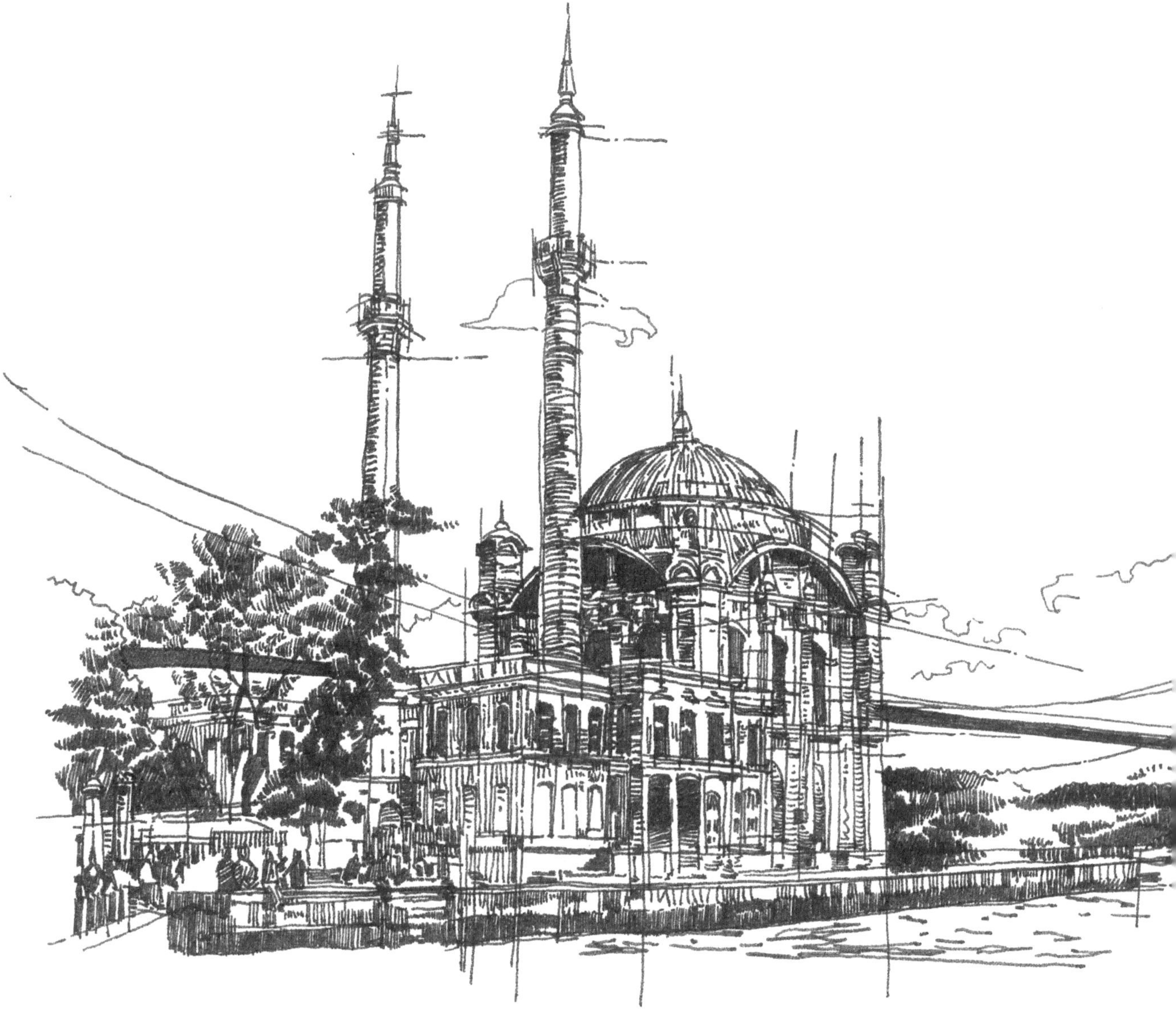

진을 만들기 위해 일부러 눈을 멀게 한 역사적 사실도 있기 때문에 인도주의적인 첫 번째 이유는 믿기 힘들어서다. 물론 지금은 굳이 시각장애인이 아니더라도 무에진인 경우가 많아졌다.

난 여전히 터키 여행사진 속 모스크를 볼 때마다 무슬림들에게 예배시간을 알리던 무에진의 낮고 축축한 목소리가 들리는 것만 같다. 빛을 버리고 소리를 선택했던 당시 무에진의 삶은 무슬림으로서 종교적 축복이었을까, 아니면 타자와는 어둠밖에 공유할 수 없는 인간적 저주였을까.

어느 쪽이 되었건 오르타쾨이 모스크는 아름답고 보스포루스 해협의 물비늘은 파란 쟁반 위의 보석처럼 반짝이기만 한다.

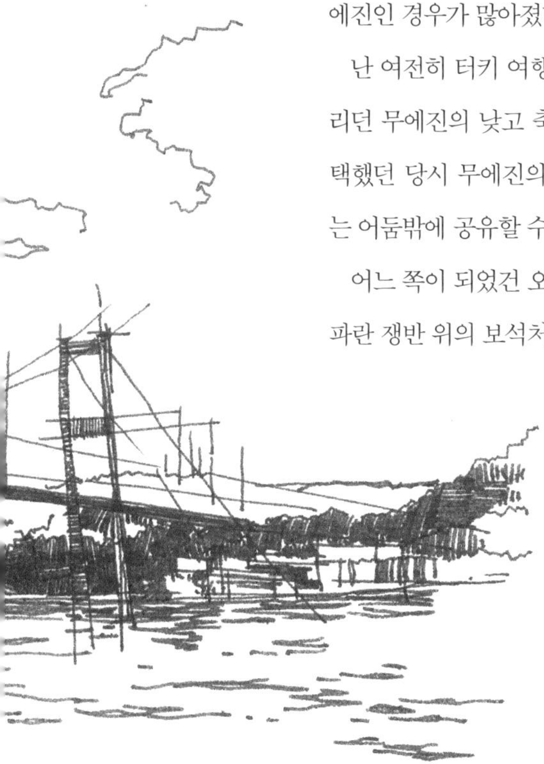

Istanbul, Turkey, Waterman Blue-black

미안하다는 말

아버지는 술을 드시지 않는다. 평소엔 그 사실이 아무렇지 않았지만 맥주의 천국 일본을 함께 여행할 땐 아버지의 금주가 못내 아쉬웠다. 술동무가 아쉬운 건 아니었다. 혼자 마시면 마셨지, 누군가 함께 있는데 혼자 마시는 건 아무래도 불편했기 때문이다.

오사카의 명물 꼬치튀김 '쿠시카츠'를 앞에 두고 아버지는 이런 내 마음을 읽었는지 대뜸 내게 미안하다고 하셨다.

"이럴 땐 너랑 맥주도 한잔하고 그래야 하는데 미안하다."

물론 당신께서 미안할해 일은 결코 아니었다. 굳이 미안해야 한다면 사정상 술을 입에 대지 못하는 아버지를 앞에 두고 생명수라도 되는 양 홀짝홀짝 마시는 내 쪽이었다.

술 때문이 아니더라도 나이가 들수록 아버지는 미안하다는 말이 부쩍 잦으시다. 미안해할 일이 갑자기 많아진 건 아닐 것이다. 대부분 과거사다. 하지만 말이 사과지 부자지간에 청산해야 할 게 있어봤자 얼마나 있겠는가. 그래도 아버지는 미안하다고 하신다. 나는 기억도 못하는 손찌검이 미안하고, 바라던 걸 사주지 못해 미안하고, 기호 1번을 찍어서 미안하고, 맥주를 마시지 못해 미안하다는 식이다. 듣고 보면 대부분 미안해할 일이 아니므로 듣는 나로서는 불편할 수밖에.

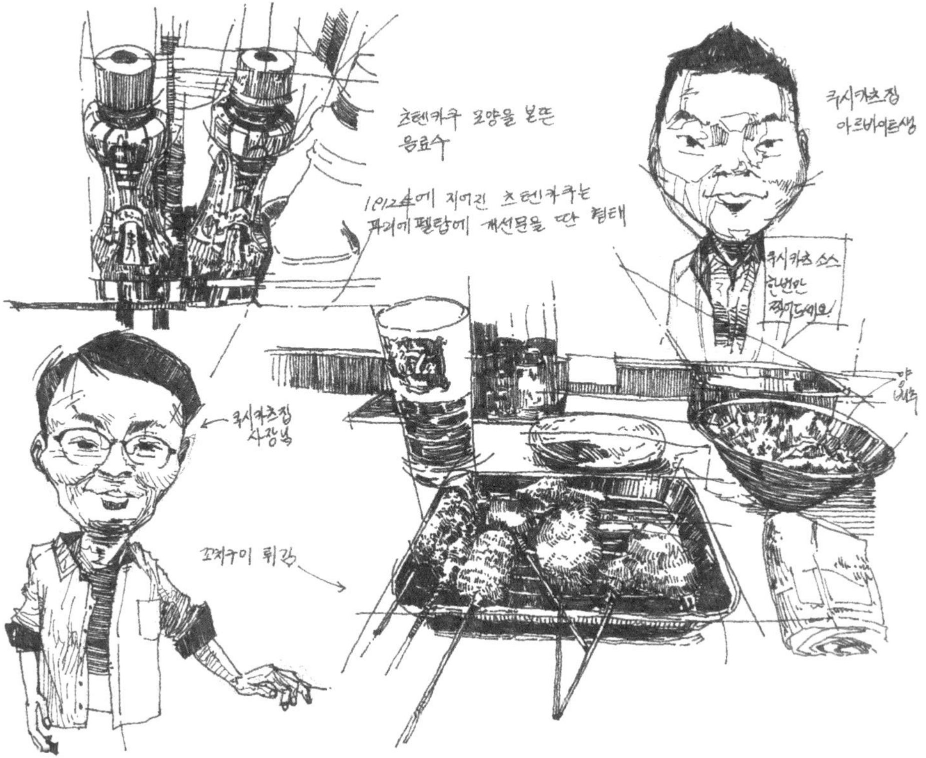

Osaka, Japan, Platinum Blue-black

하지만 지금 생각해보니 그건 사과라기보다 10년 넘게 아들과 대화다운 대화가 없었던 아버지께서 겨우 생각해낸 '말 거는 방법'이었던 것 같다. 그제야 아버지를 이해한 기분이었다. 그동안 이 남자를 이해하지 못해 사랑하지도 못했구나 싶은 생각이 들었다.

관계에서 사랑의 유무는 그다지 중요하지 않은 문제일지 모른다.
누군가의 삶을 온전히 이해했다는 게 중요하다.

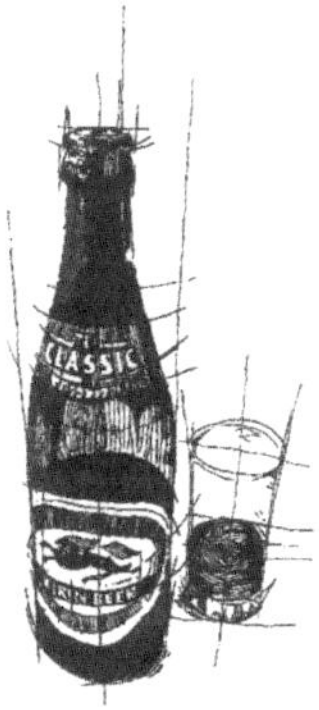

노르웨이 숲

북유럽에는 '노르웨이 숲'이라 불리는 우아한 고양이들이 산다. 다른 고양이들보다 덩치가 크며 털이 수북해 가혹한 북유럽 추위를 잘 견디는 종이다. 산책이 가능한 고양이로 유명할 만큼 사람을 두려워하지 않는다. 무엇보다 노르웨이 숲이라는 이름이 참 따뜻하다. 이름을 부를 때마다 추위가 가시는 느낌 아닌가.

노르웨이 베르겐의 주택가에서 놀랍게도 노르웨이 숲을 만났다. 노르웨이 숲은 과연 듣던 대로 인간인 우리를 전혀 두려워하지 않았다. 그저 고요한 눈빛으로 오고 가는 행인을 바라보는 게 녀석이 소일하는 전부인 듯했다. 그 눈빛은 세상일이 왜 이렇게도 고독한지 한국의 여행객에게 묻는 것 같았다.

그녀는 노르웨이 숲에게 천천히 다가가며 녀석을 향해 "보리~"라며 이름을 낮게 불렀다. (보리는 그녀가 한국에서 기르는 고양이의 이름이다. 왜 세상 모든 고양이를 보리라고 부르는지는 아직 묻지 못했다.) 낮잠을 자던 녀석은 그녀의 손길이 닿는 순간 평화롭게 '가르릉'거렸다. 코가 분홍색으로 촉촉했고 턱 주변을 쓰다듬어도 가만히 있었다. 아니다. 가만히 있기는커녕 무슨 좋은 꿈이라도 꾸는지 긴 수염을 바르르 떨다가 싱긋 웃기까지 했다.

녀석은 배와 다리는 희고 등과 꼬리, 눈동자 주변은 오렌지색을 띠는 북유럽에서 흔하게 볼 수 있는 색 배합의 고양이였다. 북유럽에 처음부터 이 색깔의 고양이들이 많았던 것은 아니다. 이 색 배합을 가능하게 만든 것은 놀랍게도 북유럽의 바이킹족이었다. 오렌지색 고양이는 과거 소아시아 지방에만 살았고 순백색 고양이는 지중해 인근에 많이 살았다. 육로를 통해서는 결코 만날 수 없었던 이 두 고양이를 지금의 북유럽으로 옮긴 것이 '바이킹'이었다. 이유는 알려지지 않았지만 바이킹은 지중해의 순백색 고양이와 소아시아의 오렌지색 고양이를 북유럽으로 꾸준히 실어 날랐다고 전해진다. 극악무도함의 상징처럼 여겨지는 바이킹족이 흰색, 오렌지색 새끼 고양이를 품에 안고 아빠 미소를 짓는 그림이라니.

저 노르웨이 숲 역시 조상을 거슬러 알아가다 보면 몇천 년 전 소아시아에서 건너온 오렌지 빛 고양이와 지중해로부터 온 기구한 운명의 순백색 고양이가 등장할지 모른다. 몇천 년 전 바이킹이 귀엽다고 데려온 고양이 두 마리가 지금은 한 마리의 노르웨이 숲이 되고 또 그 고양이를 한국에서 온 두 남녀가 귀엽다고 쓰다듬고 있다.

여행이란 게 원래 그런 식으로 서로 만날 일 없던 것들이 만나가는 이야기의 축적이다. 길고양이 한 마리에도 여행의 놀라움이 있는 것이다.

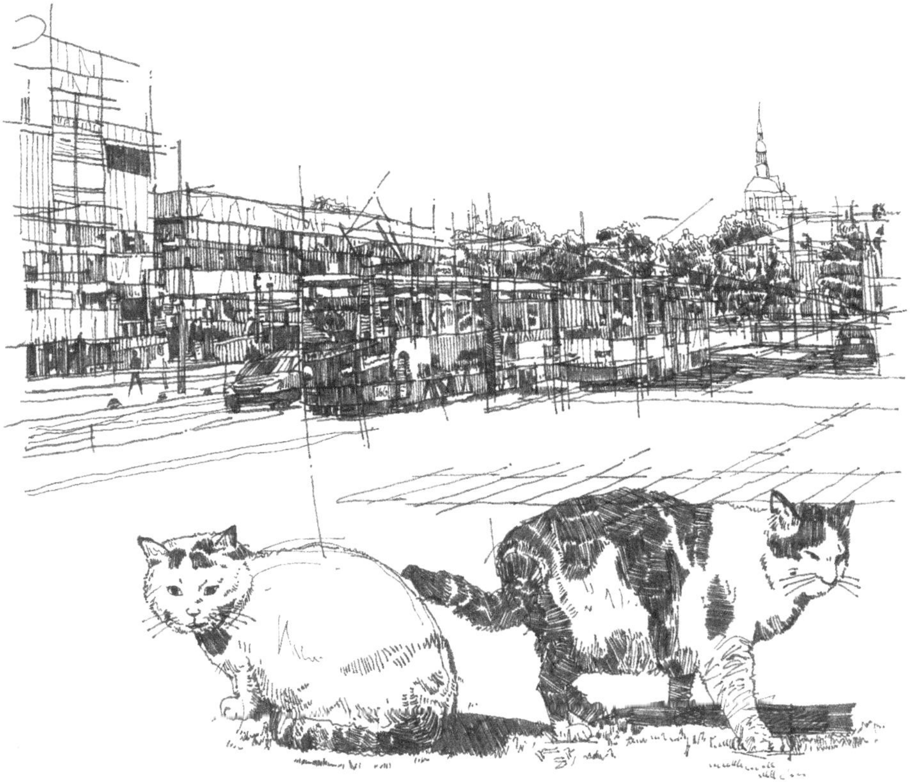

Oslo, Norway, Parker Quink Blue-black

창경궁, 그 자태에 관한 부기附記

건축을 공부하던 시절부터 지금까지, 누군가 내게 서울에서 가장 사랑하는 건축물이 무엇이냐고 물으면 나는 주저 없이 창경궁을 꼽는다. 하고많은 전각 중에 하필 창경궁인 이유야 지금도 수없이 댈 수 있지만, 오늘은 내 창경궁 사랑이 어디서 연원했는지 정도만 톺아보고자 한다. 결론부터 당기자면 창경궁이 가진 '궁답지 않은 궁의 자태'가 마음에 들었다.

조선 궁궐의 중심은 '정전'이다. 그래서 대부분의 조선 궁궐은 정전을 2층으로 지어 올려 왕의 위엄을 드러내는 한편 오방색으로 화사하게 치장해 색채를 통한 '특권의식'도 뽐냈다. 대표적인 예가 경복궁 근정전이다.

헌데 유독 창경궁의 정전만 1층으로 지어놓았다. 경복궁 근정전에 갖다 댄다면 소박하다 못해 초라하기까지 할 것이다. 하지만 덕분에 조선 궁궐 특유의 오연한 기운이 창경궁엔 없다. 손만 뻗으면 닿을 것 같은 키 낮은 지붕, 나는 그 점이 좋았다.

이런 창경궁의 매력을 제대로 관찰할 수 있는 곳은 맞은편 서울대병원 후문길이다. 낮게 드러누운 궁의 모습이 음전한 동시에 한 치의 오차도 없이 묵연하게 도열한 기왓장엔 궁이 응당 가져야 할 위엄이 고스란히 깃들어 있다.

조선 건축에서 가장 중요한 자재는 나무였다. 좋은 목재를 먼저 구해놓고 그 나무와 잘 화응하는 흙, 돌, 기왓장을 찾는 게 그 다음 순서였다. 세월이 흘러 사람 사는 곳의 건물 모

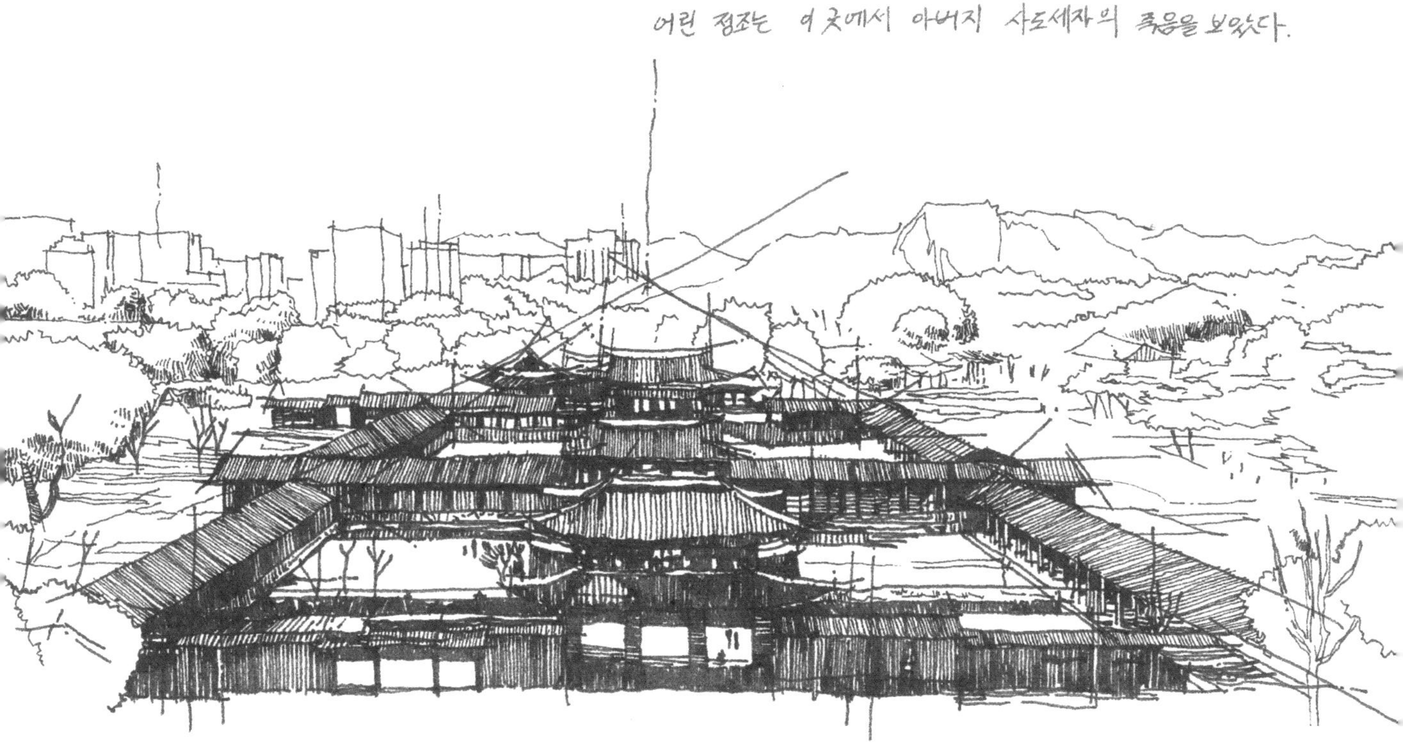

Seoul, Korea, Waterman Blue-black

양새나 규모가 달라지면서, 목재가 중심이 되기는커녕 목재를 제외한 나머지 것들로만 꾸며진 건물들이 주를 이루게 되었다. 그런 건물들은 대개 높아지기 마련인데 시골에서 자라 자연이 만드는 스카이라인에만 익숙해 있던 내겐 한동안 낯선 풍경이었다.

스카이라인과 더불어 서울살이를 어색하게 만든 건 그런 높은 건물들이 만들어내는 그늘이었다. 뉴욕의 고층 빌딩들이 뾰족한 양초 형태를 가지게 된 이유도 일조량을 확보하기 위한 궁여지책이었다. 이처럼 마천루는 도시를 그늘지게 만든다. 볕이 들지 않는 도시의 길은 '복도'나 다름없다.

창경궁은 그런 점에서도 도시의 상비약 같은 장소였다. 앞서도 설명했다시피 키 낮은 창경궁은 그림자를 길게 뻗어내지 않는다. 무엇보다 대부분의 조선 궁이 남향인 데 반해 창경궁은 외따로이 동쪽을 바라보고 있어 이른 아침 궁 안 뜰에 범람할 정도로 괴어든 볕이 만들어내는 풍경도 무척 좋았다.

지금은 창경궁이 내려다보일 정도로 가까운 사무실에서 하루를 보낸다. 제 할 말만 늘어놓은 듯 일방적으로 높기만 한 빌딩 따위는 괘념치 않으려는 창경궁의 오연한 매력은 언제 어디서 봐도 좋지만 역시 그 안에서 눈높이로 바라볼 때만큼 근사하지 못하다.

정성을 완성하는 정성

교토 기요미즈테라清水寺로 가는 길은 까다롭기가 여간이 아니다. 길이 좁아 자동차는 언감생심, 한참을 빙 둘러야 하는 도보길도 오르기에 만만치 않다. 하지만 기요미즈테라에서 바라보는 교토의 풍경은 그런 노고를 순식간에 잊게 만든다. 탁 트인 남향의 무대는 누가 일본을 축소 지향이라 했던가 되묻게 하고, 깎아지른 절벽 위에 못 하나 쓰지 않고 완성했다는 391개의 기둥을 보면 왜 이곳이 일본 건축공학의 자랑인지 알 수 있다.

성당이나 사찰 같은 역사적 건축물을 볼 때 '내가 뭘 알아야지' 하며 자기가 그 방면에 문외한임을 애써 강조하고 뒷걸음질 치는 사람이 있다. 하지만 나는 순수한 아마추어의 눈으로 보는 건축물은 그대로 의미가 있다고 생각한다. 정확한 발음이 존재하는 글도 아니고 제 좋으면 그게 좋은 거지 누가 뭐라 할 수 있겠는가. 아마추어에게만 주어진 일종의 특권이라면 특권이니 그럴 필요 없다.

다만 만드는 정성 못지않게 보는 이의 정성도 일종의 예의라는 이야기 정도는 해두고 싶다. 보는 정성이 만든 정성을 완성한달까. 건축가의 감정과 집념이 어떻게 스며 있으며, 보는 이와 어떻게 관계 맺는지 끝내 감지 못한다면 지은 이로서는 적지 않게 섭섭할 것이기 때문이다.

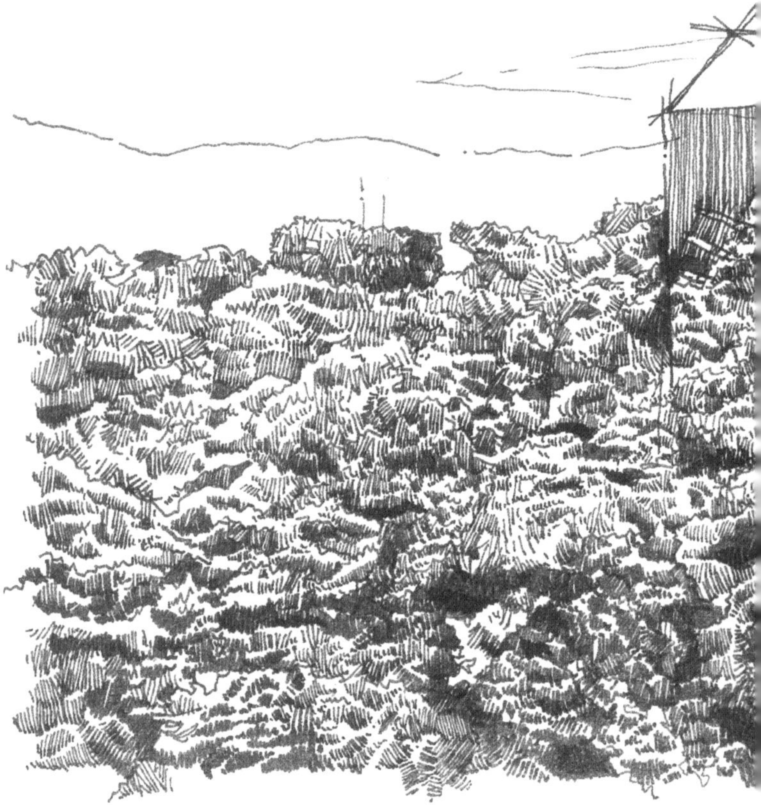

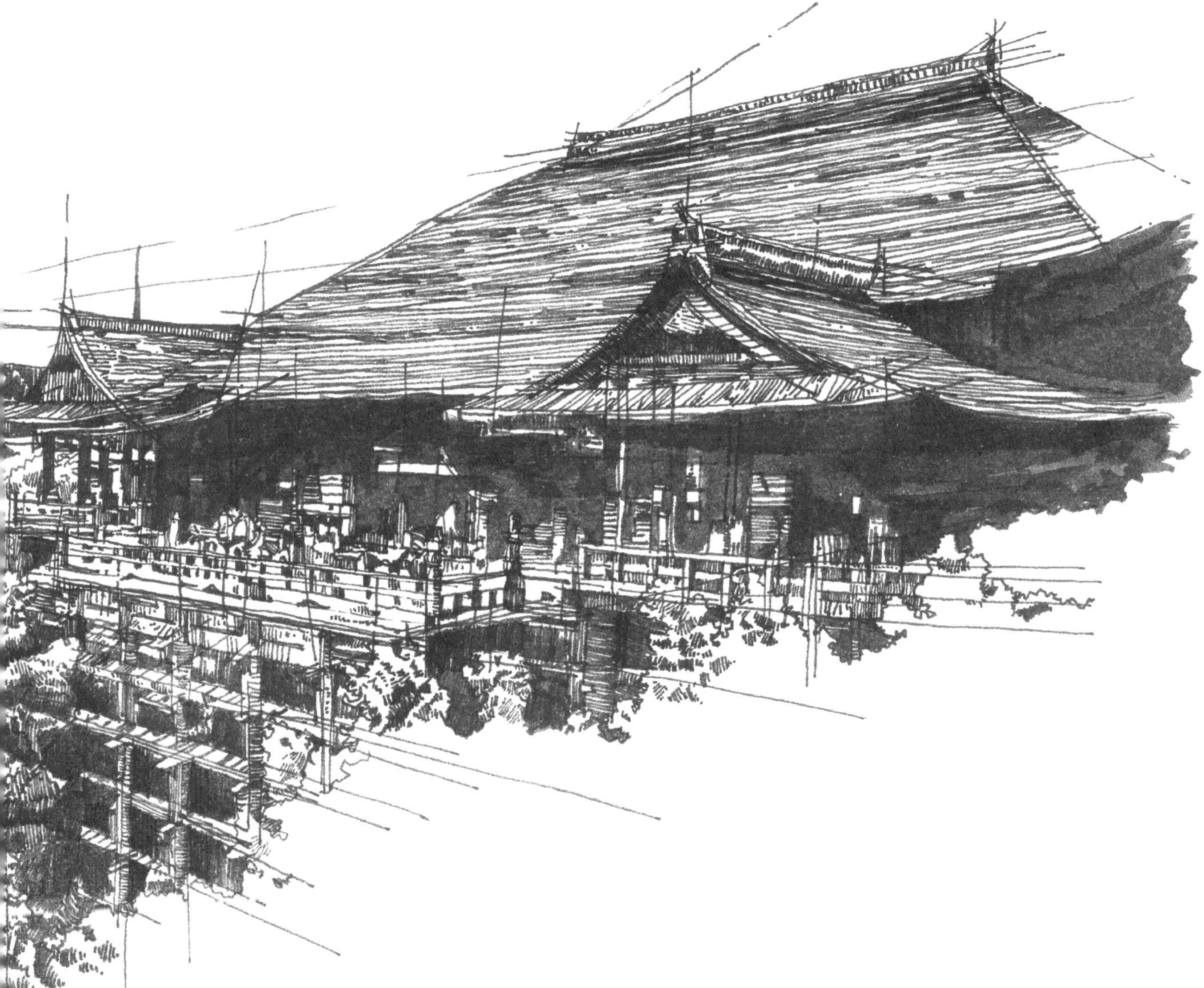

Kyoto, Japan, Platinum Blue-black

아프리카 코끼리의 여행

남아프리카공화국 필라네스버그 국립공원의 코끼리 한 마리가 대낮의 몽유병 환자처럼 어슬렁거리며 걸어간다. 가이드의 말로는 수컷 코끼리는 일정한 나이가 되면 혼자서 먼 여행을 떠난다고 하는데 (그 말이 사실인지 아닌지는 잘 모르겠지만) 그렇다면 코끼리는 꽤 낭만적인 동물이고, 지극히 자기애가 강한 동물이다.

코끼리의 신체 중 가장 신기한 것은 바로 그 주름 잡힌 피부와 뭉툭한 발가락이다. 피부는 인간의 죽지 밑 겨드랑이처럼 오만 가지 형태의 골을 이루고 있는데 이것을 가만히 들여다보고 있으면 흡사 땅 위의 수많은 실개천 같아서 저것들이 다 어디로 흐르고 어디서 모이나 궁금해진다. 하지만 우리가 그 수많은 실개천들의 행방을 찾을 수 없듯이 코끼리의 수많은 주름 역시 아득한 이국에서 들려온 풍문처럼 희미해서 닿을 수가 없다.

발가락도 신기하다. 인간의 기준으로 분화되지 않은 발가락은 모두 신기하기만 하다. 어찌 발가락이 다섯 개가 아니고 한 덩어리로 붙어 있을까. 원래 한 덩어리였을까. 아니면 다섯 개가 붙어버린 것일까. 둔중한 몸을 지탱하려면 저런 모양이 분명 편리하겠지만 인간의 발이나 코끼리의 발이나 결국 무게를 지탱한다는 측면에서는 똑같을 텐데 왜 누구는 갈라지고 누구는 들러붙게 되었을까. 그 갈라짐의 이유가 불현듯 궁금해진다.

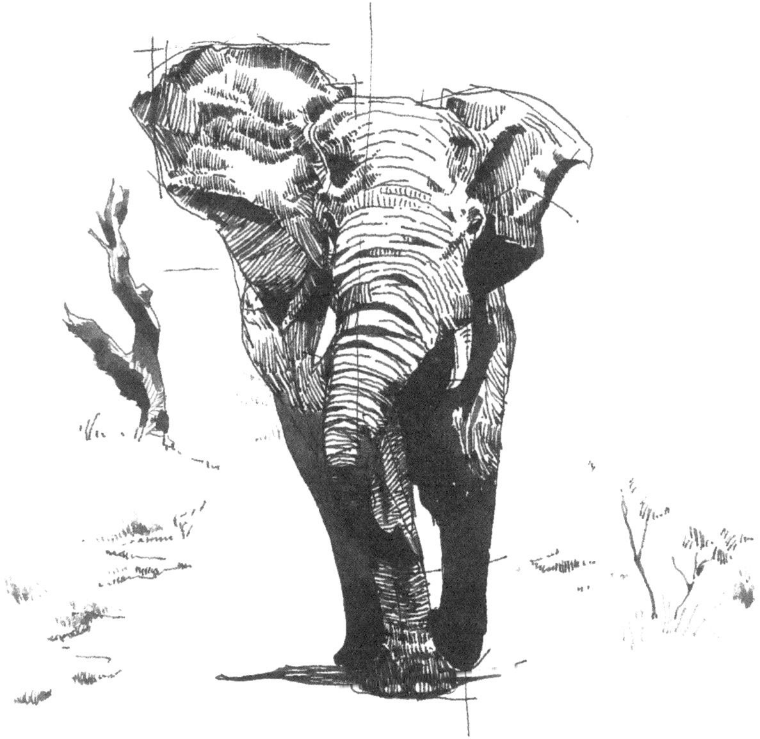

Pilanesberg, South Africa, Waterman Blue-black

아프리카 코끼리의 귀는 아프리카 대륙을 닮았다고 한다. 세상의 어느 동물이 자신이 딛고 있는 대륙을 귀에 달고 살까. 코끼리여서 가능한 일일까. 여러모로 신기한 존재다. 평생 코끼리만 보고 살라고 한다면 한 3년 정도는 그럴 수 있을 것 같은데…….

필라네스버그 국립공원에서 혼자 터벅터벅 걸어가는 코끼리를 본다. 코끼리는 물 아래쪽으로 갔다. 그렇게 코끼리는 노을 속으로 빨려 들어간 듯했고 그 뒷모습은 세상의 마지막처럼 위태로웠다. 뭉툭한 발로 걷는 코끼리의 여행은 어떤 수도승의 고행처럼 보였다.

공간의 논리

나는 가깝건 멀건 여행지 호텔에 짐을 풀어놓고 간단히 챙겨 입은 후 호텔 로비를 나서는 첫날 밤(?)의 순간을 가장 좋아한다. 여행의 참맛을 꼽으라면 그 순간을 꼽고 싶을 정도다. 그런 내 철학에 타이베이만큼 설렘을 안겨주는 도시가 또 있을까.

대만의 하루는 어둑살이 내리는 저녁부터 시작된다. 타이베이의 상징이랄 수 있는 야시장 때문이다. 서쪽에서 마지막 노을이 어둠 속으로 무너지는 여섯 시부터 스린 야시장은 활기를 띠기 작한다.

대만의 야시장은 단순한 오락문화가 아니다. 조금만 걸어도 지치기 십상인 아열대 기후 속에 나름 터득한 그들만의 생존방식이다.

인간에게 도시란 단순한 물리적 공간 이상이다.

공간은 적절한 삶의 형태를 규정시키는 일종의 논리다.

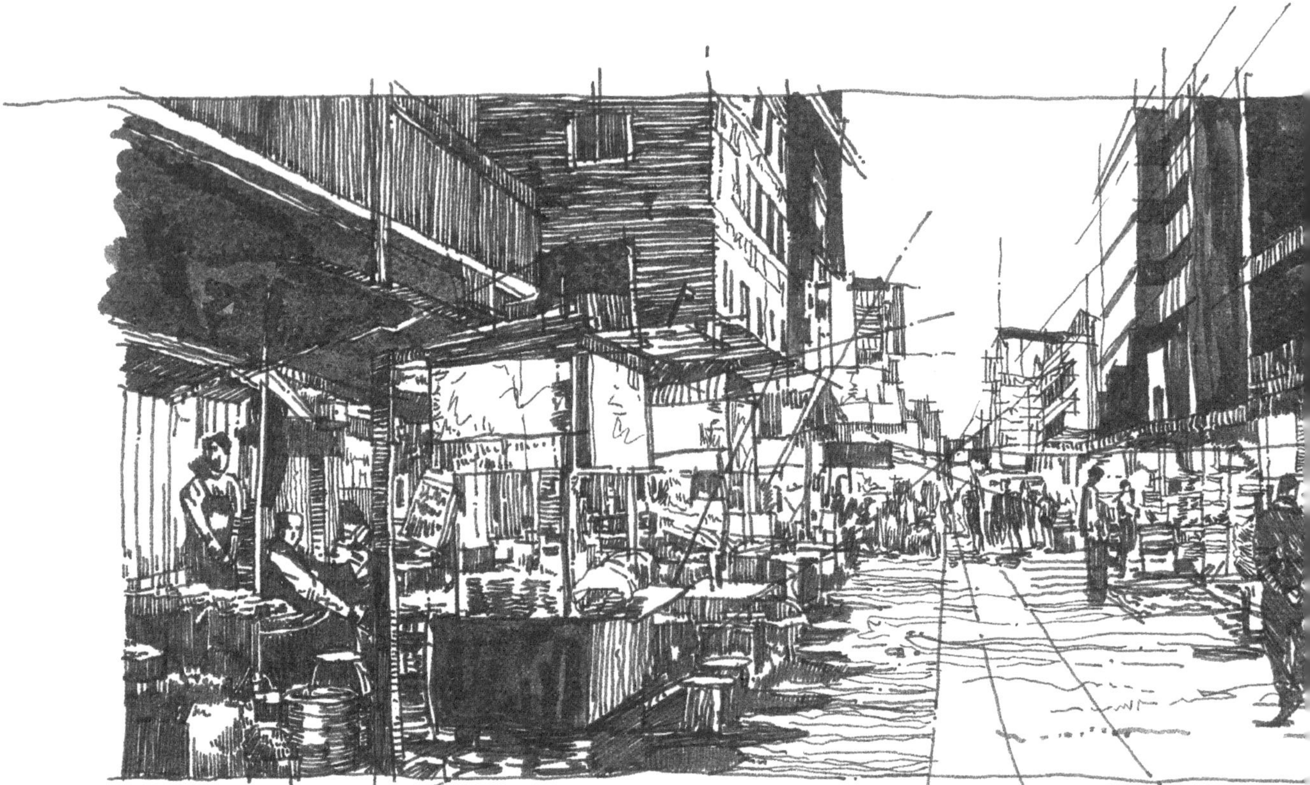

Taipei, Taiwan, Waterman Blue-black

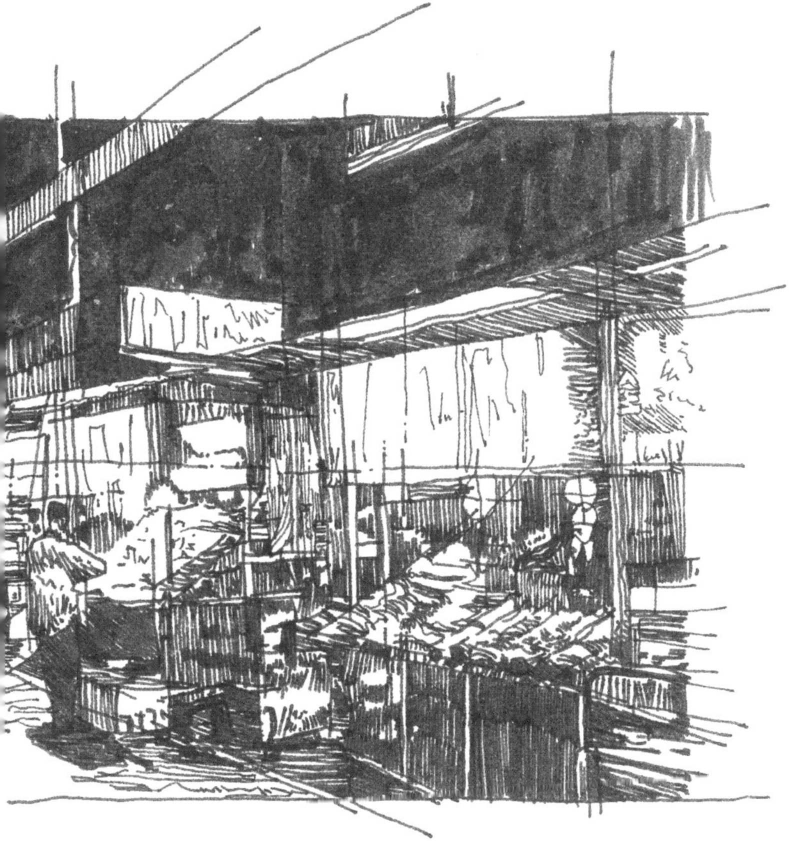

공항에서

덴마크 코펜하겐에서 노르웨이 오슬로까지는 비행기를 이용했다.

유럽의 어떤 구간은 기차보다 비행기가 훨씬 저렴했는데 그 사실이 횡재다 싶으면서도 뭔가 불안하거나 불합리하게 느껴졌다.

하지만 삶이란 것이 어디 애초부터 그렇게 매사에 논리적이거나 합리적으로 다가와준 적이 있었나. 태양이 뜨거워 사람을 죽일 수도 있는 게 인생 아니던가.

세상엔 이상한 일이 분명히 있다.

그렇지 않고서야 굳이 '이상하다'란 말을 만들어 쓸 이유가 없다.

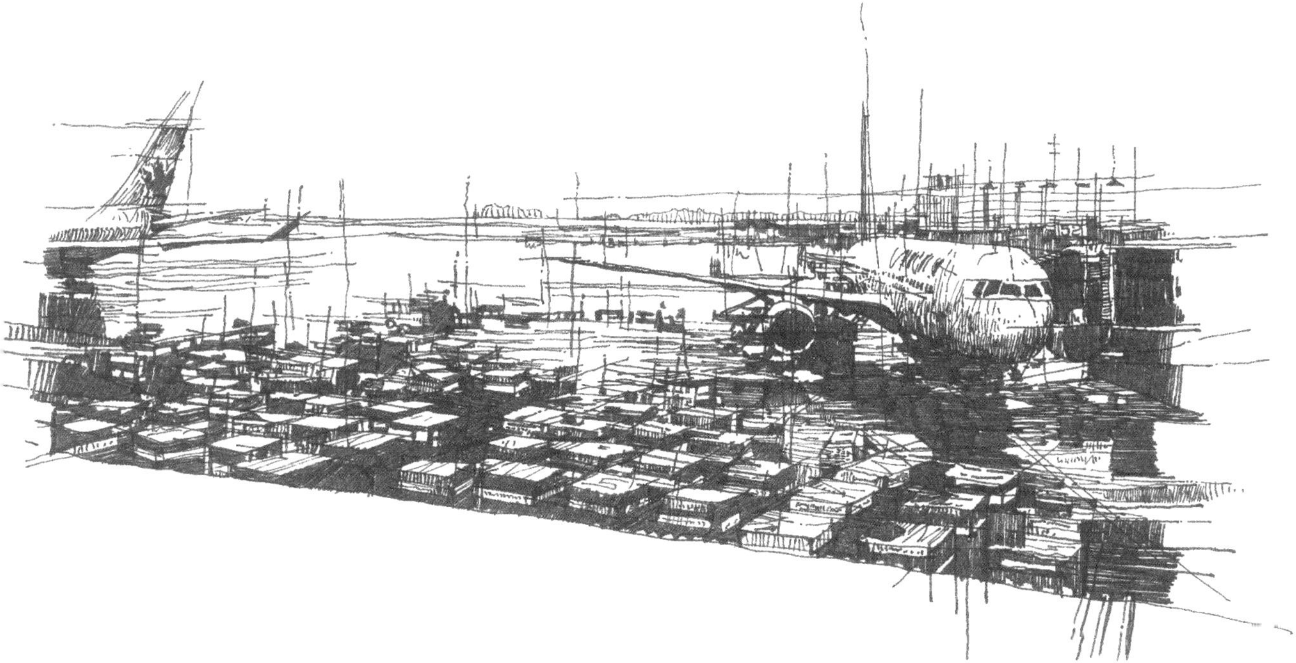

Toronto, Canada, Waterman Blue-black

핀란드 오후의 햇살과 알바 알토

핀란드 출신의 건축가 알바 알토Alvar Aalto가 세상에 이름을 알리게 된 작품이라고도 할 수 있는 '투룬 사노마트Turun Sanomat' 신문사 사옥은 숙소에서 그다지 멀지 않은 곳에 있었다. 나는 함께 간 그녀에게 알바 알토에 대해 핀란드뿐만 아니라 전 세계에서 가장 유명한 건축가 중 하나라고 설레발을 쳐놓았던 터라, 내심 건물 근처에 나처럼 전 세계에서 몰려든 건축학도들이 눈동자를 반짝이며 북적대길 바랐다.

우리는 대단한 클라이맥스를 기대하는 심정으로 천천히 투르크 시내를 걸어갔다. "건물에 다가갈 때는 천천히 걸어가라"고 했던 건축가 필립 존슨의 말이 떠오르는 순간이었다. 하지만 세계적 건축가 알바 알토의 작품을, 그것도 그가 사랑했던 투르크 시내에서 만난다는 기대는 나로 하여금 밭은걸음을 걷게 만들었다. 도무지 사대부집 자제처럼 느긋할 수가 없었다.

하지만 막상 도착해서 맞닥뜨린 건물은 예상 밖이었다. 심심하고 네모반듯한 신문사 건물은 보호색이라도 지닌 양 전혀 눈에 띄지 않았기 때문이다.

뭐랄까. 거대한 두부 같았다.

그게 다였다. 당연히 건물 주변에는 나 같은 건축학도도 없었으며 몇몇 핀란드인만이 신문사 건물 앞을 무심하고 바쁜 걸음으로 지나칠 뿐이었다. 그들은 아무리 세계적 거장

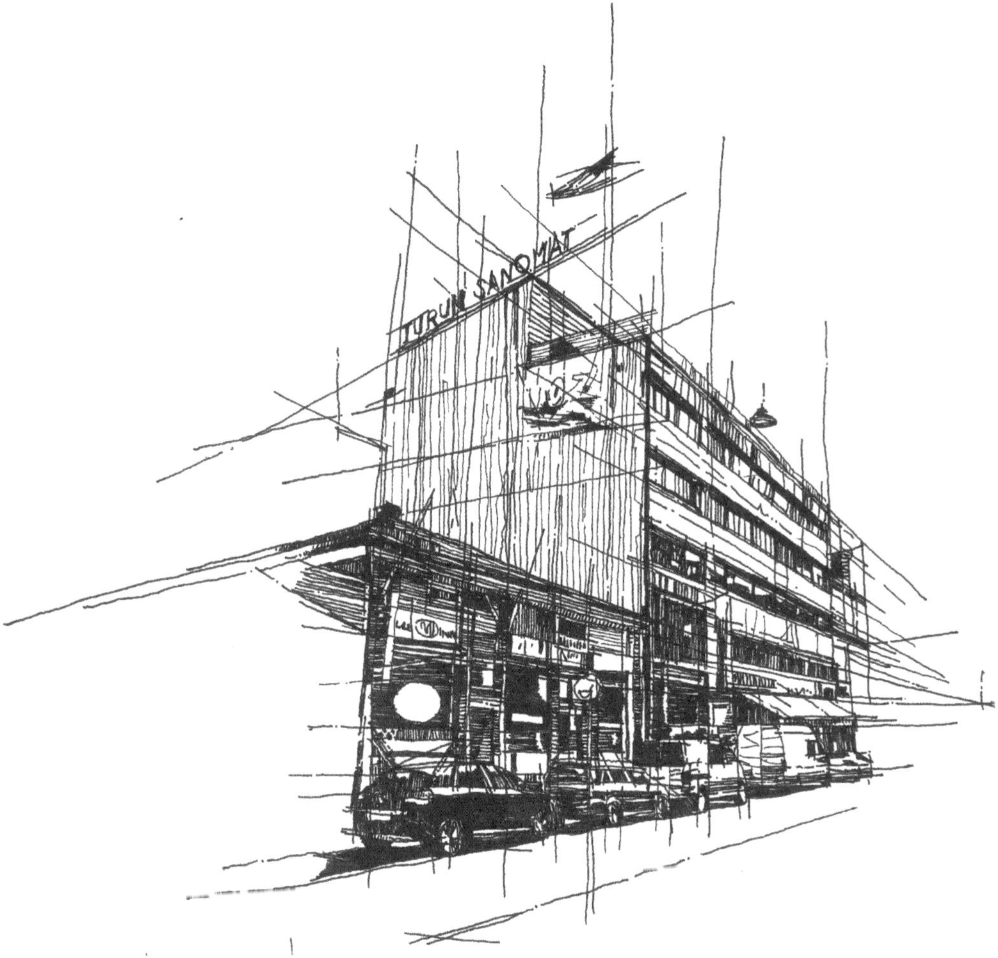

Helsinki, Finland, Platinum Blue-black

의 작품이라 해도 먹고사는 것만큼 중요한 건 아니라고 말하는 듯했다.

하긴 신神이 머문다는 성전이나 대성당 근처에 사는 이들도 그곳을 지나면서 매번 절을 하고 살진 않는데 하물며 건축가임에랴. 나 역시 이 건물을 보겠다고 열두 시간을 날아온 건 아니다. 하지만 그 풍경이 그렇게 야속할 수 없었다. 내가 지은 건물도 아닌데…….

투룬 사노마트 신문사 건물은 알바 알토가 신고전주의 양식을 버리고 본격적으로 자신의 건축관을 투영시킨 건물이다. 한마디로 말해서 그저 그런 건축가로 남을 뻔한 그의 인생에서 일대 전환점이 되어준 건물이 바로 저 녀석이다. 많은 공모에서 연전연패하던 그가 그야말로 세계적 건축가의 반열에 오르게 된 계기도 바로 저 건물 덕분이었다. 아마 저 건물이 없었다면 핀란드 지폐에까지 새겨질 만큼 전 국민의 사랑을 받는 알바 알토는 없었을 거란 소리다. (핀란드가 유로존에 가입한 이후 핀란드 지폐는 현재 사용되지 않는다.) 더불어 그가 디자인하고 전 세계인이 사랑하는 주꾸미 모양의 '스톨 의자' 역시 탄생하지 못했을지도 모르지만 사람들의 표정은 '그러거나 말거나'였다.

내 곁의 그녀는 아무 말 없이 건물을 바라보고 있었다. 지겨운 표정도 흥분한 기색도 없는 차분한 눈빛이었다.

"저 건물이 오빠가 좋아한다는 그 건축가 작품이야? 지금은 밋밋해 보여도 당시로서는 전에 없는 혁신이었을 것 같아."

건물을 향해 연신 카메라 셔터를 누르다 말고 나는 물끄러미 그녀를 바라보았다. 곱씹어보면 별 뜻 없이 내뱉은 말일 수 있음에도 나로서는 내 취향을 응원 받는 기분이 들어 그 마음이 참 귀하게 다가왔다.

회초리처럼 따가운 핀란드의 오후 햇살이 그녀의 차양 같은 속눈썹 아래로 긴 그림자를 만들어내고 있었다.

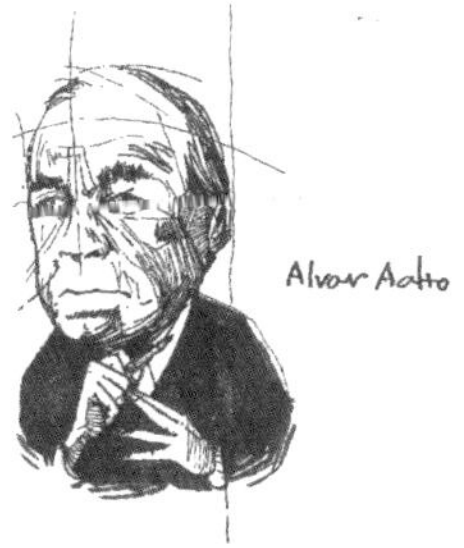

샌프란시스코, 황금의 땅 그리고 차이나맨

1850년대 중국 본토는 영국을 첨병으로 한 서구 열강들에게 '동양의 거대한 병자' 취급을 당하며 초라한 신세로 전락해버린 지 오래였다. 어수선한 나라의 국민들에게 일확천금을 약속하는 기회의 땅 미국은 당연히 매력적이었을 것이다. 1952년 한 해에만 2만 명 이상의 중국인이 캘리포니아로 건너오게 되는데 당시 중국인들은 캘리포니아를 금산金山이라 부를 정도였다. 지금도 미국에서 가장 큰 차이나타운이 샌프란시스코에 자리한 것은 그런 역사적 사실과 무관치 않다.

하지만 중국계 이민자들에게 미국 생활은 결코 호락호락하지 않았다. 무한히 금을 캘 수 있다는 조건은 수단과 방법을 가리지 않고 금을 캐도 된다는 뜻으로 이해되던 시대였다. 이런 승자독식 헤게모니가 민족 간 갈등과 긴장을 불러일으켰다. 특히 중국인의 이질적 외모와 알아들을 수 없는 언어, 특이한 복장은 어디서나 튈 수밖에 없었다.

유럽인, 멕시코인, 호주인 등 수많은 민족이 금을 놓고 다퉜지만 그 어떤 민족도 중국인이 받았던 모욕과 박해에 댈 게 아니었다. 그들은 어디서도 안전하지 못했고 툭하면 살해당했다. 중국인에 대한 편견이 너무 심해 서부 몇몇 주에서는 그들에게 정당방위권조차 용납하지 않았다.

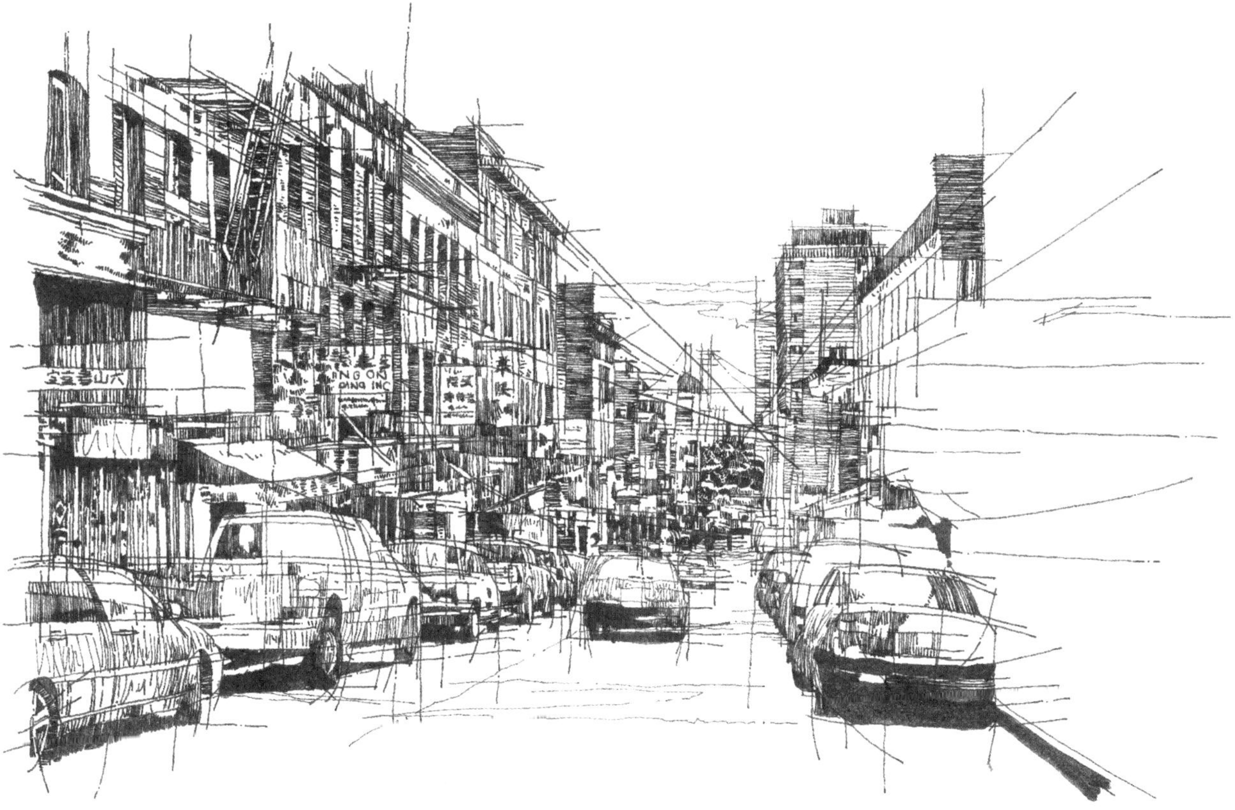

San Francisco, U.S, Pelikan Blue-black

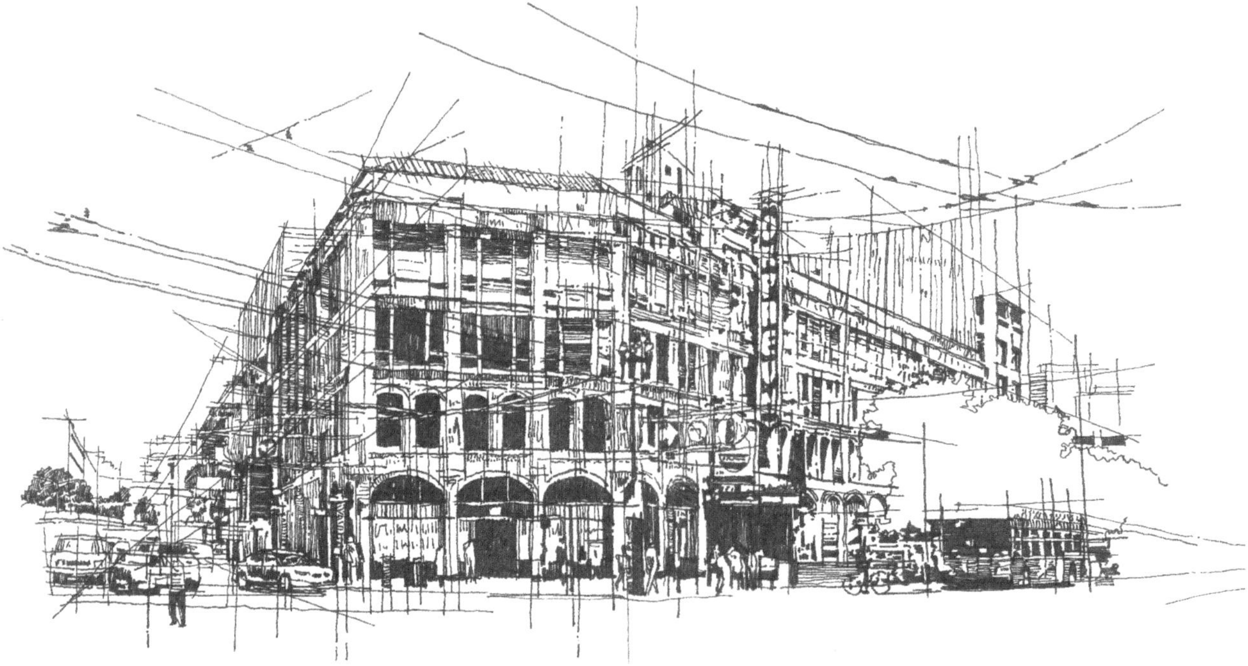

San Francisco, U.S, Pelikan Blue-black

한때 기회가 전혀 없다는 뜻으로 "He doesn't have chinaman's chance"라는 말이 있을 정도였다. 중국인의 기회조차 갖지 못했다는 것은 정말 아무 기회도 없었다는 뜻이므로 당시 미국 사회에서 중국인이 어떤 의미였는지 잘 알 수 있다.

하지만 미국이 지금의 번영을 이룩하기까지 아일랜드계 이민자와 중국인 이민자들에게 진 빚은 결코 적지 않다. 록펠러, 카네기, 헨리 프릭, JP 모건 등 미국을 상징하는 대부호가 지금의 부를 축적하게 된 결정적 계기는 미국을 동서로 연결하는 대륙 횡단열차 사업 덕분이었다. 헌데 사업 초기 횡단철도는 너무 위험한 공사였기 때문에 인부를 구하기 쉽지 않았다.

박해와 차별 때문에 일자리를 구할 수 없었던 당시 중국계 · 아일랜드계 이민자들이 할 수 있는 일이란 아무도 하려 들지 않았던 철도 공사뿐이었다. 철도 공사 과정에서 죽어나간 이민자의 수는 지금도 정확한 숫자를 파악하지 못할 정도다. 요컨대, 미국의 대륙 철도는 동부의 아일랜드인과 서부의 중국인이 없었다면 결코 불가능했을 사업이란 소리다.

그럼에도 여전히 일부 미국인은 이민자들에게 위협을 느끼고 있다. 하지만 과거에 비해 이민자가 특별히 더 위협적인 이유는 어디에도 없다. 현재 미국인의 6퍼센트만이 외국 태생인데 이는 영국이나 독일보다 훨씬 낮은 비율이다. 이질적 외모에 알아듣기 힘든 영어 발음을 구사한다는 이유로 이민자를 마음에 들어 하지 않는 미국인도 있지만 그들은 샌프란시스코, 마이애미, 시애틀처럼 미국인들이 살고 싶어 하는 활기 넘치는 도시가 공교롭게도 이민자들이 가장 많은 도시라는 사실은 끝내 외면한다.

이민자가 미국에 해를 끼친다는 구체적 통계는 어디에도 없다. 오히려 미국 산업의 심장부라는 실리콘밸리는 숱한 이민자 엔지니어들이 미국의 부를 살찌워주는 곳이고, 앞으로도 수많은 이민자들이 아메리칸 드림을 꿈꾸며 영어를 배우고 미국의 일원이 되고자 할 것이다. 그런 결과가 좋지 않다면 대체 무엇이 좋은 것인지는 나도 모르겠다.

강철의 절규, 베를린 유대인 박물관

베를린 유대인 박물관엔 강철 얼굴이 가득 들어찬 복도가 있다. 크고 작은 강철 얼굴은 관람객이 내딛는 발걸음마다 새된 소리를 내는데 그 소리가 어찌나 선득한지 홀로코스트의 가해자도 피해자도 아닌 나조차 듣기에 고통스러울 정도다.

그 얼굴을 밟다가 문득 일본 이지메 연구자가 쓴 책이 떠올랐다. 우리는 흔히 학교 폭력의 원인과 열쇠를 가해자나 피해자 혹은 선생님에게서 찾으려 하지만 학교 폭력을 일으키는 원인도 멈추는 힘도 실은 폭력에 가담하지 않은 다수에게 있다는 내용이었다. 나만 아니면 된다는 다수의 침묵으로 폭력이 용인되는가 하면 그들의 작은 저지만으로도 폭력은 멈춰질 수 있다고 저자는 말한다.

제2차 세계대전 당시 독일엔 10퍼센트의 나치 저항 세력과 10퍼센트의 동조 세력 그리고 나치 만행에 침묵하는 80퍼센트의 다수가 있었다. 저자의 주장대로라면 나치의 유대인 이지메는 동조하는 10퍼센트보다 침묵하는 80퍼센트에 의해 가능했을지 모른다.

비단 나치와 유대인 간의 문제만이 아니다. 1950년 여름 유럽인들의 사진을 보라. 그렇게 행복해 보일 수가 없다. 동양의 작은 나라 한국에서 '6·25'라는 아자 시옥이 펼쳐지든 말든 알 게 뭐냐 표정들이다. 그들은 아무 짓도 하지 않았지만 그 사진은 우리 마음을 아프게 한다.

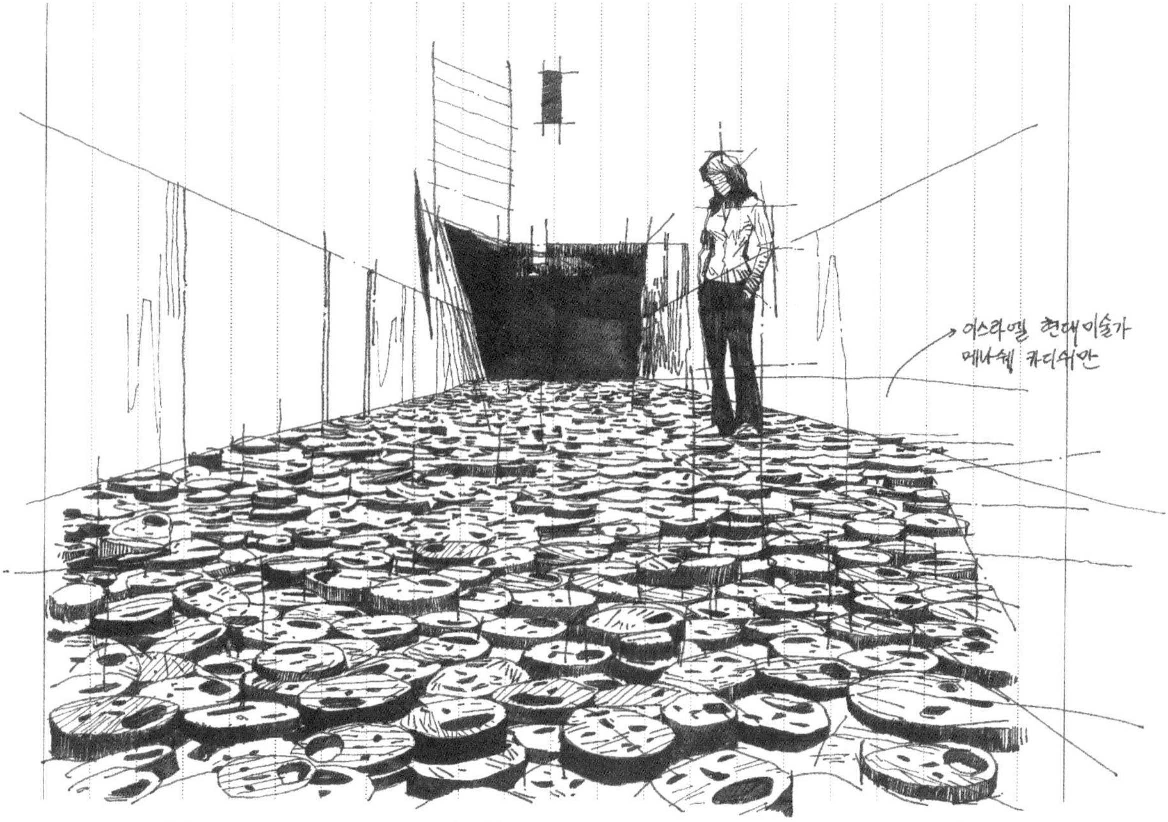

Berlin, Deutschland, Platinum Blue-black

1950년대 유럽인들은 한국인들에게 아무 짓도 하지 않았다. 2000년대 한국인도 팔레스타인 사람들에게 아무 짓도 하지 않았다. 하지만 우리의 행복과 무관심에 누군가는 마음 아플 것이다. 아무 짓도 하지 않았지만 누군가 우리로 인해 아파한다면 나는 아무 짓도 안 했다고 말하는 게 과연 떳떳한 일일까?

강철의 얼굴이 내지르는 절규가 겨누고 있는 건 그런 야속한 침묵일 게다. 한겨울 걸인이 얼어 죽는 것도 우리 탓이어야 한다고 했던 이가 황석영이었나.

아우슈비츠 비르케나우

아우슈비츠 강제 이송에는 화물열차가 동원되었다. 평소엔 무해했을 이 열차가 전쟁 중엔 이동식 감옥, 죽음의 관으로 개조되었다. 이송 열차는 언제나 만원이었고 그래서 모든 것이 열악했다. 이동 중 쇠약해지거나 죽는 이는 흔했으며 미치광이가 되는 것도 예사였다.

나치는 이송 중 필요한 물, 식량, 담요, 생리현상을 해결할 용기 등 어떤 것도 제공하지 않았다. 본인들이 귀찮았다면 '준비 목록을 통지해주는 것'은 힘들지 않았을 텐데 이마저도 태만했던 것이다. 체계적 태만은 의도적 잔인함으로, 고의적 고통 유발로 이어졌다. 화물열차는 이동 중 두 번 정도 탁 트인 들판에 멈춰 섰는데 그때마다 포로들은 선로 아무데나 쭈그리고 앉아 용변을 해결했다. SS 대원들은 그런 포로들을 바라보며 짐승만도 못하다 비웃었고 10초에 한번씩 "Hast du gemacht!??[아직 멀었어?]"라며 윽박질렀다. 지나던 독일인들은 "Manshen[짐승]!"이라며 혀를 찼고 인간이 아니기 때문에 저런 놈들은 죽어도 싸다며 중얼거렸다.

유럽 속담에 '지옥으로 가는 길은 선의로 포장되어 있다'는 말이 있지만 그나마도 서로 인간일 때나 가능한 '위선'이다. 이런 비극은 전쟁이 끝날 때까지 전혀 나아지지 않았다. 누군가 강제 이송이 얼마나 비참하고 무엇이 필요한지 알려줬다면 최소한의 생존 도구는 지참했겠지만 그런 이야기를 전해줄 사람은 아무도 돌아오지 못했기 때문이다.

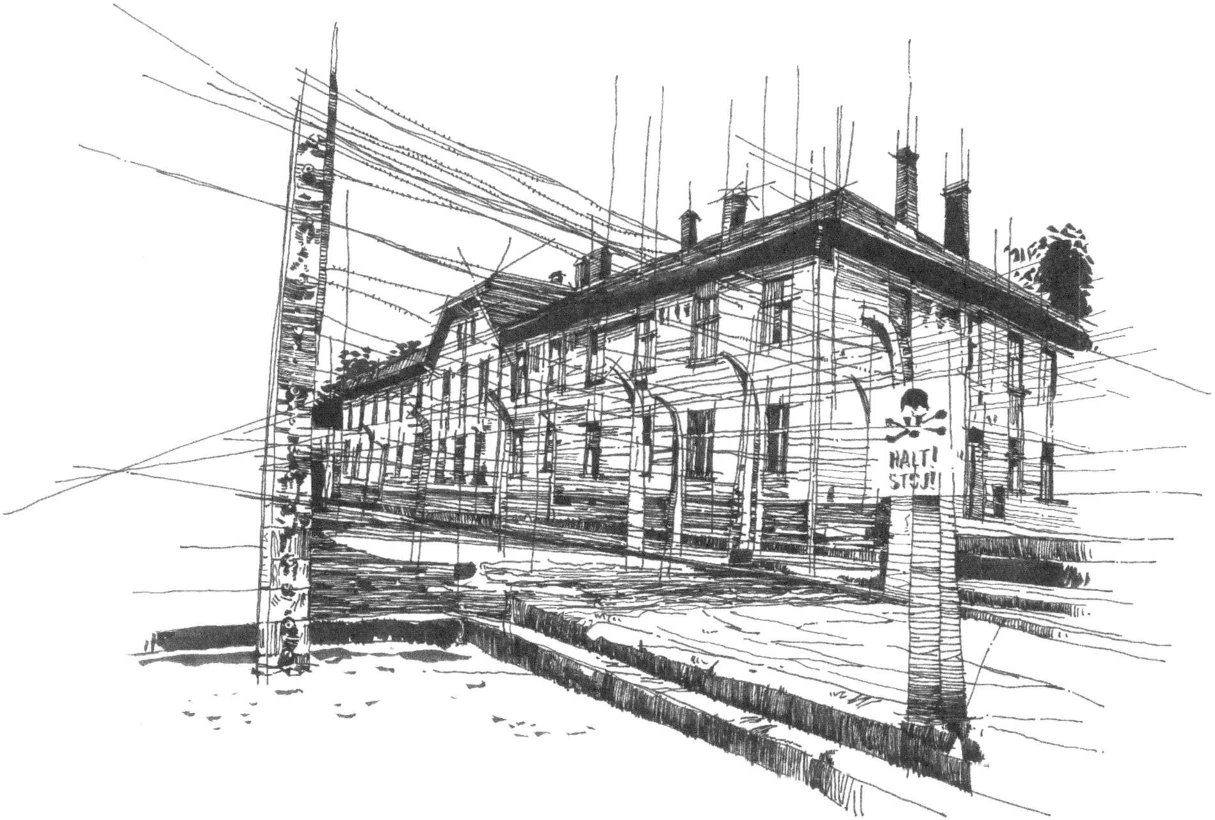

Berlin, Deutschland, Platinum Blue-black

우리 역사의 비관적 낙관론자를 기리며

비관적 낙관주의는 푸코의 철학이다. 나에게 푸코는 여전히 낯설고 어려운 철학자 중 한 사람이다. 지금까지 읽은 그의 책이라곤 《감시와 처벌》이 전부다. 그마저도 철학적 사유가 부족한 내게 하나의 분투이자 항전이었다. 머리 나쁘면 손발이 고생한다는데 그 고생조차 귀찮았던 나는 부지런히 푸코를 찾아 읽을 생각도 하지 않았다. 《감시와 처벌》 역시 부박한 내 지성의 민망함을 감추기 위한 의도로 시작했던 어느 신문사 교양강좌 교재에 불과했다. 그 수업도 무척 어려웠던바 푸코는 여전히 낯설고 어려운 철학자로 남아 있을 수밖에.

하지만 철학이란 것도 따지고 보면 결국 '우린 어떻게 살아야 하는가'로 수렴되는 문제 아닌가. 그렇다면 푸코라는 큰 산은 못 올랐을지언정 푸코가 이야기하는 비관적 낙관주의는 다른 경로로 이해하고 살았노라 (뻔뻔하게) 자부한다. 그러니 푸코 정복(?)은 실패했을지라도 비슷한 해발의 산 정도는 오른 것 아닐까. (억지라 해도) 푸코를 이해하지 못한 나 같은 무지렁이에게 푸코가 이야기한 비관적 낙관주의에 대해 기시감을 느끼게 한 인물이 우리 역사에 있었다.

매월당 김시습은 요즘 말로 클래스가 다른 천재였다. 태어난 지 8개월 만에 글을 깨치고 세 살 때 시를 짓기 시작했다는 '구라'를 그대로 믿긴 힘들지만, 다섯 살짜리 김시습이 지은 글에 세종이 비단 50필을 상으로 내렸다는 기록으로 보아 시기의 차이가 있을 뿐 신동은 맞는 듯하다.

그런 그의 대표작은 한문소설《금오신화》인데 그중에서 그가 이야기하는 비관주의적 낙관론은 단편 〈이생규장전〉에 잘 드러나 있다. 이생이 담 너머 처녀를 엿본다는 뜻의 〈이생규장전〉은 〈로미오와 줄리엣〉을 능가하는 비극적 사랑 이야기다.

이 소설은 크게 두 가지 비극으로 나뉜다. 첫째는 왜구의 손에 처가 죽임을 당함으로써 두 사람의 사랑이 깨져버린 것이고, 둘째는 염라대왕의 배려로 3년 말미를 얻어 이 세상에 돌아온 부인이 3년 뒤 죽자 비로소 그 사실을 알게 된 남편 역시 다음 날 따라 죽는다는 비극이다. 여기서 첫 번째 에피소드는 부부의 의지와 무관하게 찾아온 전쟁의 비극이라 비참하지만, 두 번째 비극은 스스로 예상한 결말이므로 슬프긴 해도 비참하지는 않다.

김시습이 말하고자 한 바가 바로 여기 있다. 세상에는 슬프지만 비참하지 않게 살아가는 삶의 방식도 있다는 것. 이는 단종이 폐위되고 사육신과 단종이 죽임을 당한 이후, 세조와 신숙주가 제시한 속세의 권좌도 거절한 채 세상을 버리고 남이 보기에도 비참한 삶을 살아간 김시습이 자신을 이해하지 못하는 세상 사람들에게 보내는 답이기도 했다. 이것이 비관주의적 낙관론자의 관점이 아니고 무엇이랴.

세상을 버리고 불교에 입적한 김시습을 두고 '철학은 현실을 변혁하는 연장통이 되어야 한다'던 푸코를 갖다 대는 건 다소 억지란 걸 잘 안다. 이론의 고고학이나 계보학에서 보더라도 둘은 결코 만날 수 없다. 하지만 나는 분명 푸코라는 큰 산에서 김시습의 기시감을 느꼈고 또, 따지고 들면 자신이 배운 도덕과 도리를 삶에서 그대로 실천해야 한다는 '학문적 자유주의'라는 큰 틀에서는 둘이 같지 않을까.

결국 푸코가 말한 '철학이 현실을 변혁하는 연장통이 되어야 한다'는 잠언도 천재성을 단순히 지식 수준에 남겨두지 말고 삶 속에 녹여낸 김시습처럼 살아야 한다는 소리가 아닐는지. 그래서일까. 김시습은 이율곡이 그 일대기를 지어 바칠 만큼 조선이 낳은 천재 학자였지만, 책 속에만 머물지 않고 언제나 스스로 노동하는 것을 높게 평가했으며 글을 배우러 오는 제자들에게도 반드시 밭일을 하면서 수업을 듣게 하였다고 한다.

봄이 오면 볕 좋은 날을 잡아 김시습이 만년을 보낸 부여의 무량사에서 푸코의 《말과 사물》을 읽어보고 싶다. 이래 봬도 언젠가 읽을 요량으로 푸코의 책을 사놓긴 했단 말이다.

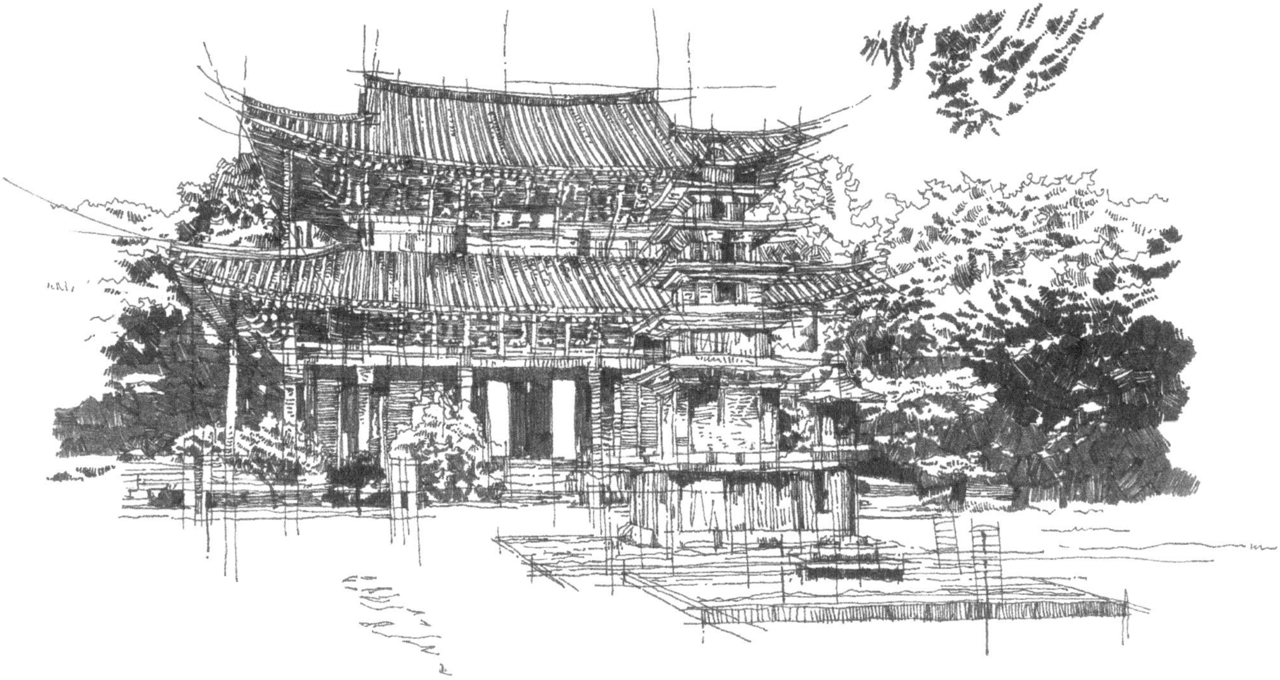

Buyeo, Korea, Waterman Blue-black

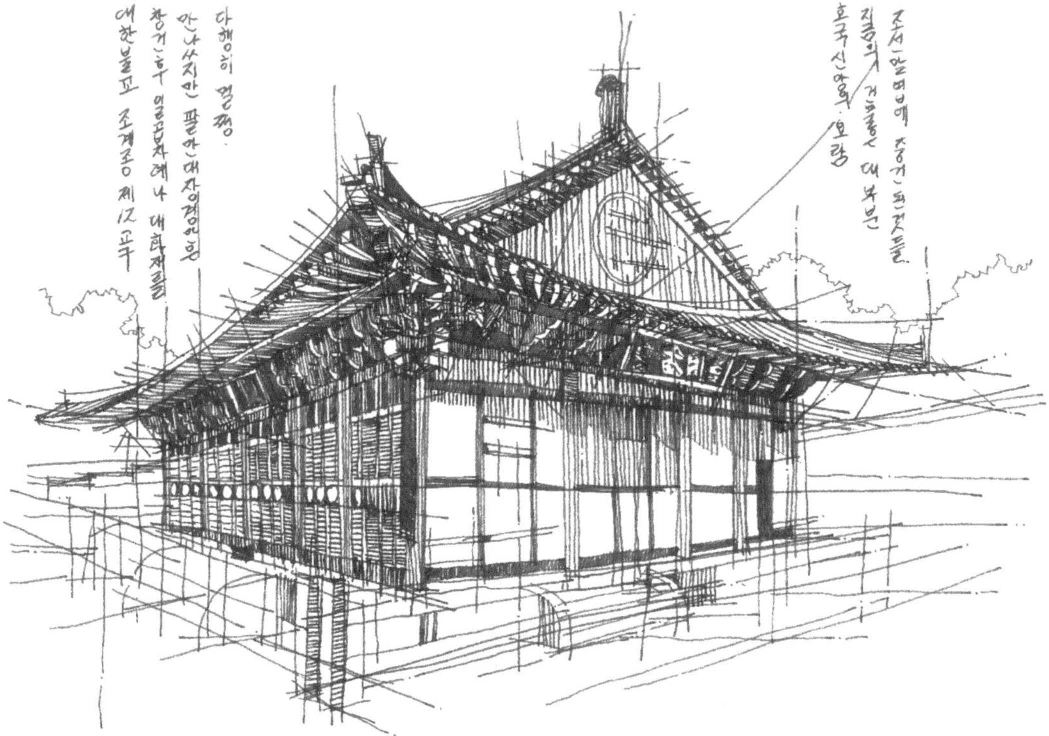

Hapcheon, Korea, Pelikan Blue-black

해인사 팔만대장경

시골에 가면 항상 차를 몰고 해인사에 다녀온다. 반드시 원하는 목적이 있는 것도 아니건만 팔만대장경을 바라보며 "그래, 이걸 인간이 기어코 해내었지"라는 생각에 잠기고 나면 한 계절을 버틸 힘이 생기곤 했던 것이다.

고려인이 남긴 이 위대한 정신의 응결은 우리 역사 최고의 걸작이라 해도 손색이 없을 것이다. 유홍준은 우리 민족이 멸망해도 '석굴암' 하나만 남기면 된다고 했지만 나는 '팔만대장경'을 꼽고 싶다. 일본인은 이 대장경이 없어 시도 때도 없이 조선에 대장경 한 질을 구걸하기도 했다. 우리의 자족적인 유산이 아니라 그야말로 일본도 인정한 문화유산인 것이다.

하지만 불교 전문가도 수도승도 아닌 우리가 팔만대장경을 읽기는 쉽지 않다. 그러나 반야심경은 읽을 수 있다. 260자에 불과하기 때문이다.

그 속에 다 있다. 집착을 버리면 고통도 없다는 사실이.

초심의 만년필
파일롯트 프레라
Pilot Prera

지니고 있던 만년필을 잃어버리자 내가 만년필을 얼마나 사랑하고 아끼는지 새삼 깨달았다. 잃어버리면 그 감정이 더 뚜렷해지는 게 사랑이고 집착 아니던가. 만년필 한 자루 잃어버렸을 뿐인데 기분이 삽시간에 우울해졌다. 웃을 일이 별로 없었다. 내 삶을 정상궤도에 올려놓기 위해서는 만년필이 필요하다는 사실을 절감했다. 만년필을 물색하기 시작했다. 비록 모니터상이긴 했지만 만년필을 실컷 볼 수 있다는 것만으로 좋을 정도였다.

한 서너 자루 봤나 싶었는데 문득 정신을 차리고 보니 장바구니에는 열 자루가 넘게 담겨 있었다. 이걸 모두 구입하는 건 가능하지도 바람직하지도 않다는 생각을 하며 마우스 휠을 굴리다가 그중 가장 저렴하고 마음에 드는 한 자루를 골랐다. (한마디로 가장 만만해 보이는 놈) 파일롯트 프레라.

1918년 일본에서 시작된 파일롯트 만년필의 역사가 한국으로 넘어온 시기는 1972년이었다. 파일롯트는 원래 한자를 많이 쓰는 일본인의 필기 형태를 감안해 같은 닙Nib이라도 서양 브랜드에 비해 보다 세밀하게 쓸 수 있도록 제조되었다. 글자에 획이 많은 한글을 쓰기에도 적합해서 파일롯트는 경제 성장과 맞물려 순식간에 한국 시장에서 입학 졸업 시즌 최고의 인기를 구가했다. 지금도 중년 남성들 대부분이 파일롯트에 대한 추억 한 줄 정도는 갖고 산다.

비록 중년은 아니지만 나 역시 중학교 졸업 때 아버지로부터 파일롯트 만년필 한 자루를 선물 받은 적이 있다. 세상에서 보고 들은 것을 자유롭게 기록하는 나의 버릇은 아마 그때부터 시작된 게 아닐까 싶다. 그 뒤로 여러 브랜드의 만년필을 써왔지만 '처음'이란 의미에서 파일롯트에 대한 내 애정은 여전히 각별했다.

그래서 초심자들에겐 항상 파일롯트의 프레라를 추천한다. 펜의 길이는 짧지

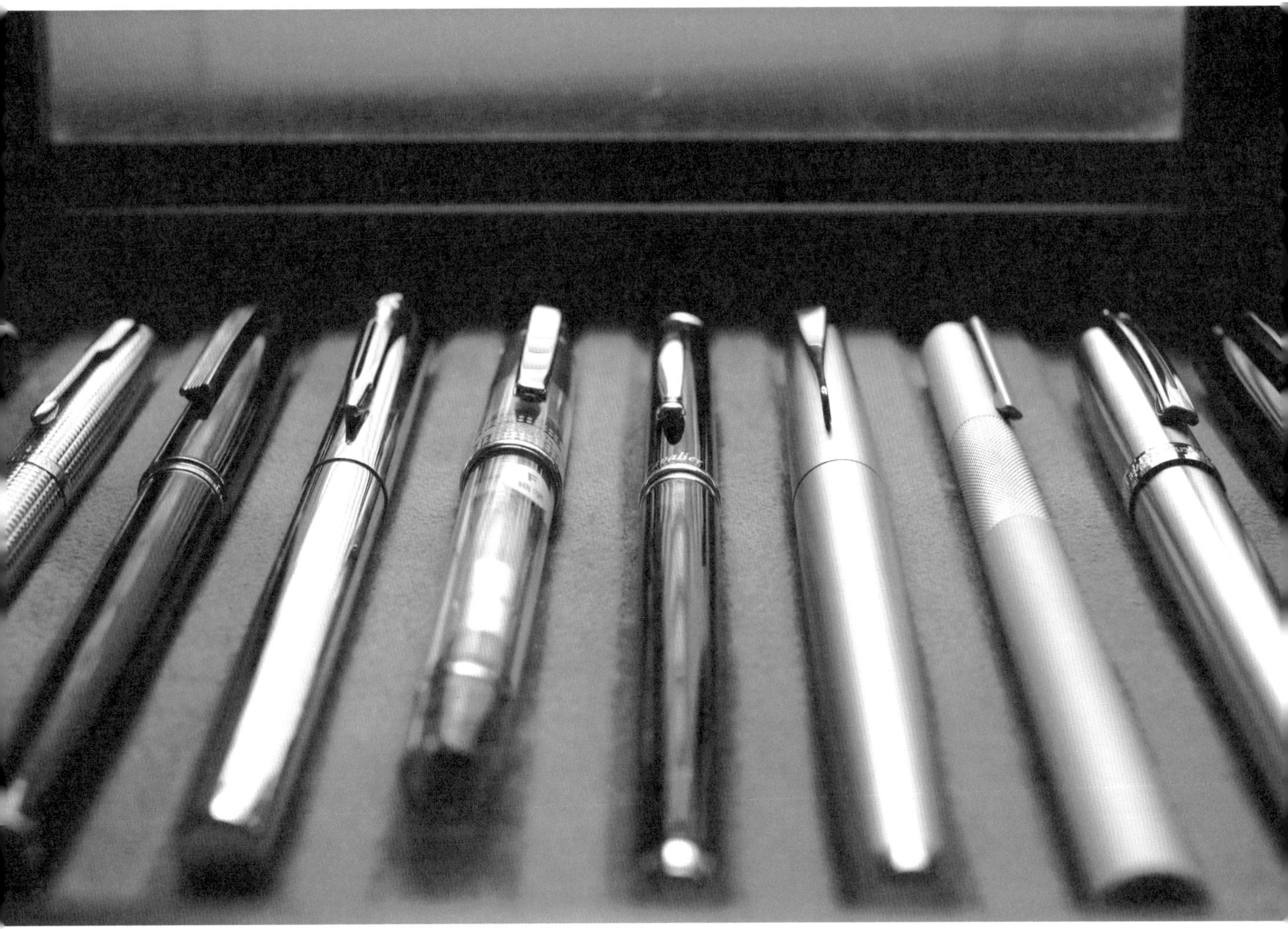

만 그래서 귀엽고 가볍다. 부드러운 캡도 매력이다. 흔히 슬립 온이라 부르는 설계인데 만년필 애호가들이 하나같이 입을 모아 칭찬하는 부분이기도 하다.

만년필 가격의 60퍼센트 이상은 닙 때문이다. 그래서 보통 이만한 가격대의 만년필에서는 나머지 만듦새가 실망스러운 경우가 많다. 헌데 프레라는 닙뿐 아니라 훌륭한 캡 기술력까지 자랑하고 있어 와이셔츠나 재킷에 잉크가 튀거나 번지는 현상이 없다. 한마디로 이 가격대에서 결코 만나기 어려운 만듦새다. 오랜 역사를 지나오며 서양 브랜드를 따라잡기 위해 꾸준한 성능 개선과 디자인 변경이 이루어낸 일본인 특유의 집념이라 생각한다. 다른 건 몰라도 이 정도 가격대에서 슬립 온 캡의 매력은 프레라만의 영역이다.

언제부터인가 무엇을 시작하든 컴퓨터부터 켜고 보는 못된 습관이 내게 생겨버렸다. 인간의 사고는 무한 확장인 데 반해 작은 노트북 컴퓨터 화면은 정해진 정신의 틀만을 강요하는 줄도 모르고.

생각은 날이 갈수록 정리되지 않았고 (비록 잡글이었으되) 밀도 있는 글이나 기획도 써지지 않았다. 그제야 비로소 내게 필요한 것은 정해진 정신의 틀이 아니라 그 틀을 벗어난 정신의 객석이란 사실을 알게 되었다. 파일롯트 만년필을 다시 잡고 다니면서 보고 들은 것, 생각나는 것들을 메모하고 그것으로 기획서도 쓰고 블로그도 한다. 열정적으로 몰입하던 내 초심이 되살아나는 기분이다. 자판과 화면을 놓고 그 사이에서 멍하게 있는 나보다는 펜을 쥐고 종이를 내려다보며 잉크가 마르기를 기다리는 그 잠깐의 시간 동안 몽상에 잠기는 내가 더 좋다.

모두에게 인정받는
제품의 가치

파커 퀸크 블루블랙

Parker Quink Blue-black

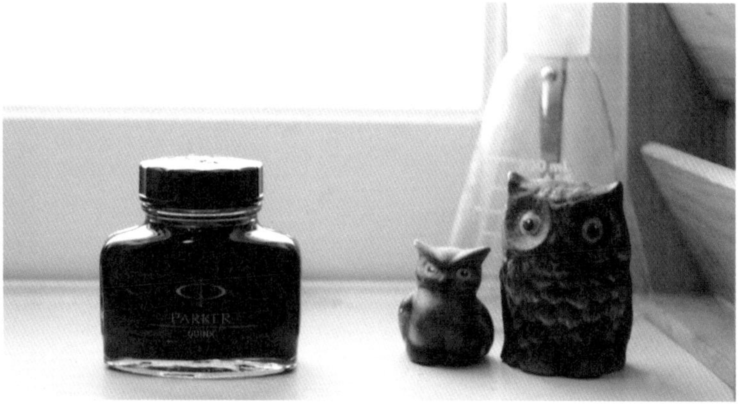

갈수록 주변에서 만년필 애호가를 만나기 힘들어지는 요즘이지만, 우리나라는 거의 대부분의 만년필 브랜드 매출이 10위권에 들 정도로 큰 시장이다. 스테이셔너리 회사들이 본사 차원에서 매출 실적을 철저히 비공개로 규제하고 있어 정보를 모으기는 쉽지 않지만, 만년필이 아니더라도 문구류 분야에서 매력적인 시장인 것만은 분명하다. 그런 만년필 시장에서 선두는 누가 뭐라 해도 압도적인 인지도를 바탕으로 한 파커다.

언젠가 옆자리의 기자가 내 만년필을 잠시 빌려 가더니 소스라치게 놀라며 말했다. "와! 만년필 정말 잘 나가네요."

필기구에게 잘 나간다는 건 거의 궁극에 가까운 찬사다. 흐름이 좋다는 것은 잉크의 생명인 점성이 적당하는 뜻이다. 파커 퀸크는 거의 모든 만년필 유저들이 하나같이 입을 모아 칭찬하는 잉크인데 그만큼 보편적으로 만들어졌다는 뜻이기도 하다.

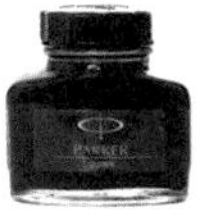

호불호가 분명한 잉크 시장에서 파커 퀸크처럼 모든 이들에게 칭찬 일색의 평가를 받기란 쉽지 않다. 아무 만년필에나 채워두어도 최상의 건조 속도와 흐름을 유지할 뿐 아니라 시간이 지날수록 오묘해지는 색상은 파커 퀸크가 왜 인정받을 수밖에 없는지 설명해준다.

어린 시절 아버지의 만년필 닙 끝에서 흘러나오던 블루블랙 색상에 매료되었던 나는 지금껏 줄곧 블루블랙만을 사용하고 있다. 파커 퀸크의 블루블랙은 라미나 펠리칸보다 훨씬 블루에 가까운 블랙인데, 그 색상이 사파이어만큼이나 오묘해서 놀라울 지경이다.

영국의 상징 제품이라고도 할 수 있는 파커 만년필로 영국의 자랑인 아서 코난 도일이 셜록 홈즈의 활약상을 그렸다. 그리고 지금은 영국 왕실을 넘어 백악관의 공식 펜으로까지 입성했으니 그 품질이야 내가 더 보태 무엇할까. 그저 잘 쓰는 것이 좋은 제품을 만들어준 이들에 대한 보답이지.

Part **2**

몽상

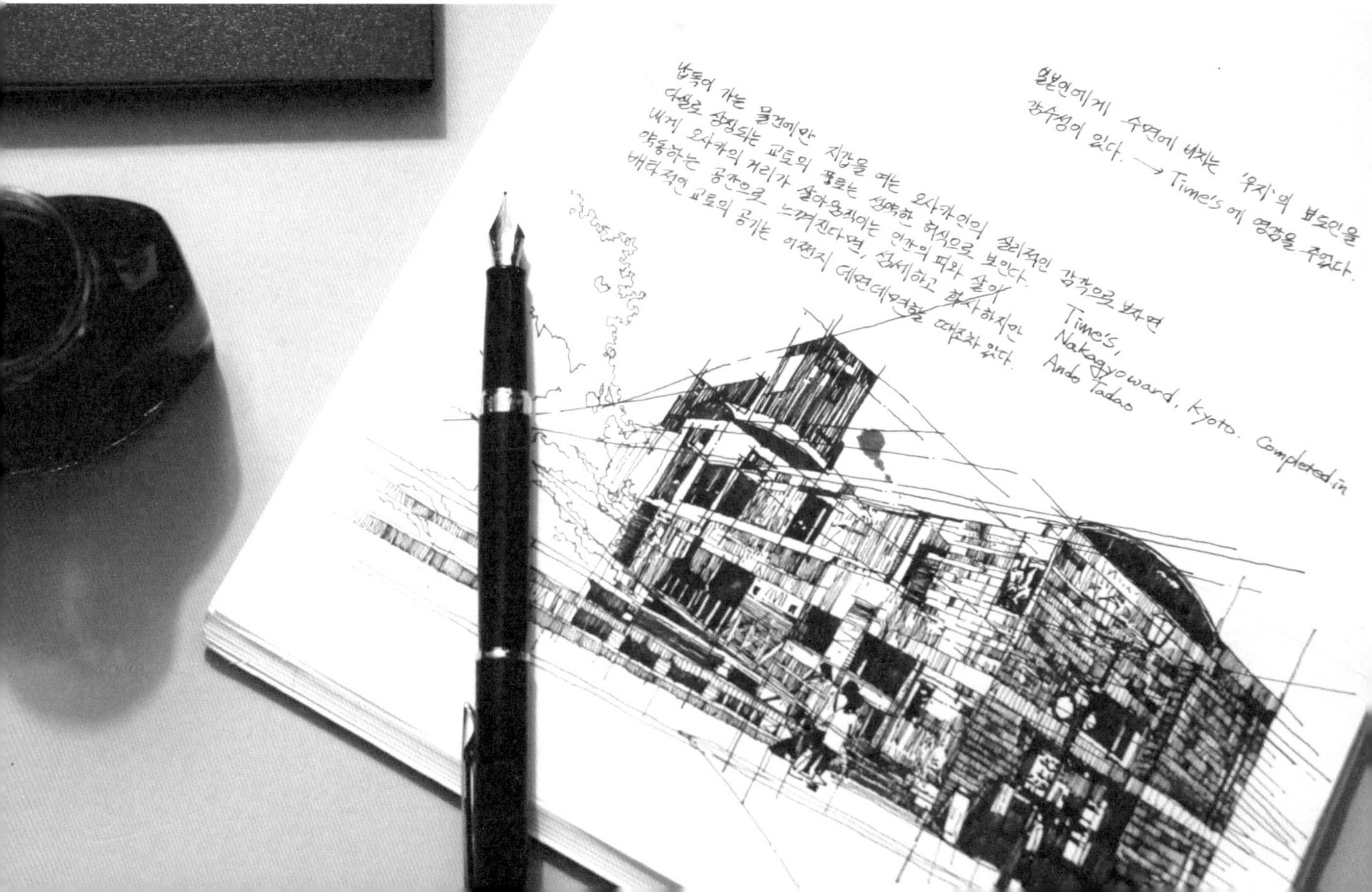
감수성이 있다. → Time's에 영감을 주었다.
Time's,
Nakagyoward, Kyoto. Completed in
Ando Tadao

사사로운 여행

나는 여행기를 즐겨 쓰지 않는다. 아주 안 쓴다고는 말 못하겠지만 여행 초기에 비해 기록의 횟수가 현저히 줄긴 했다. 쓸 내용이 없어서는 아니다.

우선, 일기처럼 무언가 부지런하고 꾸준히 쓰는 버릇이 내겐 없고 설령 그런 버릇이 있다 하더라도 적어둔 기록 때문에 도시에 대한 기억이 지배당하고 왜곡된다는 강박이 있어 여행지에서만큼은 여행기를 쓰지 않았을 것이다.

나는 기억이란 것이 시간의 풍화작용에 떠밀려 휘기도 하면서 최초의 인식 자체가 고스란하기 어렵다 여기는 편이다. 하지만 그런 기억의 불공정을 보완하고 내 나름으로 도시를 인식하고 추억하는 방식이 아예 없진 않다.

그렇게 찾아낸 나름의 방식이 바로 둘이서 떠나는 여행이다.

인간은 의식 안팎에 자리 잡은 욕망에 따라서 인식의 대상을 고르는데 이것이 여행지에서 나로 하여금 보고 싶은 것만 보게 만든다. 그러나 둘이서 함께 떠나는 여행은 두 사람이 한나절 똑같은 길을 나란히 걸었다고 해도 각자 인식하고 기억하는 것이 다르다. 이것은 둘이 찍은 사진만 현상해 봐도 알 수 있다.

우린 분명 같은 길을 걸었는데 그녀의 필름에는 내가 보지 못한 피사체들이 가득하다.

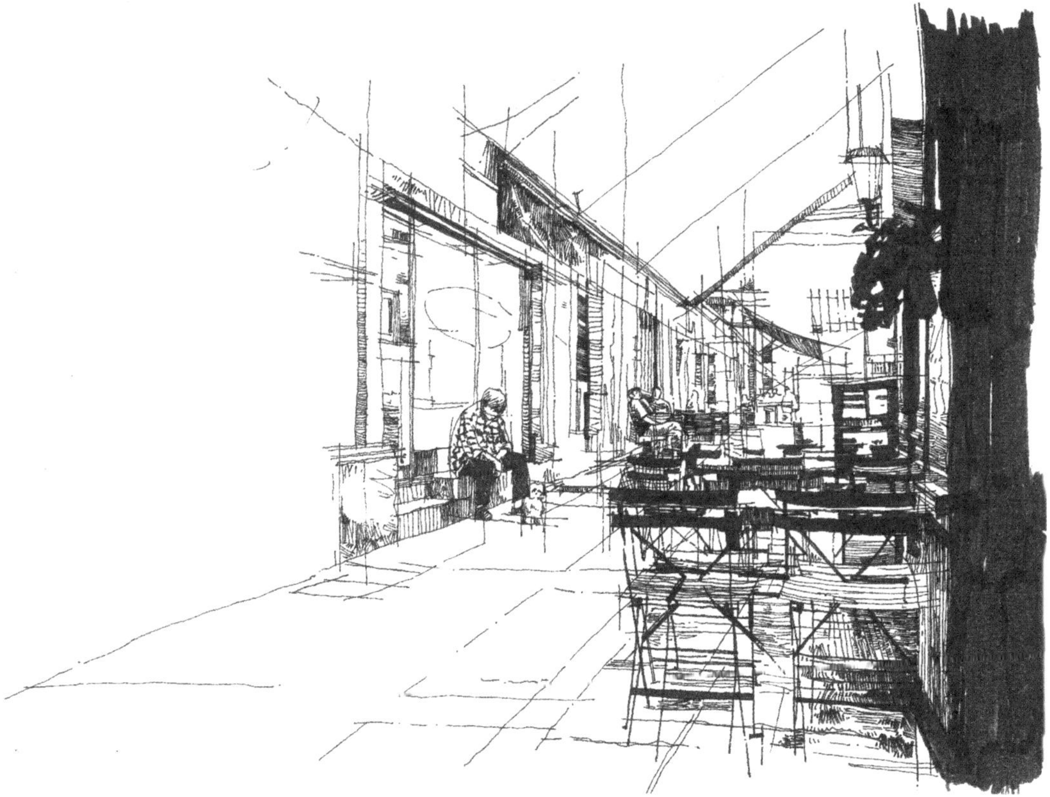

Nice, France, Platinum Blue-black

둘의 서로 다른 욕망이 인식의 다름을 불러오고, 그 결과로서 기억의 대상을 달리 고르게 된 것이다. 덕분에 여행에서 돌아온 이후 우리의 여행 이야기는 더욱 풍부해진다. 여행 후 둘 다 찍은 사진이란 것이 에펠탑이나 자금성처럼 페이스북에 올릴 만한 도시의 보편적 상징들뿐이라면 몇천 장의 사진이 있다 한들 돌아온 후의 추억은 가난할 수밖에 없다.

여행의 속살은 그런 데 있지 않다. 추억이랍시고 찍은 그런 사진이 여행을 더 이상 추억하지 못하게 만들고 급기야 진정한 의미로서의 여행을 끝낸다.

짐을 싸는 그 설렘의 순간부터 여행은 비로소 시작되듯, 추억할 수 있는 한 여전히 여행 중이라 믿기 때문이다.

죽을 때까지 함께, 각자 매우 편파적이고 사사로운 여행을 하고 싶다.

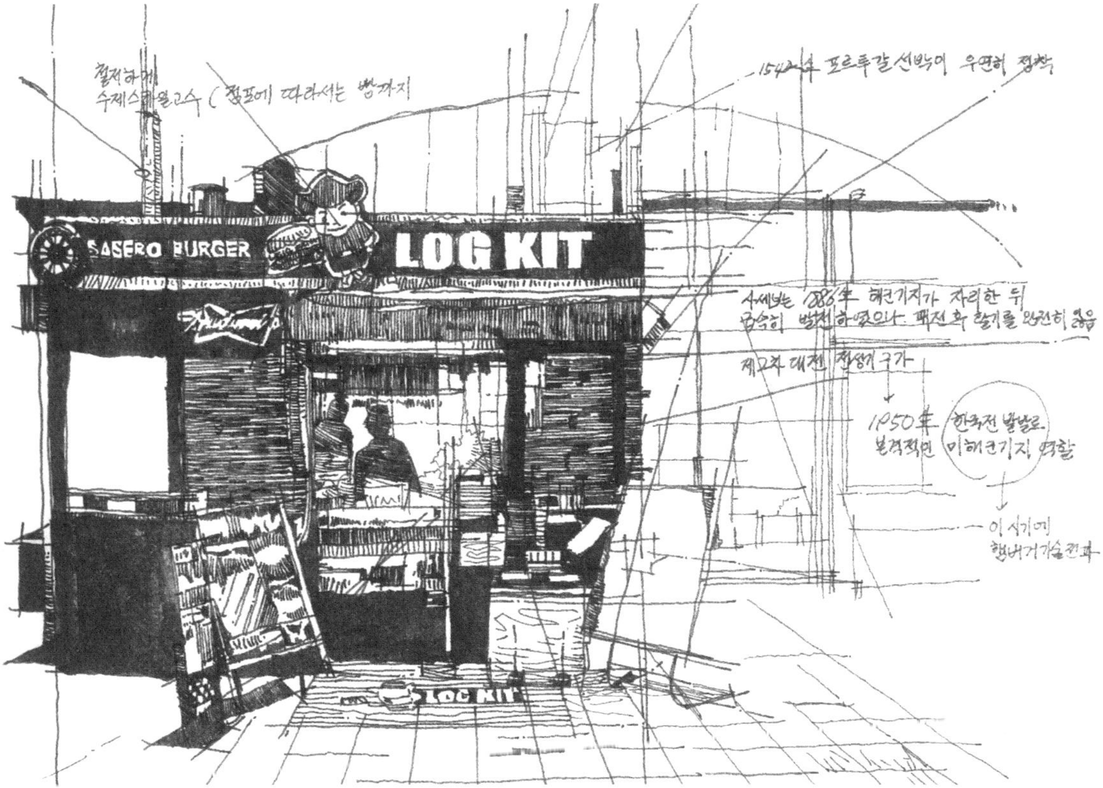

Nagasaki, Japan, Platinum Blue-black

사람이 만든 도시

내가 가장 좋아하며 언제라도 다시 가고 싶은 여행지는 아바나와 이스탄불이다. 하지만 그런 내 바람과는 상관없이 정작 가장 많이 찾아간 도시는 파리였다. 꼽아보니 다섯 번이다. 왜 그렇게 많이 방문하고도 특별한 인상이 없었는지는 이 글을 쓰고 있는 지금도 잘 모르겠다. 함께한 시간과 인상이 꼭 비례하는 것은 아니니까.

하지만 2008년 여름 아버지와 함께 여행한 파리는 조금 특별했던 것도 같다. 이유를 굳이 꼽자면 그 여행에서 파리에 대한 의외의 사실을 깨달았기 때문. 의외를 보여주는 것들은 언제나 인상적이기 마련이다.

파리도 동경이나 뉴욕 같은 글로벌 메가 시티라 여겨 이 도시를 도보로 여행하는 것은 애당초 무리라고 여기고 있던 내게 처음 파리를 걸어서 돌아보자고 제안한 사람은 아버지였다.

당신은 루브르니 개선문이니 하는 관광지 사이만 빠르게 이동하다 보니 파리가 무슨 점으로만 이루어진 기분이 든다고 하셨다. 덧붙여 지금이야 지하철이나 자동차가 활보하니 이 도시가 넓어 보일지 모르지만 어차피 파리도 그런 게 없던 시절에 만들어진 도시가 아니냐는 게 아버지의 논리였다.

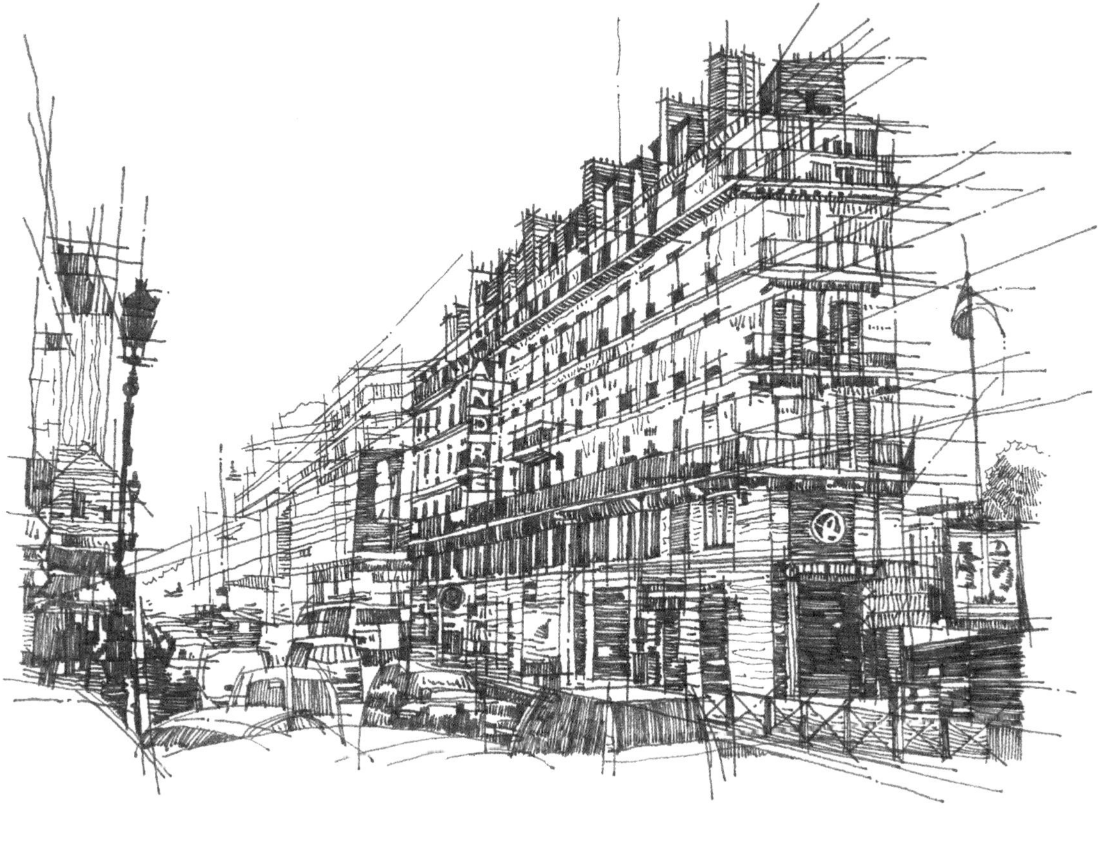

Paris, France, Pelikan Blue-black

그 말에 용기를 얻어 걷기 시작했다. 과연 걸어보니 파리는 생각만큼 크지 않았다. 오히려 동서남북 지름 10킬로미터에 불과한 작은 도시였다.

걷다 지치면 근처에서 시원한 맥주를 마시고 다시 걸으면 그만이었다. 뿐만 아니라 그때까지 볼 수 없었던 풀 한 포기, 돌멩이 하나, 무섭기만 했던 이민자들이 친근해 보이기 시작했다.

아버지가 옳았다.

파리도 결국 모두가 걷던 시절에 만들어진 사람의 도시였던 것이다.

늦여름 파리의 가로수는 잎잎이 단풍이 물들기 시작했고, 찬바람에 실려 밤이 빨리 오면서 파리의 가을도 깊어가고 있었다. 계절이 오는지 가는지 관심이 없었던 우리 두 사람은 서로를 찍어주기 바빴고 파리의 물결은 또 물결대로 그렇게 무표정하게 흘러가고 있었다.

미야자키 소라구이

먹을 때는 큰 감흥이 없다가 지나고 나면 불현듯 생각나는 음식이 있다. 최근 미야자키에서 먹은 소라구이가 그랬다.

태평양을 끼고 도는 미야자키 해변에는 의외로 해산물 식당이 많지 않았다. 우리라면 벌써 횟집이 도열했을 터인데 횟집은커녕 소라나 몇 개 얹어놓고 구워주는 가판이 전부였다. 거기서 맛본 소라구이다.

숯불에 소라를 굽는 것까지는 한국의 조개구이집과 다를 바 없었지만 우리는 소라 주둥이가 아래를 향하게 엎어서 굽는 반면 그 가게는 소라 주둥이를 하늘로 향하게 눕혀 굽는 게 달랐다. 거기에 주둥이 속으로 자박자박해질 만큼 간장을 붓는 게 결정적 차이. 굳이 따지자면 숯불에 굽긴 하지만 조림형 음식이랄까.

그렇게 간장에 푹 잠긴 소라를 보면 언뜻 짜지 않을까 하는 걱정부터 든다. 하지만 그 소라는 생각보다 짜지 않았다. 짜기는커녕 적당히 구워진 소라의 갯내가 일본 진간장 특유의 향과 만나 전혀 다른 풍미를 만들고 있었다.

비단 미야자키의 소라구이뿐 아니라 간장으로 만든 음식은 어딜 가나 우리 입맛에 맞을 확률이 높다. 간장의 주성분은 글루탐산이다. 콩에 들어 있는 단백질이 분해되면서 글루탐산이 되는데 다른 어느 나라 음식보다 일본 음식이 우리 입에 맞는 이유는 바로 이 글루

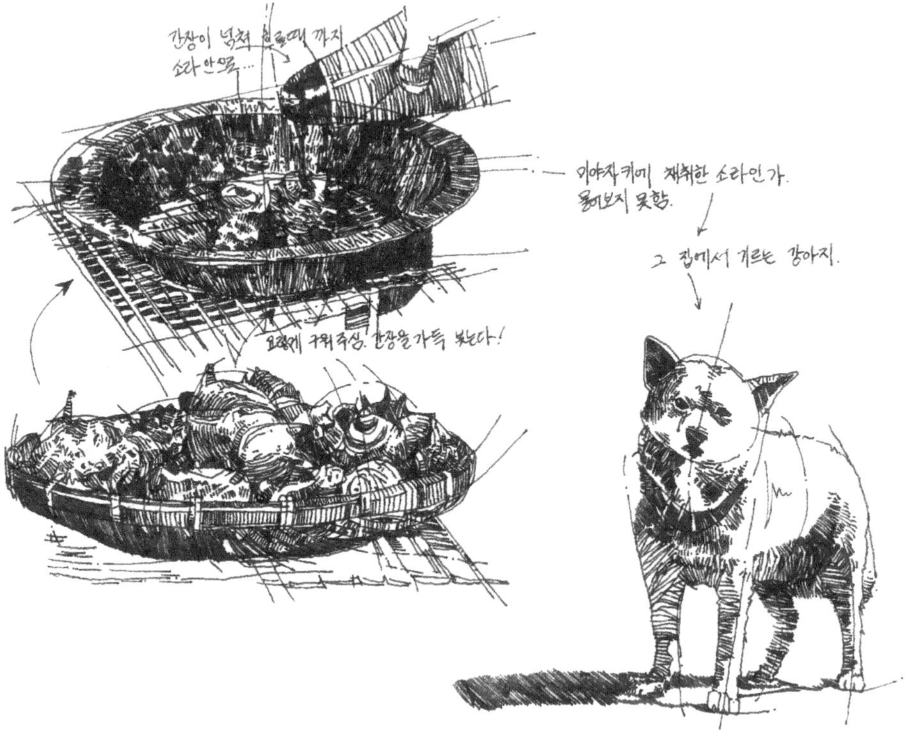

Miyazaki, Japan, Platinum Blue-black

탐산이 맛의 기본이기 때문이다. 글루탐산은 전복이나 소라 같은 해물에도 풍부한데 이는 전복이나 소라가 글루탐산이 풍부한 해조류를 섭취하는 데 원인이 있다. 그러니까 간장으로 졸여낸 미야자키의 소라구이는 그야말로 글루탐산 덩어리였던 것이다.

세계 어딜 가든 제각각의 맛과 풍미가 있고 그걸 존중하는 게 여행의 묘미겠지만, 한번 글루탐산에 길들여진 한국인이 글루탐산이 부족한 음식에 적응하기란 말처럼 쉬운 일이 아니다.

우리는 글루탐산의 냄새를 주변에 실컷 풍기며 소라구이를 먹었다. 이미 나처럼 글루탐산에 중독된 다른 한국인 관광객들이 입맛을 다시며 이쪽을 바라보고 있는 게 느껴졌다.

시즈오카에서 길을 잃다

햇살은 부드럽고 대기는 맑았으며 꽃향기 섞인 미풍이 불어오는 5월의 어느 날이었다.

우리는 시즈오카의 명물이자 일본 최후라는 증기기관차를 타보기로 했다. JR 카나야 역에서 내린 우리는 증기기관차를 탈 수 있는 신카나야 역을 찾아 두리번거렸다. 가이드북에는 분명 멀지 않은 곳에 신카나야 역이 있고 거기서 증기기관차를 탈 수 있노라 했지만 아무리 둘러봐도 증기기관차는커녕 증기밥솥 하나 보이지 않았다. (밥솥이 보이면 더 이상한가?)

역무원에게도 물어봤으나 일어가 익숙지 않은 우리에게 역무원의 이해할 수 없는 일어 안내는 큰 도움이 되지 못했다. 우리는 다만 그게 외국인 관광객이 그 나라에서 갖추어야 할 최소한의 에티켓이라도 되는 양 고개를 끄덕거리며 알아듣는 척해주었다.

지금 드는 생각이지만 이제껏 내 이야기에 고개를 끄덕이던 사람들도 혹시 내 말에 공감하거나 이해해서가 아니라 '알았으니까 그만 좀 지껄여줄래'라는 신호를 보냈던 건 아니었을까. (앞으로는 별스럽지 않은 이야기에 포클레인처럼 고개를 끄덕이는 인간을 조심해야겠다.)

우리는 무작정 그 역을 찾아 나섰다. 분명 멀지 않다고 했으니 무턱대고 길을 나선다 해도 물어물어 찾아간다면 정해진 기차 시간에 늦지 않을 공산이 컸으며 무엇보다 기차역이라도 찾지 않으면 여행자로서 열정을 쏟을 만한 일이 주변에 전혀 없었다.

결론부터 당기자면 우리가 닿고자 했던 신카나야 역은 전철로 두 정거장이나 더 가야 할 만큼 먼 곳이었다. 가이드북이 멀지 않다고 했던 곳은 신카나야 역으로 향하는 오오이가와 본선 역이었다. 아니나 다를까. 전철로 두 정거장 거리를 도보로 이동하는 동안 우리는 길을 잃고 말았다.

우리는 본의 아니게 한적한 오후의 시즈오카를 헤맬 수밖에 없었다. 시즈오카 사람들에겐 어제와 마찬가지로 뻔한 오후였겠지만 외국인인 나에겐 그 한적함조차 무척 낯설었다. 볕은 환하고 맑았으며 낮은 담장 위로 이름 모를 나뭇가지들이 함부로 뻗어 있는 풍경. 빈 집 마루에 엎질러진 우유처럼 적요한 평화였다.

마을 개천에는 잉어 모양의 연이 강물을 거슬러 올라 승천이라도 하려는 듯 모로 나부끼고 있었다. 일본어로 코이노보리라고 하는 잉어 모양의 연은 보통 5월 5일 어린이날까지 저렇게 개천에 걸어둔다. 원래는 아들 낳았다는 자랑으로 걸던 것이 이제는 그저 모든 아이들이 저 잉어처럼 건강하길 바라는 기원의 상징이 되었단다.

아닌 게 아니라 바람이 불면 바람의 방향 따라 흐르는 개울물과는 달리, 바람을 머금은 잉어 연은 자연스럽게 강물을 거스르는 형상이 되기 때문에 비록 연이지만 힘차 보였다. 우리는 그 잉어들의 실루엣을 오랫동안 바라보고 있었다. 그 잉어들은 어쩐지 이 세상의 것 같지 않았고 평생 잊을 수 있을 것 같지도 않았다.

지금도 시즈오카를 추억하면 이 풍경부터 떠오른다.

우리가 만약 길을 잃지 않았다면 기차 시간 직전까지 허둥거리진 않았겠지만, 이 아름다운 코이노보리를 발견하진 못했을 것이다. 모눈종이처럼 한 치의 오차도 없는 촘촘한 여행을 했더라도 마찬가지였겠지.

여행의 이물감은 그것을 자연스럽게 받아들이는 이에게 살아 있음의 실감을 준다.

나는 그 느낌을 가장 좋아한다. 그것은 매우 짧고 드물기 때문에 더 강렬하다.

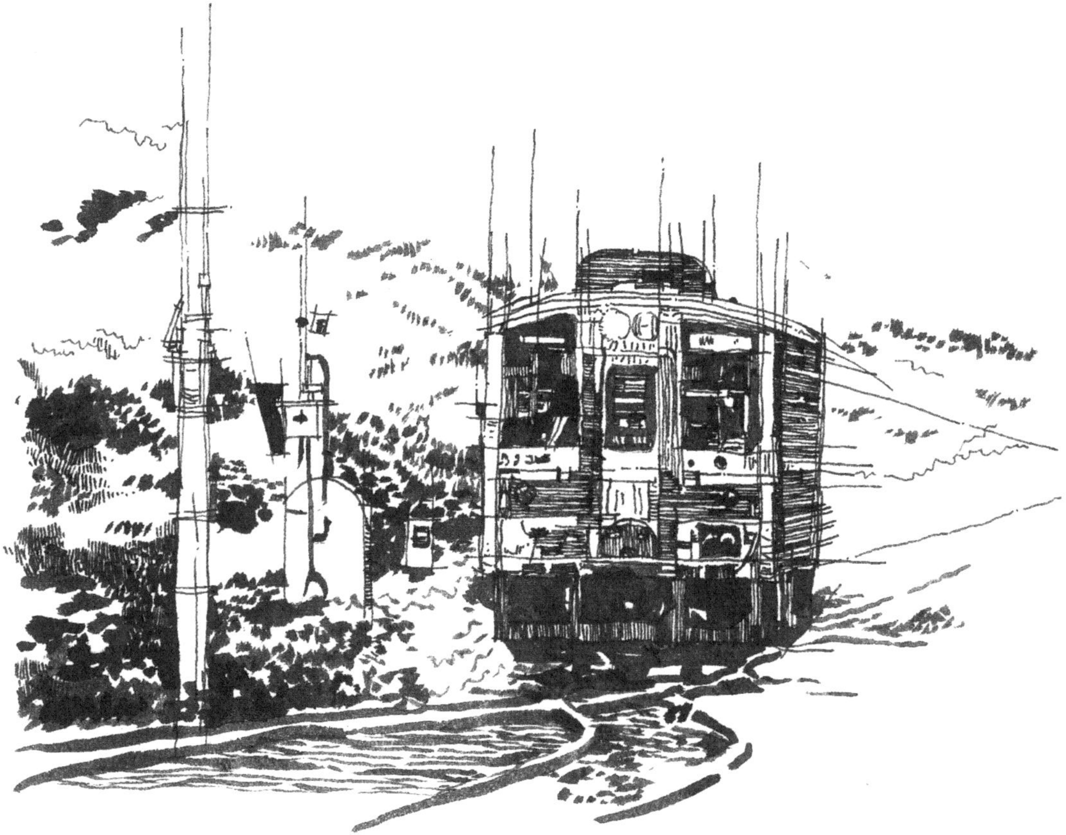

Shizuoka, Japan, Waterman Blue-black

여행의 추억

"이번 여행 꽤 근사했어. 우린 이런 추억에 기대서 얼마간 살아가겠지?"

인간이 여행하는 이유는 추억에 기대 사는 본능 때문이라고 믿던 내가

별 생각 없이 보낸 문자 메시지였다.

잠시 후 답문이 왔다.

그녀의 답문을 보니 내 질문에 담겼던 나의 기대가 생각나 열없는 웃음이 났다.

"아니. 우린 그런 추억을 만들면서 살아갈 거야."

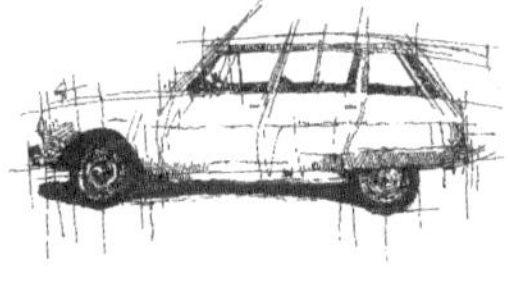

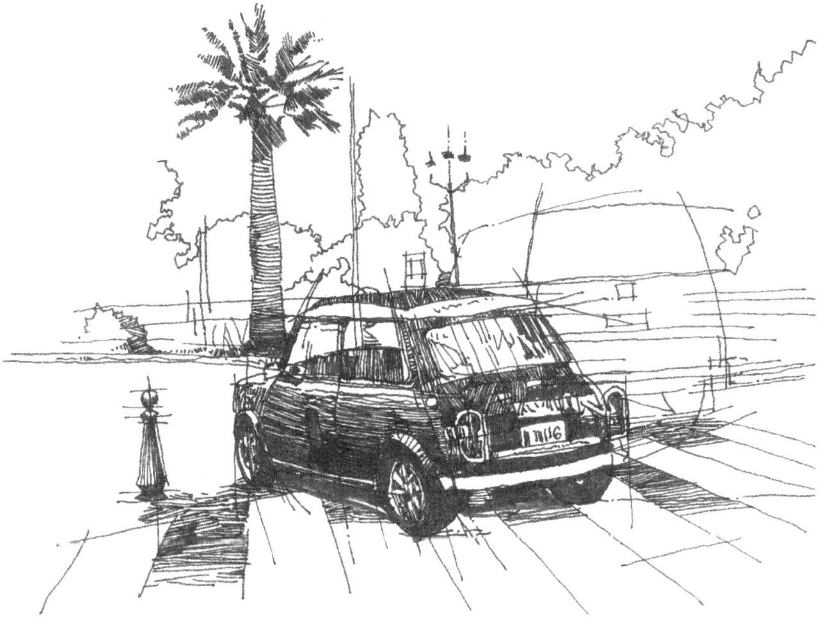

Monaco, Waterman Blue-black

그가 가르쳐준 것

동년배 중에 “참 쉽죠?”라는 말을 연발하던 밥 로스를 모르는 사람이 과연 있을까. 회화사적 족적으로 보자면 ‘나비파’의 대부인 피에르 보나르나 체코의 알폰소 무하가 훨씬 뛰어남에도 그들은 인지도 면에서 밥 로스를 따를 수 없다.

그는 간단한 듯한 기술을 가르치며 누구든 그림을 잘 그릴 수 있다는 희망을 심어주었지만 실제로 그의 프로그램을 보고 직접 따라 그려본 이는 전체의 3퍼센트가 채 되지 않았다고 한다. 그림을 그리지 않아도, 혹은 미술사에 대해 공부하는 프로그램이 아니더라도 ‘그저 재미있을 수 있다’는 사실을 대중이 발견했다는 점이 중요하다. 오죽했으면 그가 그림 그리는 시간을 ‘밥 로스 혼수상태’라고 일컬었을까.

사람들은 밥 로스 때문에 알게 되었다. 사람은 예술이라는 결과물이 아니라 행위를 통해서도 얼마든지 억압된 일상에서 해방될 수 있다는 사실을 말이다.

밥 로스 본인이 항상 말했다. “이 캔버스에 연두색 구름을 그릴 수 있고, 핑크빛 바다를 그릴 수도 있습니다. 이 안에 당신의 세계가 있습니다”라고 말이다. 그리고 밥 로스는 캔버스 위에서 대중은 무엇이든 할 수 있고 무엇이든 될 수 있다는 것을 증명해 보이기까지 했다. 이것은 피카소도 해내지 못했던 부분이다.

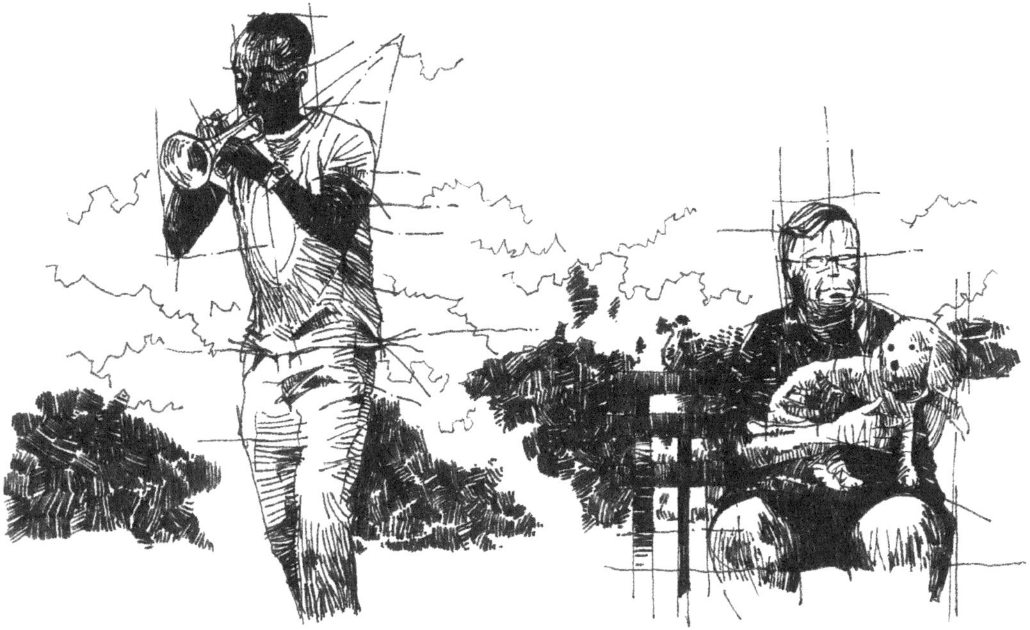

New York, U.S, Platinum Blue-black

골목 그리기

일정에 구애받지 않고 여행한 지 오래다. 이제는 목적지 주변을 헤매거나 엉뚱한 기차를 타도 화가 나거나 당황스럽지 않다. 곧장 가면 빠른 길을 부러 우회해서 간 적도 많다. 덕분에 꼭 봐야 한다는 건축물이나 풍경은 그림자조차 못 봤다.

속도의 시대, 첨단의 시대를 살면서 우회의 즐거움을 이야기하는 게 얼마나 한갓진 소리인지 나도 잘 안다. 다녀온 후 '거기까지 가서 그것도 보고 오지 않았냐'는 핀잔도 더러 들었다. 하지만 나는 특별한 걸 보고 그에 걸맞은 특별한 감상을 누려야 한다고 스스로에게 강요하는 여행이 싫다.

여행지에선 무엇을 보고 무엇을 먹든 내가 살던 곳과 다른 것들뿐이다. 그 여행이 언젠간 끝난다는 걸 알고 있기에 정신이 각성되지 않을 도리도 없다. 그러다 보면 거대한 성채 못지않게 작은 들꽃, 수상한 저녁노을, 길가의 돌멩이, 산책하는 여자와 개, 그 모든 것이 돌연 중요하다는 사실을 깨닫게 된다.

시인은 자세히 봐야 예쁘다고 했지만 그런 삶의 자세를 견지하기 시작하면 굳이 자세히 보지 않아도 예쁘지 않거나 애틋하지 않은 것이 없다.

나는 그런 것들을 그리고 싶었다.

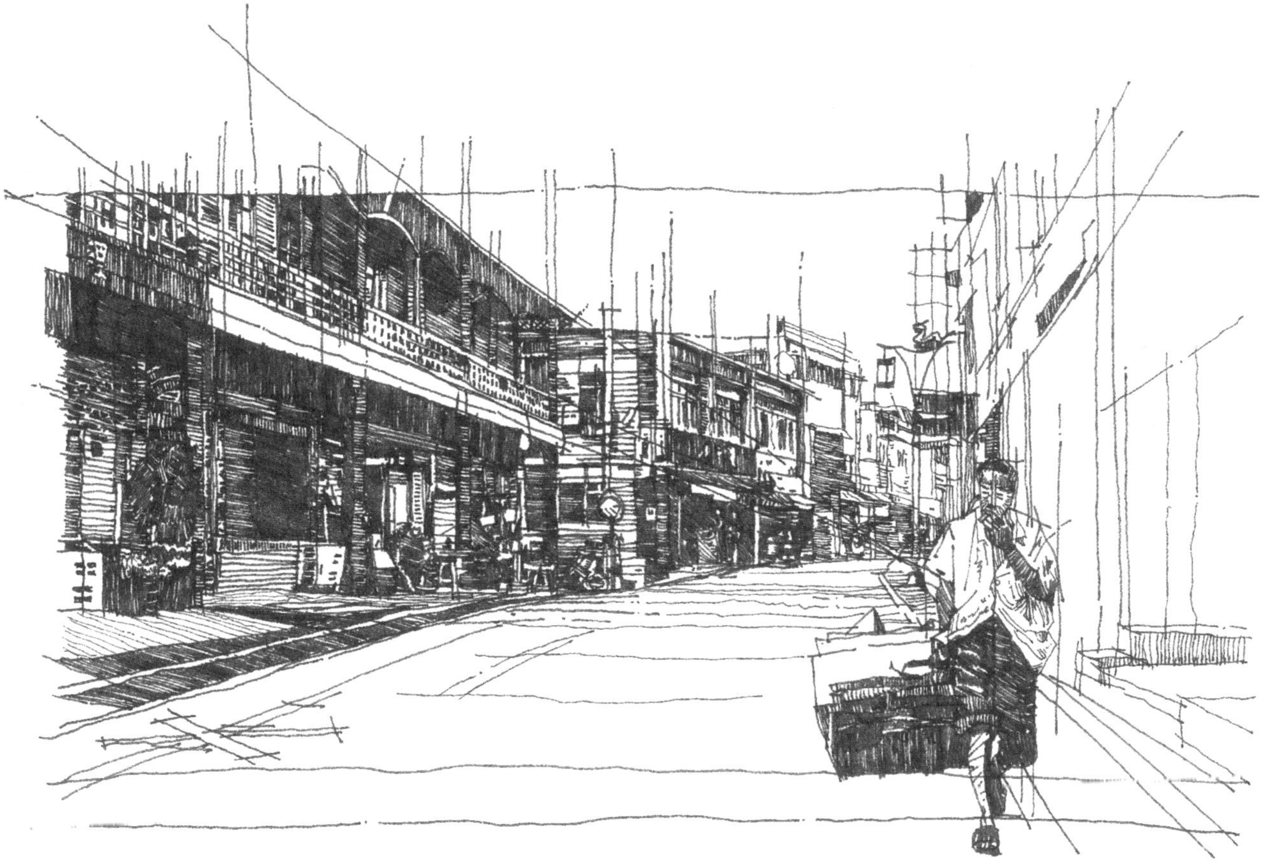

Incheon, Korea, Waterman Blue-black

캄보디아 시엠립 펍 스트리트

2011년 캄보디아를 다녀왔다. 짧은 일정이었지만 모든 것이 맘에 드는 나라였다. 서울시 면적의 3분의 2라는 앙코르 사원의 인상도 압도적이었지만 지금도 기억에 남고 다시 찾고 싶은 곳은 시엠립 펍 스트리트다.

펍 스트리트의 명소는 단연 '레드 피아노'란 펍이다. 음식이나 칵테일 맛보다는 안젤리나 졸리가 〈툼 레이더〉 촬영 당시 자주 들렀다는 이유로 유명해졌다. 나는 그게 무슨 의미가 있는지 잠시 생각했다. 안젤리나 졸리의 삶을 좇을 만큼 그녀의 '덕후'도 아니거니와 그녀가 대단한 미식가란 소문은 더욱 들은 바 없다.

〈툼 레이더〉가 전 세계 요리경연대회를 소재로 한 영화였던가? 이래저래 레드 피아노를 방문할 이유는 없는 걸로 결론을 내렸다. 나는 레드 피아노 대신 그늘이 시원해 보이는 맞은편 펍의 테이블에 앉아 앙코르 맥주를 마시며 레드 피아노와 오고 가는 사람들을 훑었다.

절인 땀 냄새, 사탕수수 냄새, 이젠 이름조차 기억하기 힘든 캄보디아 전통 젓갈 냄새 등 온갖 것의 냄새가 동남아 특유의 습기와 뒤섞여 후욱 끼쳐왔다. 하지만 불쾌하지 않았다. 불쾌하기는커녕 오히려 내가 잠든 사이 지구 모퉁이에서는 이렇게 역동적인 삶이 존재했구나 하는 생각에 낯선 것들이 갑자기 친근해지기까지 했다.

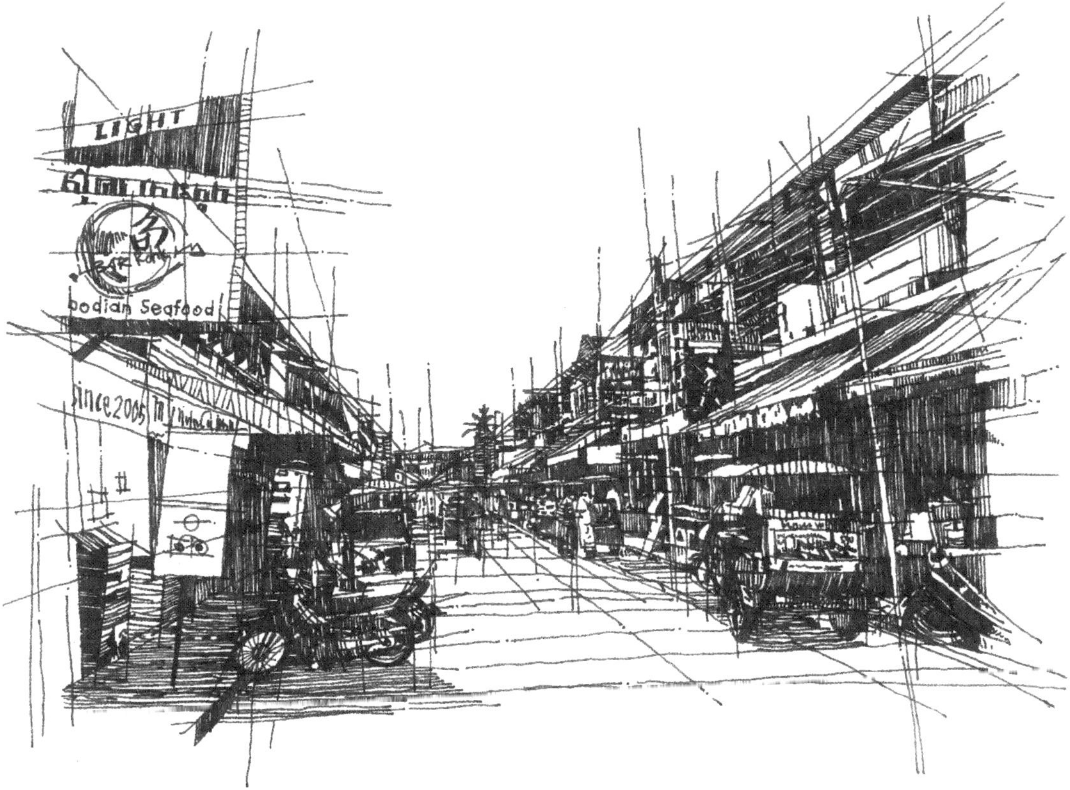

Siem Reap, Cambodia, Pelikan Blue-black

편견은 사양합니다

“이 사람들을 봐라. 사는 게 꼭 우리 60년대 같지 않니?”

60년대를 경험해본 적 없는 나에게는 난감한 질문이었지만 선험자들이 그렇다고 하니 그런가 할 수밖에.

동남아를 비하하는 대표적 편견은 기후에서 비롯된 게으른 천성이다. 동남아가 덥고 그러다 보니 사람들이 게을러 덕분에(?) 가난하다나 뭐라나. 딴에는 그런가 싶다가도 그럼 세계 최고 갑부들은 죄다 시베리아에 모여 사나 들여다보면 그런 것도 아닌, 요상한 논리였다.

여기서 동남아인들의 천성이나 올챙이 적 생각 못하는 한국인의 건망증을 이야기하고 싶은 마음은 없다. 동남아인들 중에도 분명 게으른 사람이 일부 존재할 것이고 마찬가지로 한국인 중에 그런 건방짐을 가진 이도 일부일 것이다. 국소 부위를 가지고 전체를 재단하는 건 어리석은 짓이다.

동남아에 대한 엉터리 편견이 불편한 이유는 따로 있다.

동남아의 고급 호텔을 방문해본 사람은 알 것이다. 서비스의 수준은 뉴욕이나 파리와 별반 다를 바 없음에도 가격은 앞선 서양 도시보다 훨씬 저렴하단 사실을. 노르웨이 5성

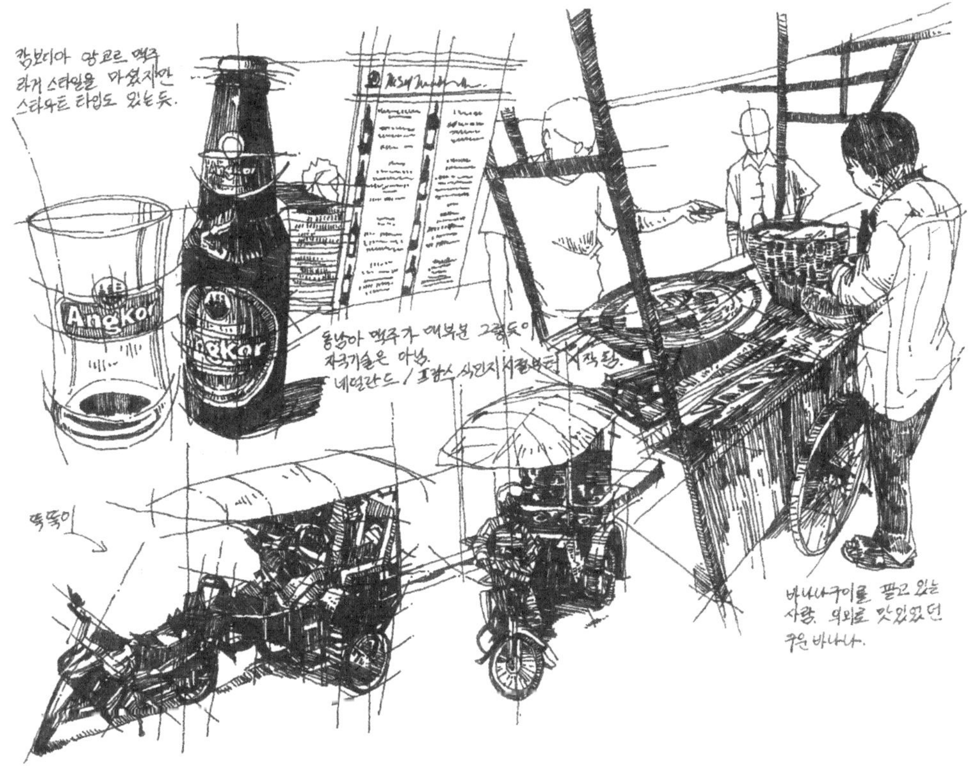

Siem Reap, Cambodia, Pelikan Blue-black

호텔 앞에서는 주저하지만 동남아 고급 호텔 앞에서는 상대적으로 고민이 덜한 이유도 아마 돈 때문일 것이다.

질 높은 서비스에 저렴한 가격을 원하는 우리의 이중적 욕망은 외화를 벌기 위해 말도 안 되는 싼 가격에 음식과 서비스를 제공하는 동남아인들이 없었다면 실현 불가능했을 허세다. 그러니 파리 호텔과 똑같은 서비스를 받고도 비용은 외려 저렴했다면 그 차액은 가난하게 살아가는 캄보디아인이 지불해준 것 아닐까.

물론 이건 어디까지나 내 추측이다.

샌프란시스코 트램 F 라인

1900년대 미국 도심의 가장 큰 골칫거리 중 하나는 말馬이었다. 정확히 말하면 이동수단인 말이 배출하는 오물과 말의 사체다. 뉴욕과 시카고엔 한 해 1만 마리 이상의 말 사체가 거리로 쏟아져 나왔고 사체가 부패하며 발생하는 악취와 파리는 시민 건강의 심각한 위협이었다. 이 문제는 전기가 보급되고 전차가 다니면서 해소된다.

전차는 일본 나가사키나 에스토니아 탈린 등 500여 개 도시에서 여전히 운용 중이지만 초기 방식 그대로 노면전차를 운용하는 도시는 샌프란시스코가 유일하다. 전차를 사라지게 만든 주인공은 두말할 필요도 없이 자동차다. 자동차는 말처럼 악취가 나지도 않았고 전차처럼 갑자기 노선을 이탈해 말썽을 부리거나 정전되어 멈추는 사고가 없었다.

무엇보다 자동차는 미국인들이 꿈꾸는 교외 전원생활을 가능케 했다. 자동차 회사와 부동산 투기꾼, 은행은 삼위일체가 되어 전원생활의 황홀함을 광고했다. 지금 미국인을 파산 상태로 몰아넣은 신용할부제도buy now, pay later가 이맘때쯤 등장한다. 제2차 세계대전 승리 이후 찾아온 활황과 휘발유 가격 하락으로 대부분의 가정이 두 대 이상의 자동차를 구비하게 된 것도 이때쯤이다. 이후 상위 계층은 교외에서 전원생활을 한다는 인식이 퍼져 나가기 시작했다. 하루 네 시간을 고속도로에서 허비했지만 교외 주택을 소유했다는 꿈에 도취되어 모두가 행복해 보이던 시절이었다.

하지만 경기가 얼어붙고 유가가 리터당 4달러를 넘어서자 사정은 달라졌다. 교외 주택을 사기 위해 은행 빚을 잔뜩 진 중산층에게는 늘어나는 대출 이자도 문제였지만, 감당하기 벅찬 휘발유 가격은 미국 가정 대부분을 파산 상태로 몰아갔다. (기억하는가. 교외 주택 생활자의 자동차 보유량이 평균 두 대라는 사실.) 차량 유지비와 대출 이자를 견디지 못한 중산층은 게워내듯 주택 매물을 부동산 시장에 내놨지만 서브 프라임 모기지 이후 전원주택의 유지비를 감당하겠다고 나서는 이는 판매하려는 이들보다 그 수가 훨씬 적었다. 파산한 가정의 주택은 경매로 넘어갔고 투기꾼은 다시 반값이 된 주택을 사들이기 시작했는데 언론은 이런 투기꾼을 두고 썩은 고기를 먹고 사는 벌처[vulture; 독수리]라고 비아냥거렸다.

전차는 도시 면적의 2퍼센트만 차지하면서도 도시민 25퍼센트의 이동을 책임지는 기적에 가까운 교통수단이었지만 곧이어 등장한 자동차에게 모든 축복을 양보해야 했다. 도시는 자동차를 위해 끊임없이 도로를 넓히고 주차 공간을 확보했지만 아무리 새롭게 도로를 닦고 넓혀도 어찌된 영문인지 전차만큼의 효율을 보여주지 못하고 있다. 효율은커녕 날이 갈수록 도로는 주차장으로 변했고 그럼에도 차량은 갓 부화한 바퀴벌레의 알처럼 늘어만 갔다.

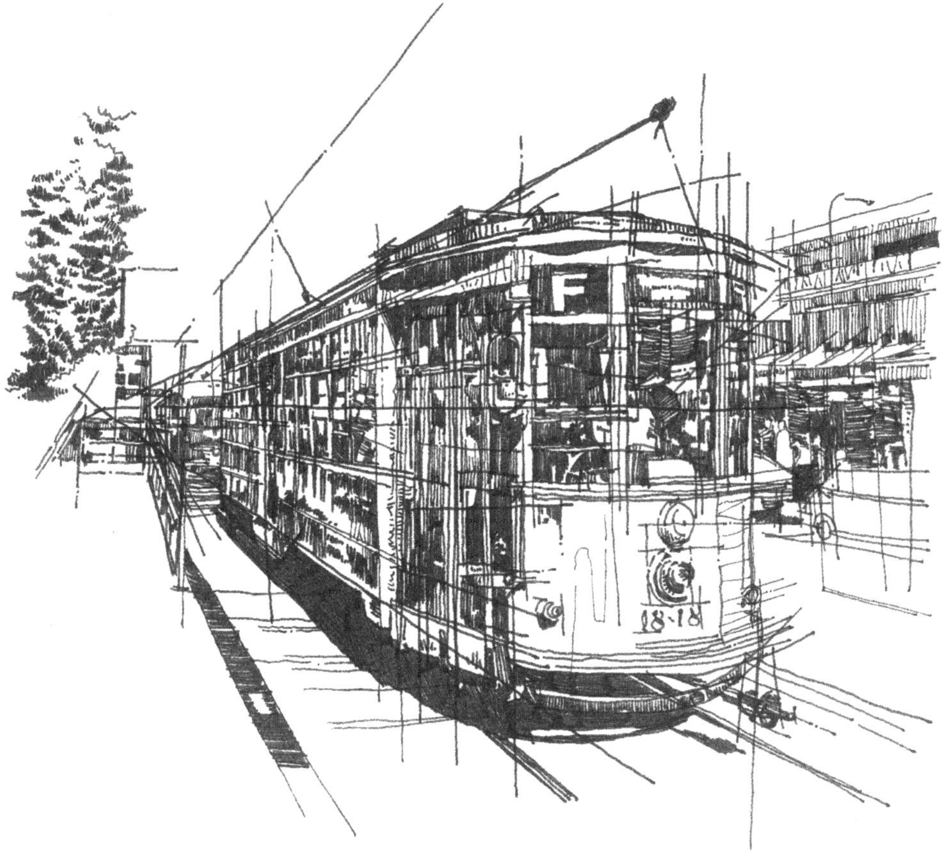

San Francisco, U.S, Waterman Blue-black

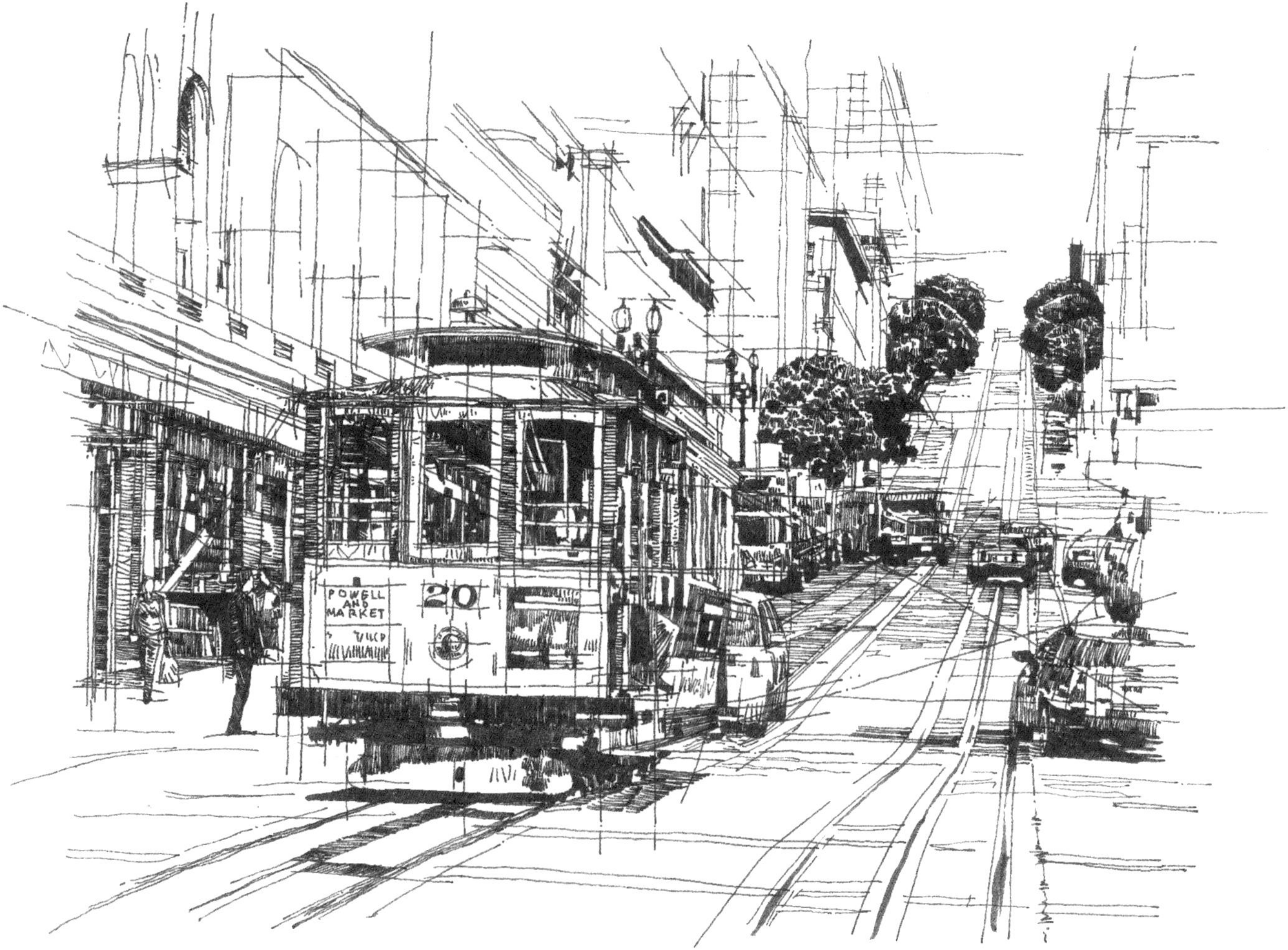

San Francisco, U.S, Waterman Blue-black

많은 자가용 통근자가 아침마다 졸린 눈을 부비며 도심으로 꾸역꾸역 몰려들고 있고, 자기 몸무게의 스무 배가 넘는 쇳덩이를 힘겹게 끌고 가기 위해 인생의 주요한 시간과 번 돈의 대부분을 지출하며 알 수 없는 슬픔에 빠진다. 자동차는 결코 이동수단의 승리자가 아니었다. 물론 말처럼 악취나 파리가 발생하진 않지만 대신 한 해 20만 명의 미국인이 교통사고로 목숨을 잃고 있다. (그중 절반이 어린이다.)

교외로 몰려갔던 중산층은 도심으로 돌아오지 못하고 있다. 접근성을 활성화시키겠다는 페이스북 본사조차 샌프란시스코 도심에서 45킬로미터가량 떨어져 있는 형편이다. 미국인들은 소득의 30퍼센트 이상을 자가용 관련 비용으로 지출하지만 대부분이 주차 상태에 있다. 그리고 주차 상태임에도 차 주인은 보험료, 할부금, 주차비, 감가상각비를 부담해야 한다.

도시는 개인이 꿈꾸는 삶의 모양의 총합이다. 오늘도 수많은 미국 교외 지역 거주자가 자신의 삶을 길바닥에 버리고 있다.

투본 강을 건너는 사람들

땅거미가 내려 구시가가 컴컴해지면서 어둠이 재빨리 짙어진다. 그즈음 투본 강둑에서는 일과를 마치고 강 건너 마을로 돌아가려는 이들이 뗏목 위에 자전거와 스쿠터를 싣고 도하를 준비한다. 강물은 악취가 나고 지저분하지만 많은 이들이 이 강에 기대어 그럭저럭 옹근 삶을 이어가고 있다.

뗏목 가장자리에서 점멸하는 붉은 불빛은 누군가의 담뱃불이다. 빨아들일 때 더욱 환해지는 그 불빛은 마치 자동차의 후미등 같다.

나는 한때 이런 풍경을 기억하기 위해 그림을 그린다고 생각한 적이 있다. 하지만 지금은 아니다. 어차피 똑같이 그려낼 재주도 없을뿐더러 똑같이 그려낸다 한들 그게 내 풍경일 리도 없었다.

나는 재현보다 간섭을 좋아한다. 눈으로 풍경이 들어올 때는 잠자코 있다가 보고 있는 장면을 종이 위로 옮기는 순간에 끼어드는 제 나름의 해석이 바로 간섭이다. 간섭은 어떤 대상을 지우기도 하고 특정 장면은 강조하기도 한다. 지금은 그저 타자화된 대상을 내 식대로 해석해보고 싶다는 속셈으로만 그림을 그리는 편이다.

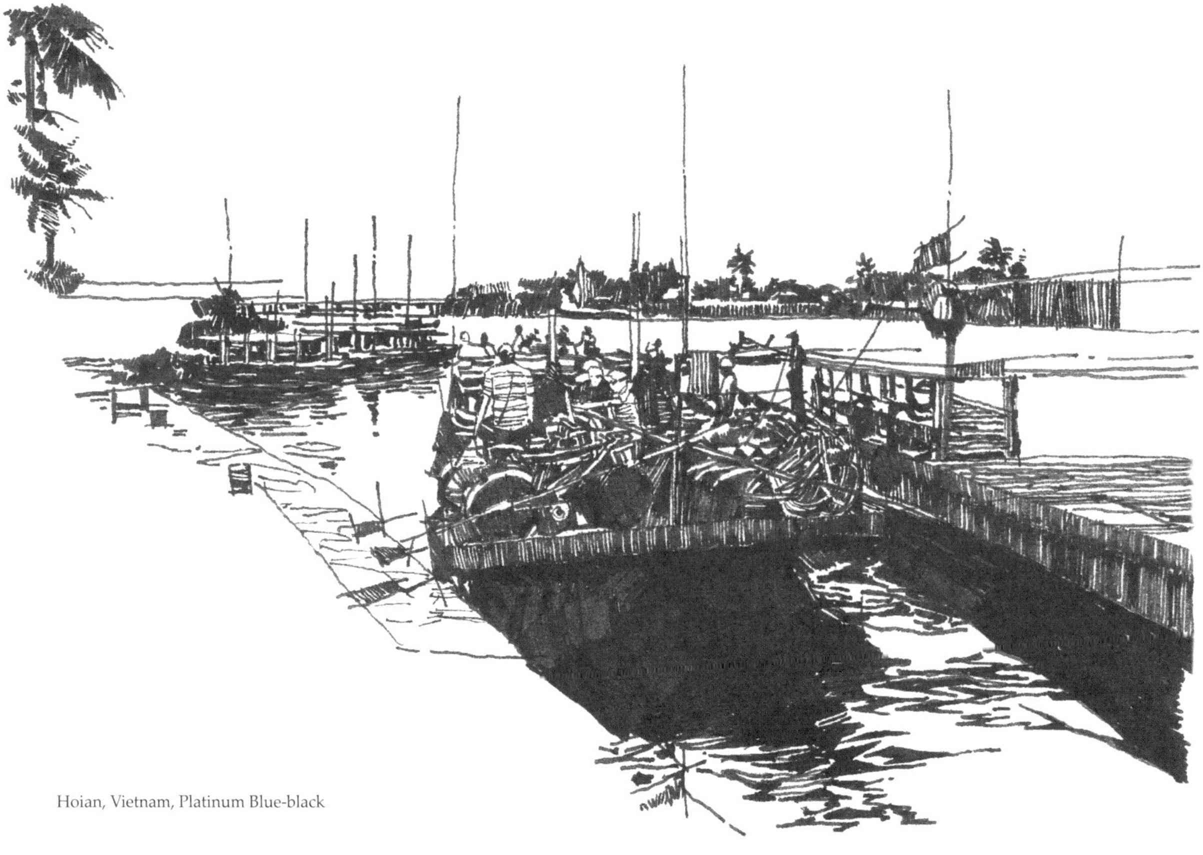

Hoian, Vietnam, Platinum Blue-black

이상과 동경의 그림자

조선이 권태로웠던 이상李箱은 동경행을 결심한다. 11월, 바람이 제법 차가워진 늦가을. 그의 나이 26세 때 일이다.

동경이야말로 자신의 권태를 해소해줄 비상구라 믿었던 이상에게 안타깝게도 동경은 생각했던 것만큼 대단해 보이지 않았다. 물론 그것은 파리를 그리워했던 경성 모던 보이의 치기 어린 비아냥이었지만. 어쨌든 동경은 경성 모던 보이의 안식처나 도피처가 되어 주질 못했다.

정작 그를 반긴 것은 마천루가 아닌 폐결핵이었다. 이상으로부터 "서양을 급히 날조한 것에 불과하다"는 조롱을 받던 동경은 이제 명실공히 세계 최대의 메가 시티가 되었다. 경성보다 무려 3년이나 늦게 도입되었던 동경의 전차는 전 세계에서 가장 촘촘하고 어지러운 노선으로 변모했으며, 긴자 미츠코시 백화점 사거리는 토요일만 되면 탑골공원 비둘기떼처럼 인파가 자글자글 끓는다.

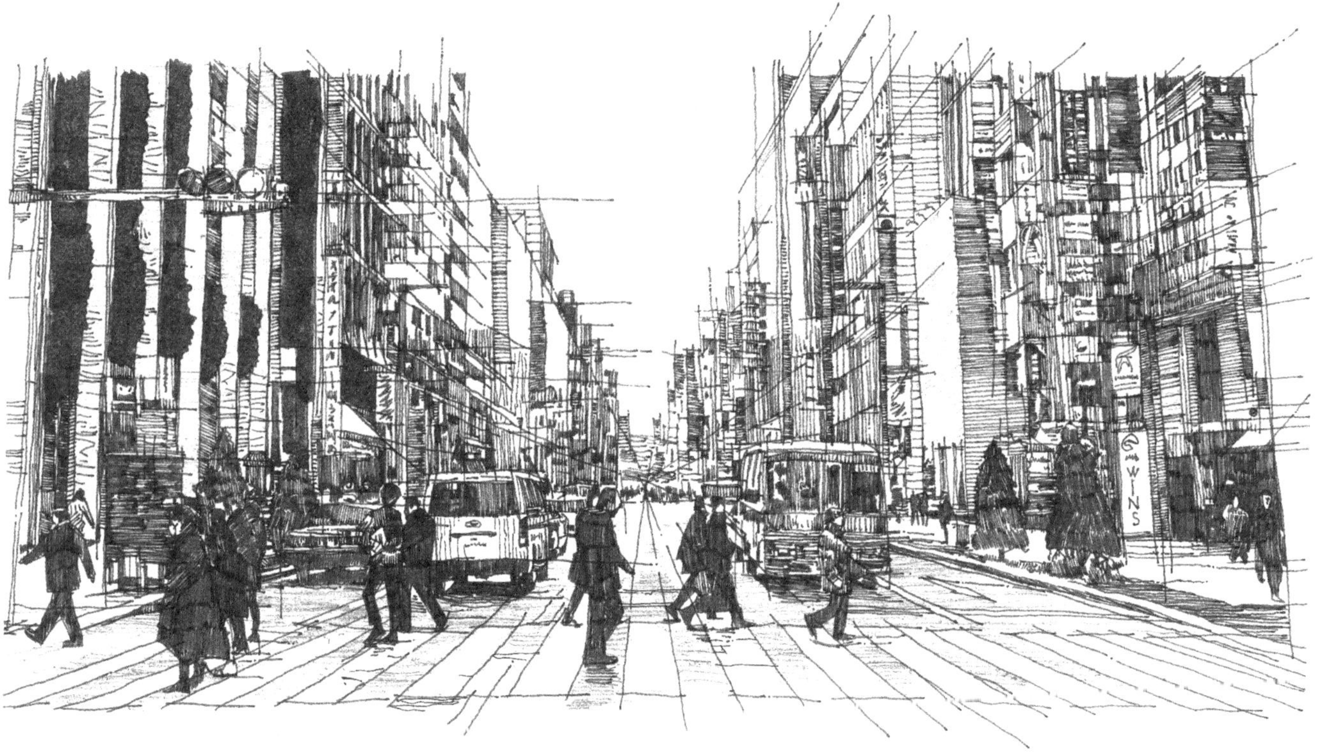

Tokyo, Japan, Pelikan Blue-black

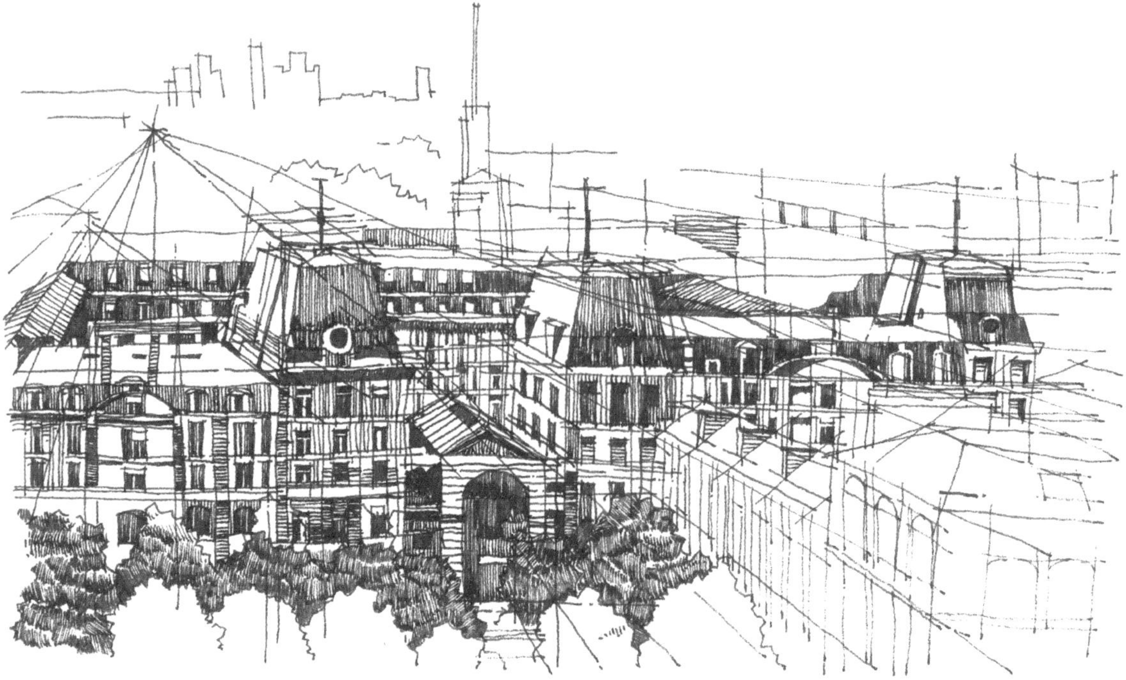

Paris, France, Waterman Blue-black

파리에 관한 부기附記

동경이 채워주지 못한 '도시의 환상'을 지구 반대편의 파리가 채워줄 거라 믿고 평생 파리를 그리워했던 이상은 끝내 파리에 닿지 못했다. 한편 비슷한 또래이자 같은 작가였던 알베르 카뮈는 문화의 중심지에서 인기 작가가 파티며 만찬 따위로 견뎌야 하는 시간들을 역겨워했다. 이상이 평생을 두고 그리워했던 파리를 정작 카뮈는 견디지 못했으며 결국 남은 생을 '루르마랭Lourmarin'이라는 남부의 작은 마을에서 보냈다.

나는 카뮈가 평생을 보내고 싶어 했던 루르마랭을 신혼여행으로 다녀왔다. 듣자 하니 루르마랭은 그의 고향 알제리와 가깝고 알제리처럼 볕도 잘 드는 곳이라고 한다. 알제리를 가보지 않아 확인할 길 없지만 겨울임에도 볕이 무척 따스한 건 사실이었다. 파리의 메마른 인심과 북구적北歐的 어둠에 지쳤던 카뮈에게 루르마랭은 구원과도 같은 곳이었으리라.

1960년 1월 4일 프랑스 이느 국도 위에서 자동차가 가로수를 들이받는 교통사고가 일어났다. 이 사고로 운전자는 중상을 입고 뒷자리 승객은 즉사하고 만다. 승객의 주머니에서는 파리행 기차표와 알베르 카뮈라는 이름이 나왔다. 참고로 동경에 머물렀던 이상은 코트 주머니에 항상 작은 불어사전을 지니고 다녔다고 한다.

어떤 도시는 누군가에게 평생의 그리움이기도 하지만 누군가에게는 최후까지 질긴 악연으로 남기도 한다.

언젠가 이야기할 오늘

●

올해 초 아버지와 간사이 지방을 여행하며 오사카 출신 건축가 안도 타다오의 건축물을 많이 보러 다녔다.

"아버지, 이 건물이 안도가 설계한 타임스라는 작품이에요. 안도는 오사카 출신 건축가인데 그의 작품 대부분이 오사카나 교토에 있어서 건축을 공부하는 한국 친구들도 많이 구경 오곤 해요."

아버지는 고개를 끄덕이시며 안도의 건물을 물끄러미 바라보셨다.

"참 재미있는 건물이죠, 아버지? 건물만큼이나 이 사람 인생도 참 재밌어요. 이 사람은 대학도 변변히 못 나온 고졸 복서였는데 지금은 일본 최고의 건축가가 되었으니."

"아무것도 몰랐으니까 생각에도 한계가 없었겠지. 때론 아무것도 모른다는 사실이 외려 우릴 끊임없이 생각하게 만들기도 하니까."

언젠가 우리는 이날에 대해 이야기할지도 모른다. 우리가 커피를 마셨던 장소가 오사카였는지 교토였는지 기억조차 희미해진 나중에, 아버지와 다시 웃으며 아무렇지도 않게 싱거운 농담을 하며 커피를 마실 수 있을까.

모르겠다. 그렇다면 그곳은 또 어디일까.

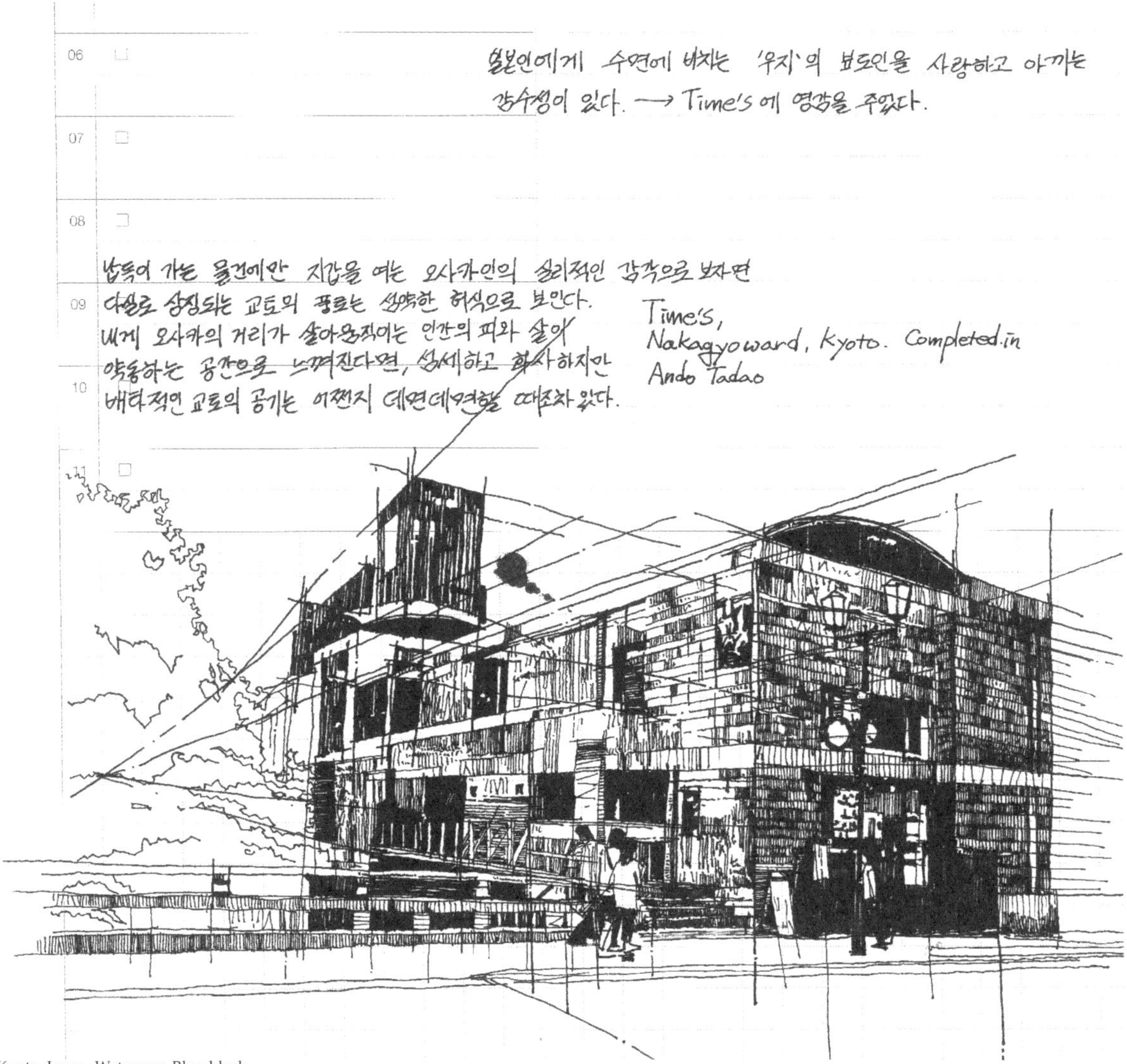

Kyoto, Japan, Waterman Blue-black

운은 그저 운일 뿐

"머지않아 우리 터키의 군마軍馬가 성 베드로 광장의 분수에서 목을 축일 것이다."

1480년 여름, 터키 함대가 남부 이탈리아에 상륙했다. 장화의 발꿈치에 해당하는 오트란토 해안이었다. 함대에는 7천의 병력과 술탄 메흐메드 2세가 승선해 있었다.

오트란토에 상륙한 그들은 거주민의 절반을 죽이고 나머지를 노예로 팔았다. 물론 콘스탄티노플을 함락시킴으로써 유럽에서 '지는 법을 잊어버린 왕'으로 통하던 술탄 메흐메드 2세의 목적이 이탈리아의 작은 남부 도시였을 리 없다. 그는 이탈리아 전체를 자기 발아래 두고 싶어 했다. 당연히 교황은 잠을 이루지 못했다.

내부의 분열을 다스리는 데 외부의 큰 적만 한 게 없다는 건 누구나 익히 아는 역사적 사실이다. 당시 온갖 갈등으로 뒤엉켜 있던 바티칸, 피렌체, 나폴리, 베네치아 역시 예외는 아니었다. 사분오열되어 있던 그들은 터키의 침략으로부터 교황을 돕기 위해 바티칸에 모여들었다. 말이 도움이지 각자 나름의 셈법을 염두에 둔 행동이었다.

그 도시국가의 수장 중 협조에 가장 적극적이었던 이가 바로 피렌체의 그 유명한 로렌초 메디치다. 당시 교황과의 심각한 갈등으로 협상과 강화가 필요했던 그에게 터키의 침공은 하늘이 준 기회(?)였다. 그는 터키와의 전쟁용으로 무장 갤리선 열다섯 척을 제공하겠다는 통 큰 제안을 해 자연스럽게 교황에게 사죄의 제스처를 보낼 수 있었다.

로렌초 메디치는 실력이나 재력뿐 아니라 피렌체 역사에서 가장 운이 좋은 사나이로 묘사되기도 하는데 그의 운은 이 정도에서 끝나지 않았다. 술탄 메흐메드 2세가 바티칸 진격을 앞두고 그만 급사해버린 것이다. 나폴리의 왕과 교황 모두 안도의 한숨을 내쉬었지만 가장 덕을 본 것은 갤리선 열다섯 척을 제공할 의무가 흐지부지해진 로렌초 메디치였다. 그는 아무것도 하지 않은 채 교황의 신임은 물론, 터키를 몰아냈다는 시민들의 감사까지 한 몸에 받았다.

터키의 침공을 막아낸 것이나 시민들의 신임을 얻은 것은 사실 로렌초 메디치의 개인 역량과는 아무런 상관이 없다. 그럼에도 이후 피렌체 사람들의 로렌초에 대한 평가는 '그리스도의 원수를 죽인 영웅'으로 완성된 것이다.

역사에는 이처럼 지독한 행운을 누리는 사람이 더러 존재한다. 흔히 운도 실력이라는 말로 행운을 찬양하지만 행운은 그렇게 안이하게 볼 것이 아니다. '신께서 내려주는 온갖 시련'과 싸우며 힘겨운 나날을 보내는 중세인들로서는 그렇게 하지 않고 지내는 듯이 보이는 '신께서 사랑하시는 사람'을 보면 구원을 받는 듯한 느낌을 받는다.

2003년 메이저리그 강타자 매니 라미네즈는 569번의 타격 기회 중 단 한 개의 안타가 모자라 타격왕을 놓쳤다. 시즌 동안 매니 라미네즈가 당한 384개의 아웃 중 어쩌면 하나쯤은 안타가 될 수도 있지 않았을까? 기록원이 상대팀의 에러를 안타로 기록해주었다면?

터키 술탄 메흐메드 2세의 급사나 기록원의 기록 등 무엇을 측정하건 우리는 우연의 요소를 인정할 수밖에 없다. 운도 실력이라고 하지만 우리는 안타 한 개 차이로 타격왕을 놓친 매니 라미네즈를 두고 '운이 없었다'고 하지 '실력이 부족했다'고 하지 않는다. 하지만 그럼에도 운이 없다는 것의 진짜 의미를 이해하는 사람은 많지 않다.

우리가 이해해야 하는 것은 아무리 뛰어나도 역량만으로는 충분치 않고 운이라는 것이 크게 작용한다는 사실에 있다. 하지만 그런 이해를 하고 있는 사람은 소수에 지나지 않는다. 나폴레옹이 같은 재능을 가진 두 장수 중에 운이 좋은 사람을 발탁했던 것도 그 때문이다. 운은 중세인들의 믿음대로 불가항력적인 것이지 실력과는 아무런 인과관계가 없다. (로또 1등을 맞는 사람에게 무슨 실력이 있는가? 그저 운일 뿐이다.)

운도 실력이라는 말은 세상 모든 것을 실력과 경쟁으로 보는 자기계발 광신도들의 기표일 공산이 크다.

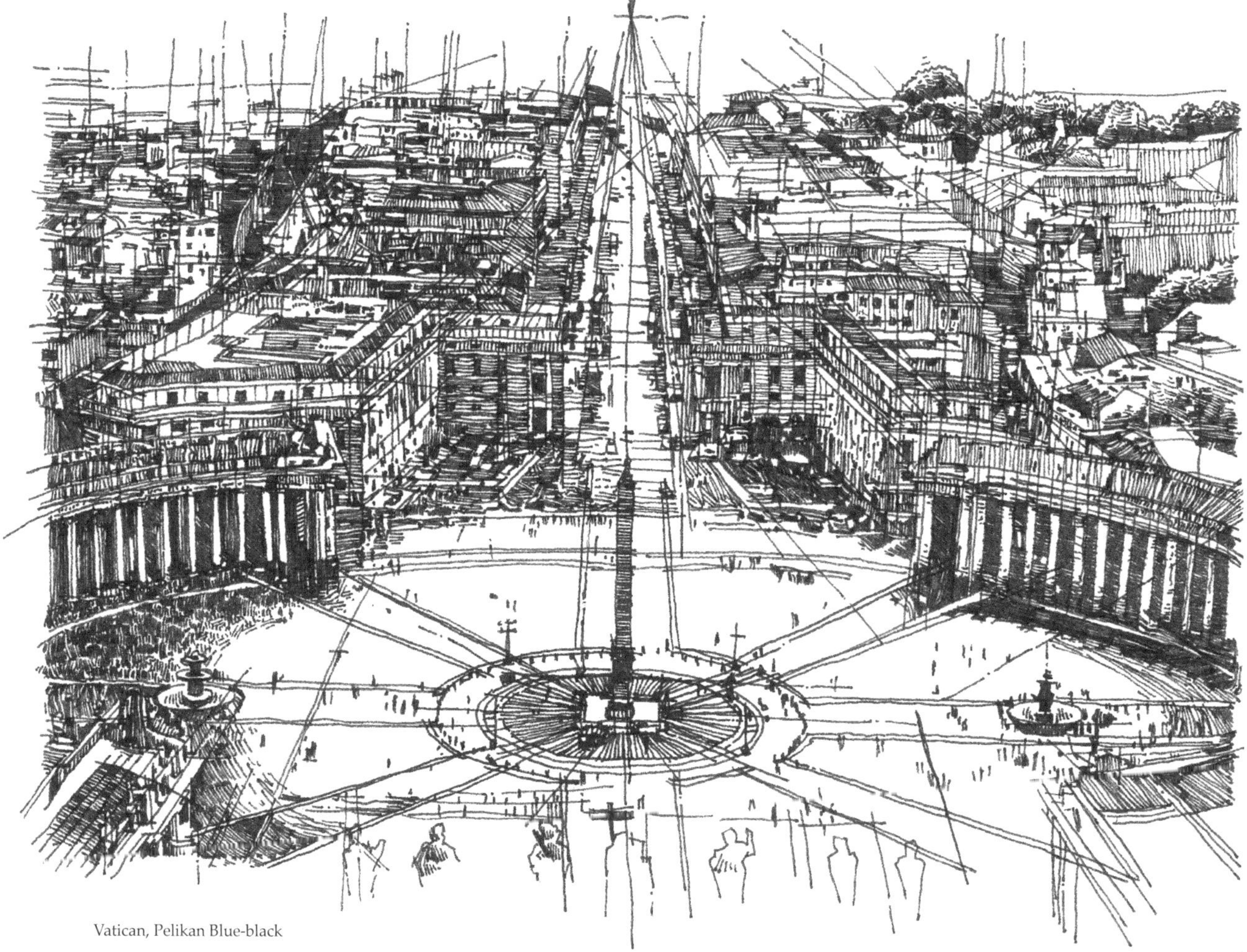

Vatican, Pelikan Blue-black

종묘

종묘宗廟는 역대 왕과 왕비의 신주를 모셔놓고 제사를 지내는 곳이다. '지내는'이란 현재형으로 표현한 이유는 일제강점기를 제외하고 전주 이씨 문중을 중심으로 600년 이상 제사가 이어지고 있기 때문이다. 종묘의 돌멩이 하나 풀 한 포기에도 귀함이 서려 있는 이유다.

종묘는 임진왜란 때 전소되었다가, 당시 대부분의 건물이 그랬던 것처럼 광해군에 의해 재건되었다. 흥미로운 점은 자신이 재건한 종묘에 정작 광해군 본인의 신위는 안치되지 못했다는 사실이다. 그래서일까. 영화 〈광해〉의 첫 장면은 눈 내리는 종묘를 비추는 것으로 시작된다. 그것은 지금이라도 광해에게 묘호를 주고 종묘에 모셔야 한다는 감독의 작은 오마주로 이해하면 크게 틀림이 없지 싶다.

종묘가 유네스코 세계문화유산이란 사실은 이제 방송을 통해 어느 정도 알려졌으나 이곳이 세계문화유산으로는 우리나라 최초란 사실을 아는 이는 많지 않다. 우리는 지난 40년 동안 한 도시를 완전히 파괴하고 새롭게 건설했다. 그 파괴와 건설에 심미적 고려가 개입된 것도 아니어서, 우리의 초현대적인 수도는 유럽의 낡은 수도들에 견주어 조형적 아름다움에서도 크게 뒤진다.

수도가 된 지 600년이 넘은 도시이지만 지금의 도시 풍경은 1960년대에 모두 갖춰진 것들이다. 그 이전 수백 년의 흔적을 이 도시에서 찾기란 쉽지 않다. 물론 산 사람은 살아야 한다는 주장 앞에 이미 삶의 실체가 떠나버린 옛것들의 이야기나 조형적 몰취향에 대한 원망이 얼마나 공소하게 들리는지 모르는 바 아니다. 하지만 회색의 도시를 벗어나 향하고 싶은 곳이 대부분 옛것 가득한 유럽의 어느 도시란 점은 생각해볼 부분 아닐까.

유럽의 수도를 여행하면서 항상 우리가 푸념하는 것도 대부분 왜 우리는 이렇게 해놓고 살지 못하느냐다. 역사의 등한시가 좋은 일은 아니지만, 그래도 아직은 그 정도까지 걱정할 일이 아니라고 본다. 우리가 정작 걱정해야 하는 것은 우리 곁의 세계문화유산에는 무관심하면서 유럽의 고풍스러운 도시나 성당 앞에 서면 그게 뭐가 됐건 일단 감성을 과소비하고 보는 문화사대주의다. 그게 부끄러운 일인 줄도 모르는 것은 말할 것도 없고.

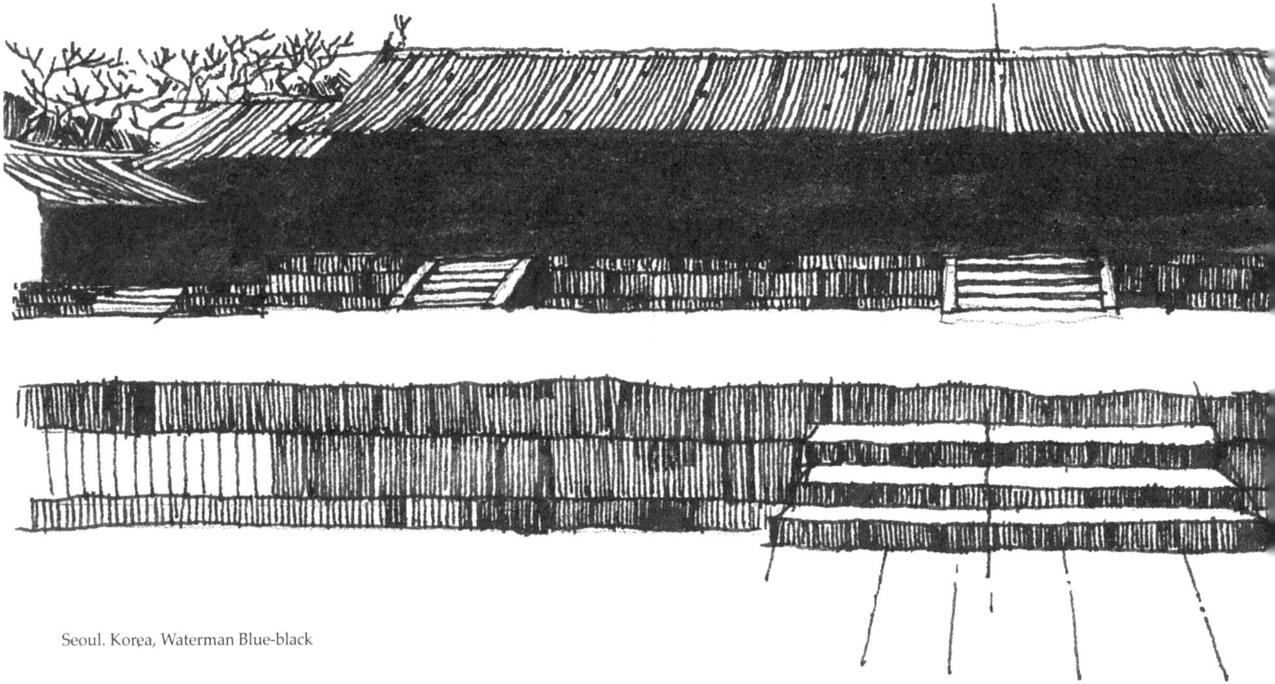

Seoul. Korea, Waterman Blue-black

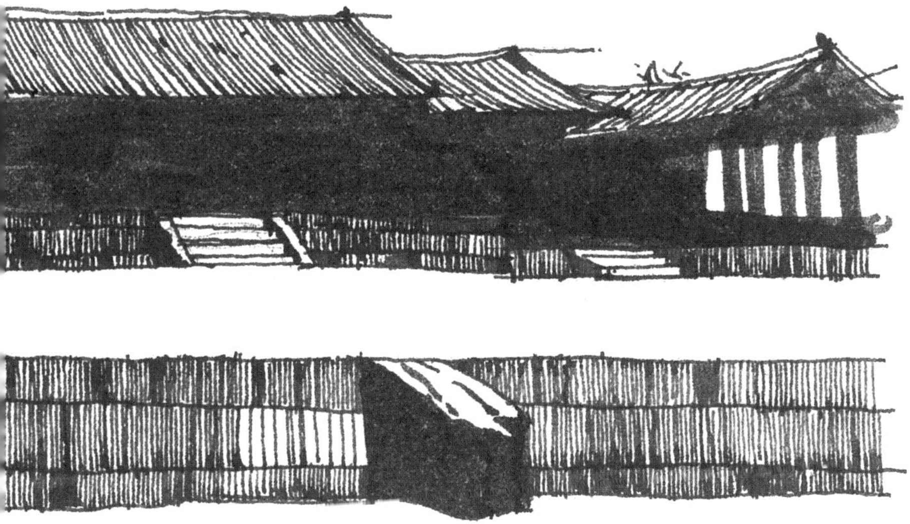

북경의 후퉁은 어찌 되었을까

후퉁胡同은 북경 아니, 중국에서 내가 가장 좋아하는 장소다.

이 소박한 골목은 원래 칭기즈칸이 북경을 완전히 폐허로 만든 뒤 몽골이 지배하던 원대에 형성된 것이다. 북경은 후퉁과 함께 재설계되었고 청나라에 이르러 2천여 개에 이르는 후퉁이 생겼으며 1950년대에는 6천 개에 달할 정도로 후퉁이 전성기를 맞는다.

후퉁은 사실 '좁은 골목'을 뜻하는 일반명사이지만 이제는 우리나라의 인사동처럼 도심 속의 노스탤지어를 자극하는 고유명사가 되어버렸다. 글쎄, 우리나라 '북촌 한옥마을'에 대한 우리의 스키마를 상상하면 비슷하려나.

저무는 북경의 가장자리에 듬성듬성 들어선 낡은 벽체의 후퉁 건물들은 건축물로서의 미학적 허세는 모두 내버리고 단지 세월에 의해 바래어져가고 있다. 북경올림픽 때문에 철거작업에 들어간다고 하였는데, 지금은 어찌 되었는지……. 이후 다시 가본 적도 없고 소식을 전해주는 이도 없어 궁금해만 할 뿐이다.

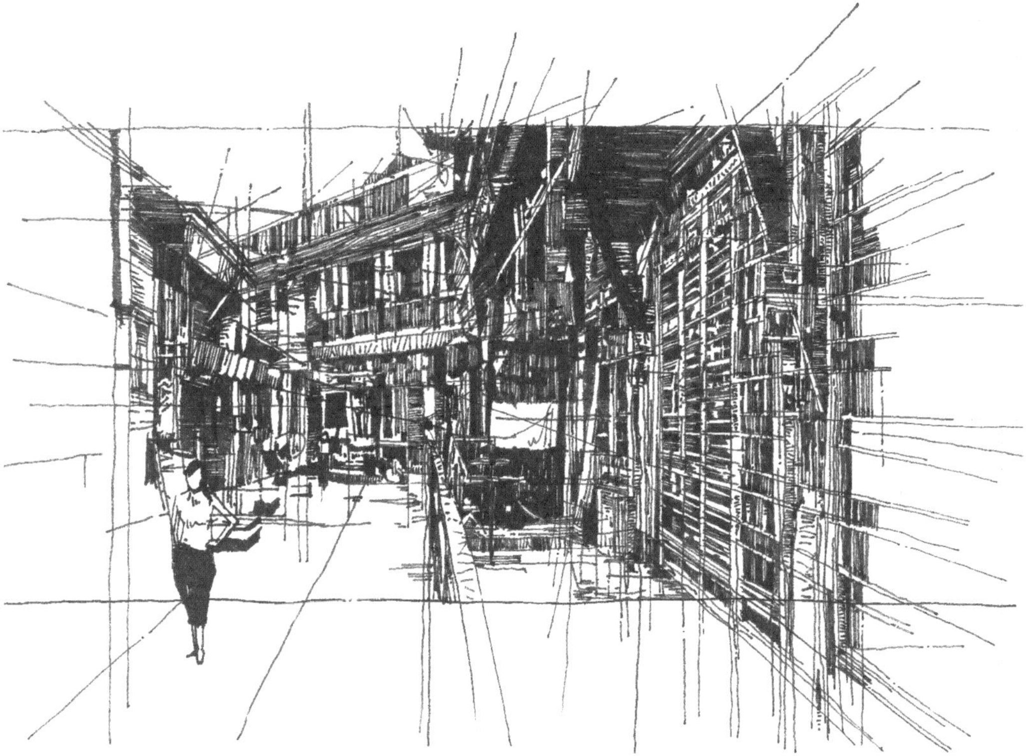

Beijing, China, Platinum Blue-black

내 필체를
돋보이게 해주는
세일러 영 프로피트
Sailor Young Profit

나다운 게 뭐라고 생각하십니까? 손발이 오그라드는 질문이다. 요즘도 이런 질문을 주고받는 이들이 있는지는 모르겠다. 고백하자면 나는 얼마 전 이 질문의 답에 대해 매우 심각하게 고민했었다. 그것은 만기 도래한 어느 적금 통장으로부터 시작되었다.

그날은 만기가 도래한 적금을 찾기 위해 기쁜 마음으로 동네 농협을 향하고 있었다. "그래, 뭐니 뭐니 해도 돈이 제갈량이지" 같은 신자유주의적 발언을 한 것 같기도 하다. 날씨는 화창했고 농협 창구 직원은 그날따라 유난히 친절하고 따뜻해 보였다. 우리 동네 농협 입구에는 '서민행복추진본부'라는 문구가 견고딕으로 적힌 플래카드가 붙어 있었다. 내 돈 내가 찾아가는 것뿐인데 왠지 내 행복을 위해 추진본부까지 설립해준 듯하여 농협 직원분들께 "수고가 많아요"라며 '본부장'의 마음으로 어깨라도 토닥여주고 싶은 심정이었다.

번호표를 뽑고 기다리는 시간이 적금이 만기되길 기다렸던 시간만큼이나 길었던 것 같다. 이윽고 내 차례가 되어 창구에 다가간 나는 은행이라도 털러 온 사람처럼 낮은 목소리로 "적금 찾으러 왔습니다"라고 말했다. 서민행복을 추진하시는 직원분께서는 신분증을 요구했다. 나는 그럴 줄 알았다는 듯 씨익 웃으며 신분증이 들어 있어야 하는(!) 지갑을 주머니에서 꺼냈다.

그러나 지갑 속에는 주민증도 면허증도 여권도 없었다. 낭패감에 당황스러웠다. 평소 조리 있게 말을 잘하는 편이라고 믿어왔는데 그때부터 답답한 내 마음을 창구 직원에게 전할 수가 없었다. 얼마 전 어느 기업에 출입하며 신분증을 맡겼는데 그때 신분증을 가방에 넣어놓고 지갑에 다시 끼워두지 않은 모양이었다.

"저…… 신분증이 없네요. 하하."

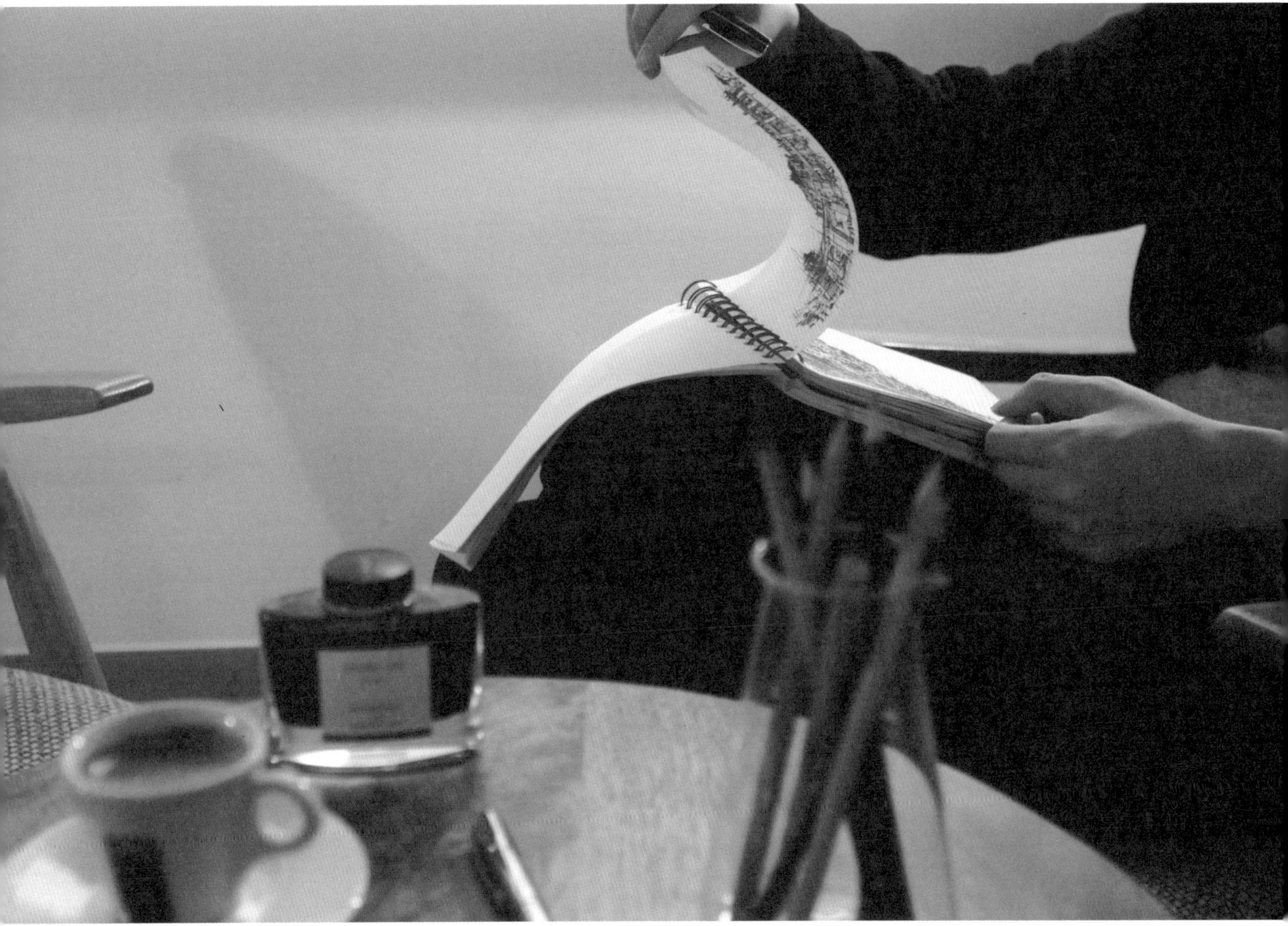

나는 어색하고 쑥스럽게 웃었지만 창구 직원은 하나도 웃기지 않은 개그 프로그램을 보는 표정으로 "신분증이 없으시면 적금을 찾아드릴 수 없습니다, 고객님"이라고 대답했다.

그랬다. 농협 벽면에 붙은 서민행복추진본부는 '신분증이 있는' 서민의 행복만 추진해준다는 뜻이었다. 내가 나라는 걸 내가 누구보다 잘 아는데, 내가 나라는 걸 내가 이렇게 증명하기 힘들다는 사실이 새삼스러웠다.

다행히 집이 가까운 거리에 있어 다시 신분증을 챙겨 부랴부랴 적금을 찾으러 갔다. 그 직원은 아무런 잘못이 없는데 내가 나임을 믿지 않는 태도가 괘씸했다. 내가 말하는 나는 믿지 않고 영등포구청장이 증명한 나는 믿다니. 뭔가 잘못되었다는 생각이 들었지만 그녀 입장에선 그럴 수도 있다고 생각했다. 나는 그녀에게 작은 플라스틱 쪼가리를 건넸다. '봐라! 영등포구청장이 나를 증명해주고 있지 않느냐!?'라는 생각이 들자 일면식도 없는 구청장님이 왠지 친근하게 느껴졌다.

"서명해주세요."

그녀는 무슨 이력서 같은 곳에 형광펜으로 두어 군데만 찍찍 그은 다음 그곳만 쓰면 된다고 했다. 서너 군데만 작성하면 되는 종이치고 꽤 넓었다. "이렇게 크게 만들 필요가 있나. 나무의 요정이 가만두지 않을 텐데"라고 중얼거리며 우측 하단 서명란에 서명을 했다. 그러고 보니 나란 녀석에 대해 영등포구청장님께서 증명해주신 플라스틱 쪼가리를 제외하면 오롯이 내가 나임을 증명하는 것은 내 '서명' 그러니까 내 '필체'구나 하는 생각이 들어서 몇천 번을 휘갈겼을 서명임에도 처음 보는 것인 양 멍하니 바라보았다.

"그렇구나. 폭이 몇 센티미터에 불과한 이 서명이 나를 증명하는구나."

"다 쓰셨어요?"

은행 직원은 친절한 미소를 지으며 '신분증이 있는 서민'의 행복을 빨리 추진해주기 위해 나를 다그쳤다.

사실 필체가 누군가를 증명한다는 것은 어제오늘 밝혀진 사실이 아니다. 국과수에도 필적감정이란 것이 있고 그 업무를 대행해주는 사설 기관도 많다. 서명이 인감도장을 대신하는 시대다. 문제는 기껏해야 서명 정도에만 자신의 필체를 사용하는 시대가 도래하고 있다는 점이다.

갈수록 어딘가에 글씨를 끄적이는 사람을 발견하기 쉽지 않다. 이러다가 아무도 글을 쓰지 않는 시대가 오는 것은 아닐까 싶을 정도다. 아무도 글을 쓰지 않는 시대는 '내가 나이길 포기하는 시대' 혹은 '내가 나라는 것을 남들이 증명해주어야 하는 시대'가 아닌가 하는 무서운 기분이 들었다.

글을 쓴다는 것은 요즘 같은 몰개성 사회에 몇 안 되는 구원이다. 무언가를 남기기 위해 시작된 필기는 이제 나를 증명하는 수단으로라도 유지되어야 한다.

조선의 임금 정조는 필체와 문체가 그 사람의 성품까지 드러낸다고 믿었다. 그 유명한 '문체반정'이다. 당시 천주교 문제로 골머리를 앓고 있던 정조는 천주교 확산의 원인을 '패관소품' 즉, 젊은 지식인들 사이에서 유행하던 에세이 형태의 글에서 찾았다. 패관소품이 사학(천주교)에 관심을 가지게 만들고 그 사학이 나라를 망하게 할 것이란 논리였다. 하여 청나라로부터 패관소품 서적을 들여오는 것을 엄금했다.

정조가 '그릇된 문체'를 천주교 확산 원인으로 꼽은 이유는 물론 천주교를 믿

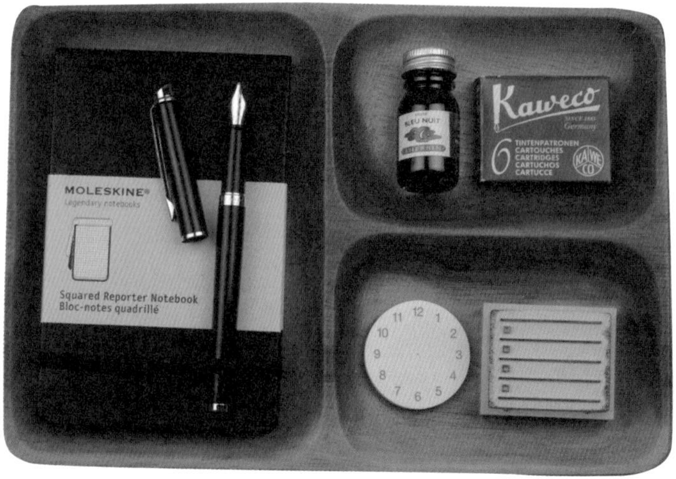

는 자신의 남인 측근을 보호하고 노론 세력의 시선을 돌리려는 의도에서였지만, 가벼운 글이 지식인의 마음도 가볍게 만든다는 정조의 성리학적 믿음도 어느 정도는 작용했을 것이다. 말이 모여 글이 되고 글이 모여 책이 되며, 책이 모여 한 시대의 마음이 되지 않던가. 정조는 그게 두려웠을 것이다.

한 나라의 군주로서 세상이 바뀐다는 천주교의 계시가 두려웠던 점은 이해가 가지만 그렇다고 문체가 아닌 '필체'까지 문제 삼았던 것은 일종의 '강박'으로 보인다. 정조는 필체에도 그 사람의 성품이 드러나, 얇고 날렵한 글씨로 과거 시험을 본 자들은 글의 내용과 상관없이 무조건 낙제시켰다. 글씨에도 그 사람의 됨됨이가 있어 얇고 가벼운 글씨를 가진 이는 이미 패관소품에 물든 이들이라 여겼던 것이다. 덕분에 양반들은 굵고 힘 있는 글씨만을 배웠다.

필체가 그 사람의 성품까지 나타낸다는 정조의 주장을 액면 그대로 받아들이긴 어렵다. 하지만 그 기저에 깔린 생각, 그러니까 필체야말로 오롯이 그 사람의 것이라는 전제에는 동의하는 바이다.

세일러는 내가 아끼는 브랜드다. 한국인에게 익숙한 일본의 파일롯트보다 더 오래된 회사다. 1911년 히로시마에서 만들어진 이 브랜드는 입문자에게 인기가 많지만 전문가가 쓰기에도 훌륭하다. 특히 획이 많아 날렵하고 가벼운 글씨체를 선호하는 한국인들에게 좋은 제품이다. 화려함은 없다. 하지만 성능은 매우 우수하다. 내 필체를 보다 돋보이게 해주는 만년필을 만나 기쁘다.

나는 내 글씨를 사랑한다. 정조의 기준으로 보자면 얇고 날렵하여 결코 공직에 오를 수 없는 글씨체지만, 그러거나 말거나 내 손이 만들어낼 수 있는 거의 유일한 내 존재의 증거물이라는 사실이 내 필체를 사랑하게 만든다. 까놓고 말해 내가 내 글씨를 사랑하지 않으면 누가 사랑해줄까. 내 글씨를 끝없이 남길 수 있는 가장 좋은 방법은 좋은 필기구를 만나는 것이다. 이를테면 좋은 만년필은 훌륭한 신분증이 되어주기도 하는 셈이다.

다시 오그라드는 질문으로 돌아가자. 나다운 게 뭐냐고. 나다운 게 정확히 뭔지 모르겠지만 내 글씨에는 어렴풋하게나마 나다움이 묻어 있는 것도 같다.

우리는 신분증은 잊더라도 글씨는 절대 잊어선 안 된다. 그것은 닉서와 나르다. 자신의 글에 리듬을 부여하는 행위 같은 것이다. 사각사각 탁 탁! 사각사각 탁탁! 이 리듬이야말로 다른 필기구가 절대 흉내 낼 수 없는 만년필만의 매력이다.

라고 나는 생각한다. 이런 리듬감은 부지런히 써본 노력이 아니고서는 얻기 힘든 감각이다.

당연한 이야기지만 만년필은 잉크를 넣고 무언가 끄적이거나 그릴 때라야 비로소 온전해진다. 그게 만년필의 운명이라면 운명이다. 악필에 이용될 수 있고 건축 스케치에 활용될 수도 있지만, 불행한 만년필은 평생 잉크 한번 주입해보지 못하고 생을 마감하기도 한다. 누구를 만나느냐에 따라 운명이 달라진다는 점에서 만년필을 인생에 비유하는 사람도 있지만 그건 무슨 얘기만 하면 인생 운운하는 녀석들이 지어낸 이야기일 확률이 높다.

좋은 만년필이면 그걸로 됐지, 인생까지 끌어들일 필요는 없다.

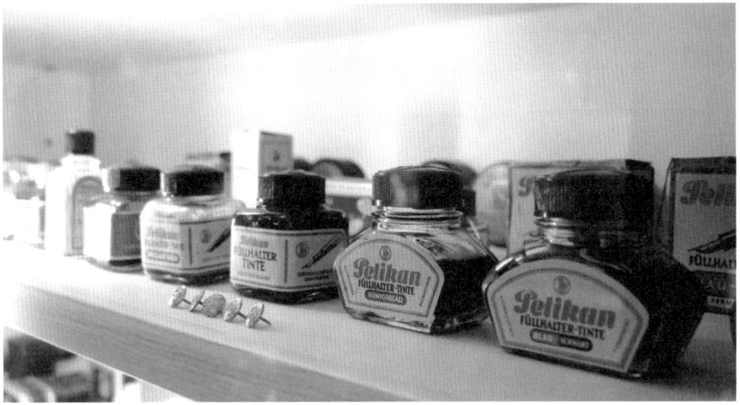

가장 블루블랙다운

펠리칸 4001 블루블랙

Pelikan 4001 Blue-black

살면서 누구나 한 번쯤 가져봤으면 하는 것 중 하나가 만년필 아닐까. 스마트폰에 노트북에 태블릿 PC까지 쫓기듯 사는 디지털 세상 속에서 차분히 메모하는 내 모습, 작은 골목 한 귀퉁이를 그려보는 아날로그적인 삶은 인생의 아름다움을 알기 위한 최소한의 노력이고 향수이기에 이해가 간다. 갈수록 디지털화되는 분위기와 비례해서 만년필과 잉크를 추천해달라는 사람들이 늘어나는 것이 그 반증이라면 과장일까.

그럴 때 처음부터 수려한 외형의 최고급 명품을 추천해주면 학질을 떼고 다시는 만년필을 거들떠보지 않는 것이 대부분의 반응이었다. 나는 사람에 따라 추천을 달리했는데 부담 없이 만년필 사용을 즐기고 싶은 이들, 특히 대학생들에게는 덮어놓고 펠리칸을 추천했다.

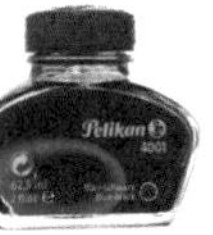

영국 파커 퀸크의 블루블랙이 사파이어와 옥색의 중간에 해당하는 오묘하고 신비한 색상을 자랑한다면 독일 펠리칸은 역시 독일 제품답게 '블루블랙'의 기본

이 과연 무엇인지 보여준다. 아름다운 색채보다는 정확한 색채라고나 할까.

이것은 정확한 무수다닌과 금속 비율이 있었기에 가능한 것으로 시간이 지날수록 펠리칸 잉크 특유의 색이 되어가는 것도 오래된 일기를 꺼내 보는 작은 재미가 될 것이다.

글을 쓸 때마다 인간의 생각이란 고갈될 수 없다는 사실을 매번 느낀다. 모니터 앞에서는 그저 멍하니 있게 되지만 펜을 들면 뭐라도 끄적거리게 된다. 회사에서의 내 소임은 기획이다. 그리고 기획을 할 때 모니터보다는 우선 넓은 백지에 한 글자 한 글자 써 내려가 보는데, 그럴 때라야 비로소 생각이 풀리는 것은 오롯이 잉크와 만년필의 힘이라 믿고 싶다.

Part **3**

아무래도 좋을 그림

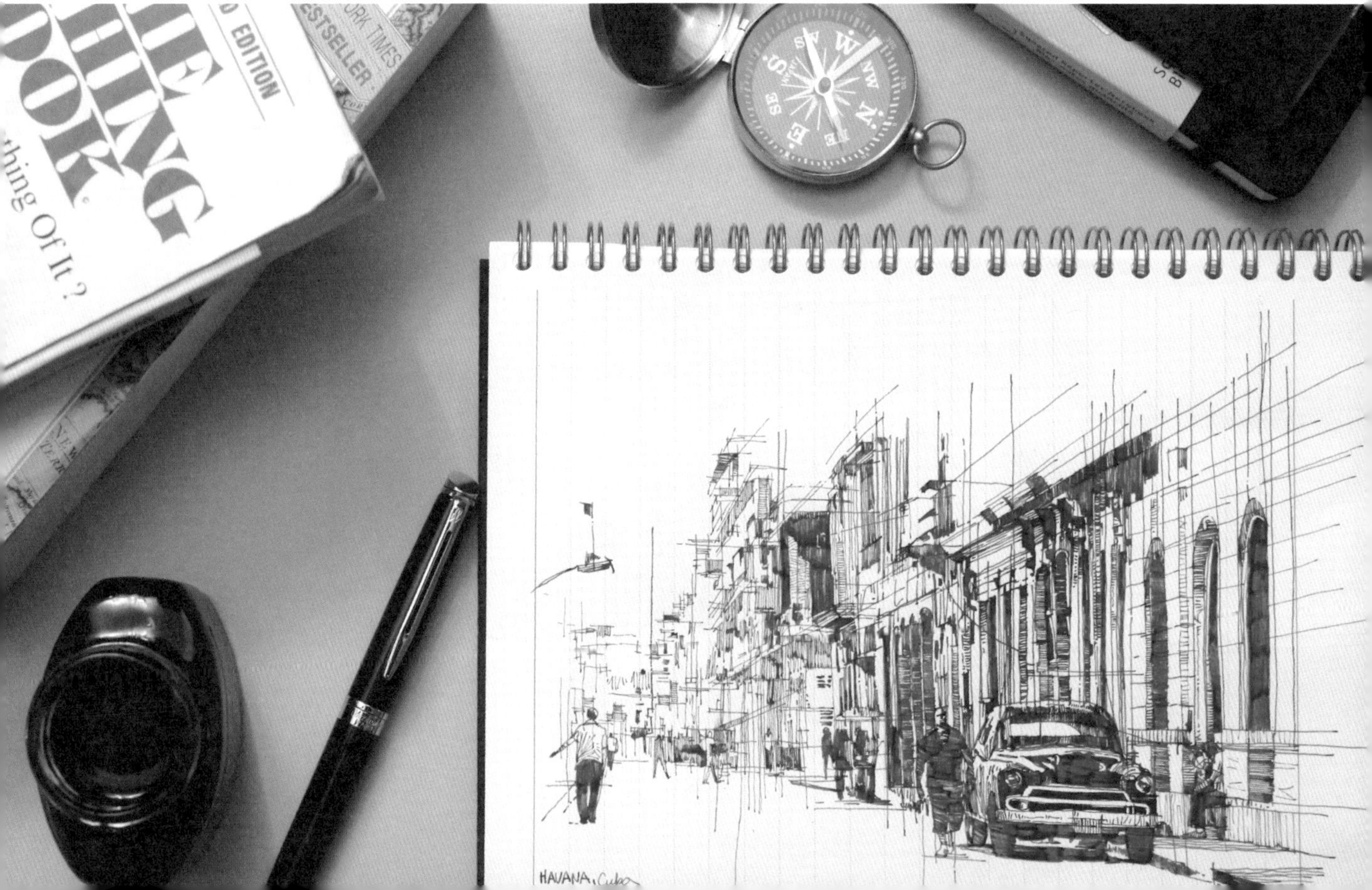

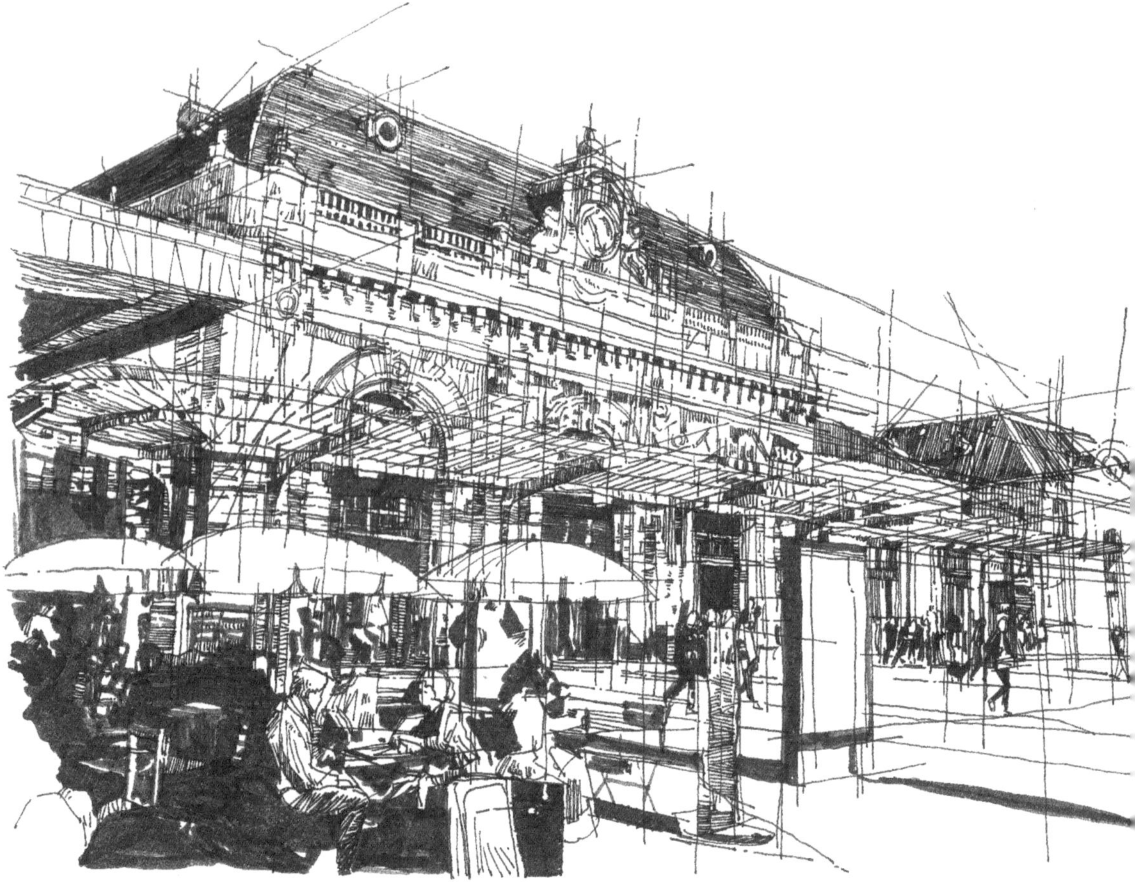

Nice, France, Waterman Blue-black

여행의 찰나

나는 국경이 좋다.

세상 곳곳에 숨어 있는 경계를 발견하는 기쁨과

그 경계에 서 있는 국경수비대의 위엄 있는 모습이 좋다.

국경수비대 앞에서 내 여권을 만지작거리며

나는 과연 누구인지에 대해 생각하는

그 찰나의 순간도 좋다.

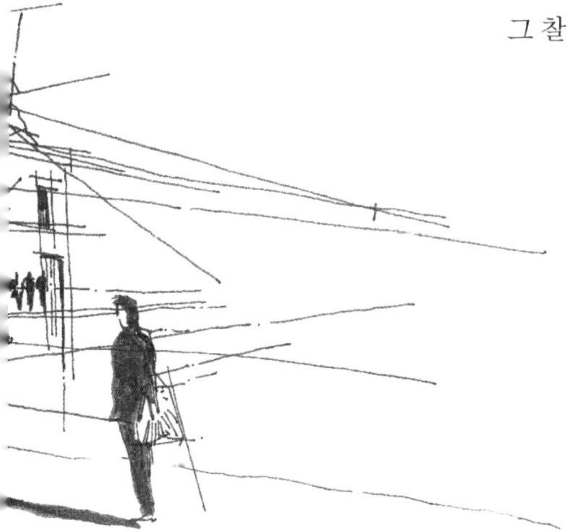

블루모스크와 라마단

한때 미치도록 가보고 싶었던 도시 중 하나가 터키 이스탄불이었다. 아주 특별한 곳이라고 할 수 없지만 본능적으로 이곳은 나와 맞는다고 생각되는 곳이 있는데 그곳이 내겐 이스탄불이었다. 특히 라마단 기간에 온 이웃들이 모여 해넘이 이후에 음식을 나누는 관계의 따뜻함, 묵묵히 금식하며 루미큐브(정말 우리가 아는 그 루미큐브다.)를 즐기는 어르신들의 모습엔 분명 야릇한 매력이 있었다. 어르신들의 식탁은 말이 식탁이지 물 한 컵 놓여 있지 않고, 재떨이에는 담배꽁초 하나 없다. 그들이 라마단을 보내는 모습이다.

라마단은 단순한 금식 기간 이상의 의미가 있다. 우선, 라마단 기간에는 금식을 자처함으로써 배고픈 이웃의 심정을 깨닫는다. 해가 서산으로 완전히 넘어간 뒤 저녁 첫 끼를 먹는데, 그 저녁을 먹기 전 맛있는 음식을 이웃과 나누는 이유가 바로 여기에 있다. (이 첫 끼를 이프타르라고 부른다.)

터키 이스탄불에서는 라마단 기간에 블루모스크 앞에서 수많은 무슬림들이 한데 어울려 너나 할 것 없이 음식을 나누는 모습을 쉽게 볼 수 있다. 이렇게 라마단 기간에는 서로가 서로의 '인연'이 된다. 라마단은 그러니까 일종의 인연 맺기 역할도 수행하는 셈이다. 서로 푸짐하게 음식을 나누다 보니 금식 기간임에도 음식 소비량이 평소보다 많아지는 기현상이 벌어진다.

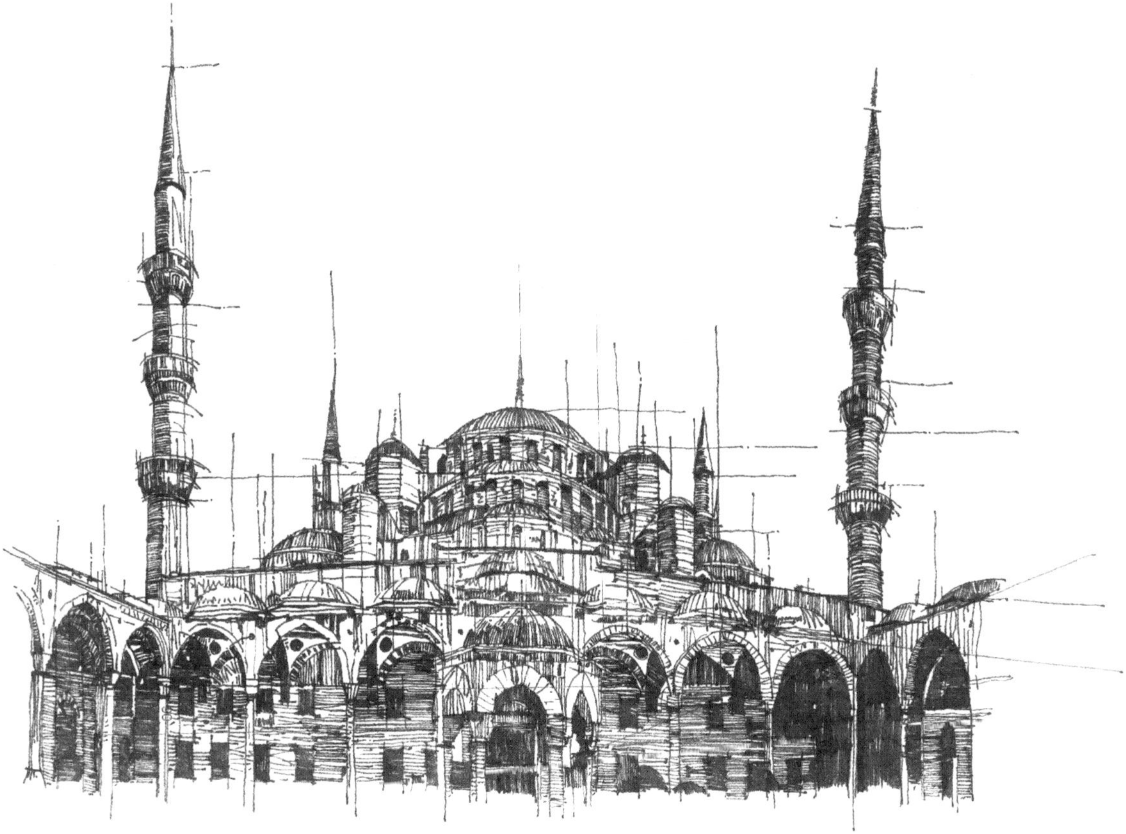

Istanbul, Turkey, Waterman Blue-black

라마단의 두 번째 의미는 음식을 선사해준 신에 대한 고마움에 있다. 물질적 풍요를 결코 당연시하지 않겠다는 겸손이 라마단을 치르는 주요한 이유 중 하나다.

이것이 바로 지금까지 무슬림 사회를 평화롭게 지탱하게 하는 힘이다. 이슬람은 결코 테러의 종교가 아니다. 테러, 근본주의와 같은 우리의 과격한 편견과 달리 무슬림의 근간은 오히려 사랑과 평화, 공존이다. 더불어 지금까지 종교개혁이 한 번도 일어나지 않았던 거의 유일한 종교라는 점도 결코 간과해서는 안 된다.

주말에 출근했다가 집으로 돌아와 텅 빈 방에서 혼자 라면을 끓이고 있노라면 청승맞은 느낌이 들기도 하려니와 심정이 더욱 공허해진다. 우리에게도 라마단 같은 명절이 없진 않을 것이다. 옆집에 살던 이웃과 가족만큼 친하게 지냈던 시절도 분명 있었다.

하지만 이젠 출근길, 퇴근길 엘리베이터에서 바로 옆집 사람을 만나도 그냥 세찬 바람만이 사이를 휩쓸며 지나가는 기분이 든다. 그럴 때마다 우리에게 필요한 이국의 명절은 듣도 보도 못한 할로윈이 아니라 라마단은 아니었을까 하는 생각도 해본다.

러스킨의 주장에 동의

디지털카메라의 보급 이후 눈앞의 아름다움을 재현하는 시간은 분명 단축되었고 수단은 편리해졌다. 하지만 테크놀로지는 아름다움엔 쉽게 다가가게 해주었을지언정 그것을 소유하거나 감상하는 과정까지 간단하게 만들어주진 않았다.

알랭 드 보통의《여행의 발견》에는 스케치와 데생을 찬양한 영국 사상가 러스킨의 이야기가 나온다. 그 자신부터 뛰어난 실력의 화가였던 러스킨은 사진이 처음 발명되었을 때 그 기술을 찬양했지만 종당엔 스케치나 데생으로 다시 돌아가자 말한다.

사진을 찍든 그림을 그리든 그 행위의 기저에는 눈앞의 아름다움을 소유하려는 마음이 있다. 러스킨은 사진과 그림 중 어떤 것이 진정한 미의 소유인가에 대해 끝없이 고민했다. 그는 풍경의 진짜 소유란 풍경이 가진 요소들을 살피고 그 구조를 이해하고자 하는 의식적 노력에 달려 있다고 했는데, 사진은 데생이나 스케치에 비해 그 노력이 현저히 결여되어 있다고 본 것이다. 그런 점에서 그는 사진이 사물을 두고 보는 것과 살피는 것 사이의 구분을 모호하게 만든다고 여긴 셈이다.

스케치는 장소의 구조나 색에 대한 관찰을 끊임없이 품게 만드는 반면, 카메라는 사진을 찍음으로써 할 일 다했다는 착각을 불러일으키게 한다는 러스킨의 주장에 나는 동의한다.

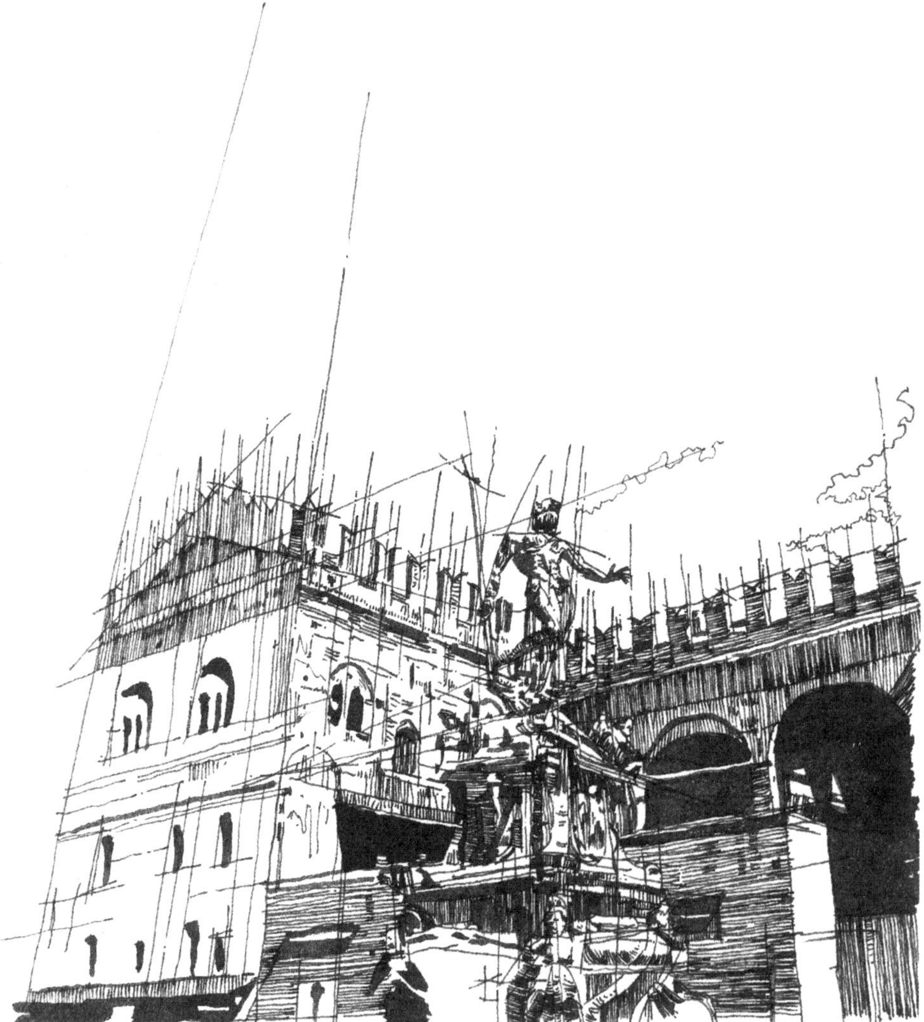

Bologna, Italy, Waterman Blue-black

아무리 그림을 잘 그려내는 사람이라도 막상 눈앞에 보이는 풍경을 그리려면 막막해진 경험이 있을 것이다. 잘 안다 믿었던 사물의 진정한 모습을 실제론 몰랐다는 사실이 금방 드러나는 순간이다.

나무 한 그루를 바라보아도 제멋대로 자라나지 않았고, 모르는 여러 사람끼리 만들어낸 도시임에도 일정한 규칙이 있음을 끝없는 물음과 관찰 끝에 발견하게 된다. 이것이 사진은 결코 따라올 수 없는 스케치의 매력이며 러스킨이 여행을 하면서 스케치를 하라고 권한 이유다.

"스케치를 하는 사람이 아니라면 집에 돌아왔을 때 할 말도 없고 생각할 것도 없다. 그저 이러저러한 길을 따라 걸어왔을 뿐이다."

곧이곧대로 동의하긴 어렵지만 여행 스케치를 즐겨 하는 나 같은 범인凡人을 쓸데없이 뿌듯하게 만드는 영국 사상가의 말이다.

아무래도 좋을 그림

결혼을 하고 아이가 생기면, 제일 먼저 그림을 가르쳐주고 싶다.

가르친다기보다 아무래도 좋을 그림을 함께 그리며 깔깔거리고 싶다.

어렸을 때, 아무리 허접한 그림이라도 엄지를 치켜세우시며

그 그림을 벽에 붙이는 수고를 마다 않던 아버지의 모습과

퇴근해서 보시기 전까지 그 누구도 손댈 수 없었던 아버지의 석간신문에

어린 내가 어떤 낙서를 해도 나무라지 않으시던

당신의 묵묵했던 모습을 내 아이에게도 전해주고 싶다.

오랜 시간이 흘러도 쉬이 없어지지 않고 오래도록 남아 있는 것,

그것을 고스란히 물려주고 싶다. 물론 어렵겠지만.

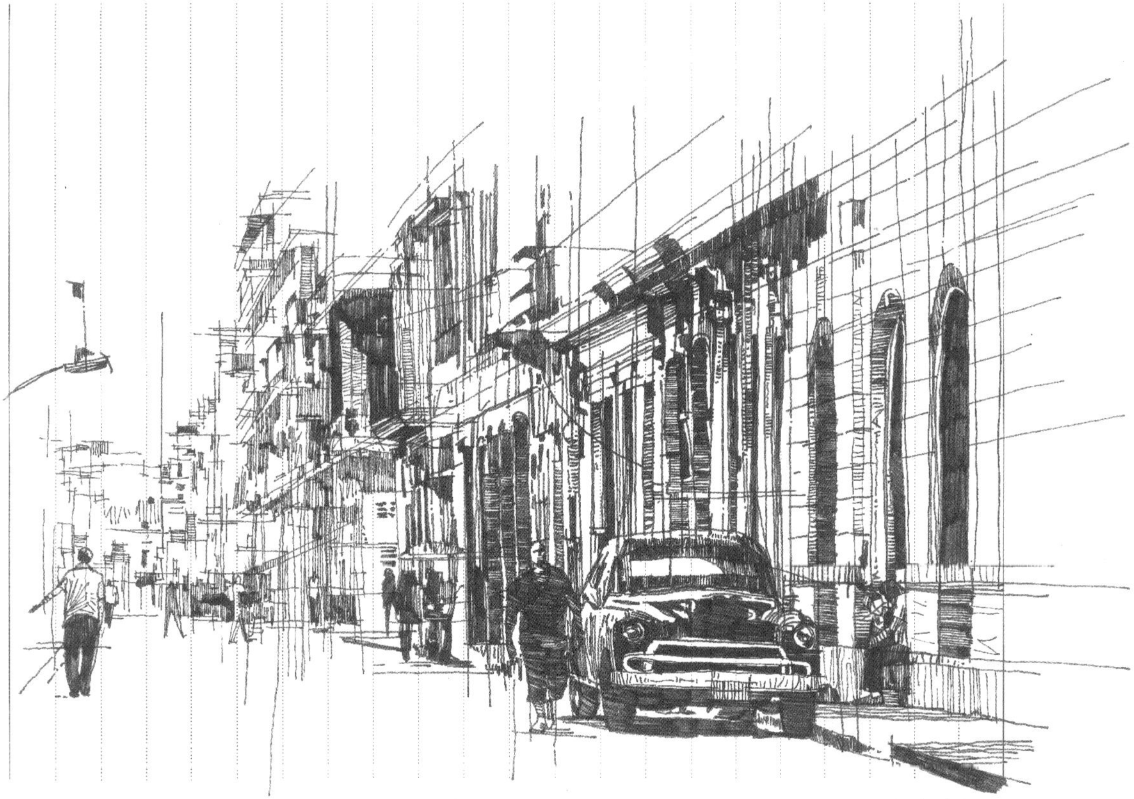

Havana, Cuba, Platinum Blue-black

여행지에서 그림을 그리다 보면

여행 붐이 본격적으로 일어난 것은 기차와 증기선이 발명된 이후였다. 트래블travel이 투어tour가 된 시기도 이쯤이다.

여행은 인류의 모험심뿐 아니라 인류가 가진 예술혼도 동시에 일깨웠다.

괴테의 경우 정치가의 길을 걷다 이탈리아의 베네치아, 나폴리를 여행한 후 시인으로 살겠다 결심했다. 그는 여행 후 우리가 잘 아는 고전주의 시인 '괴테'로 다시 태어났다. 프랑스의 스탕달은 나폴레옹의 원정에 참가했다가 이탈리아에 푹 빠져 예술혼을 불태운 케이스이고, 안데르센 역시 이탈리아 여행 중에 그의 작품《즉흥시인》을 완성했다.

어디 그뿐인가. 애거사 크리스티 역시 터키 여행 중에 영감이 떠올라 이스탄불 사르케지 역 앞에 호텔을 잡아놓고 그녀 평생의 역작《오리엔트 특급 살인》을 저술했다. 일본의 유명한 문학상인 아쿠타가와의 주인공 아쿠타카와 류스케도 29세 되던 해 중국으로 건너가 당시의 경험을 바탕으로 다양한 저작들을 썼다고 하지 않는가.

《보물섬》,《지킬 박사와 하이드》를 쓴 영국 작가 스티븐슨 역시 사모아에 영주하며 다양한 저작활동을 했다. 특히 스티븐슨은 극심한 폐렴으로 인해 여행이 거의 불가능할 정도였음에도 미국과 영국, 남태평양의 사모아를 목숨 걸고 돌아다녔다. 몸의 장애를 안고 살면서도 인생을 즐기기 위해 여행을 계속한 그의 일생은 틀림없이 행복으로 찬란했을 것이다.

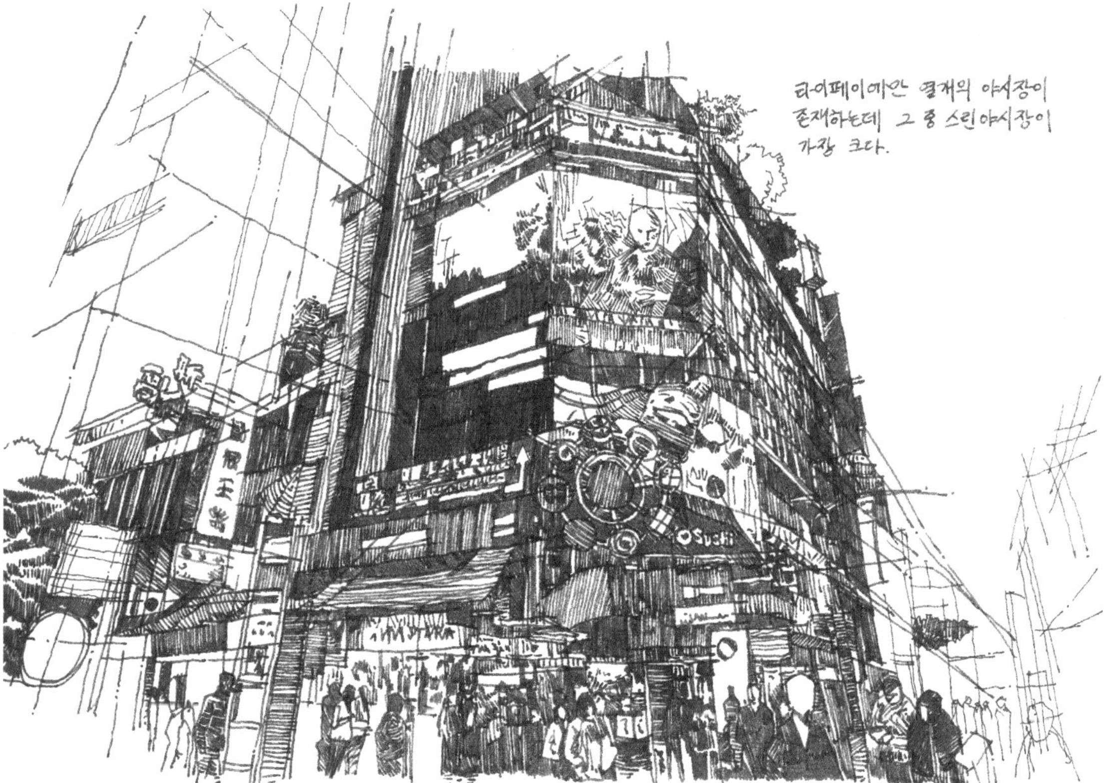

Taipei, Taiwan, Waterman Blue-black

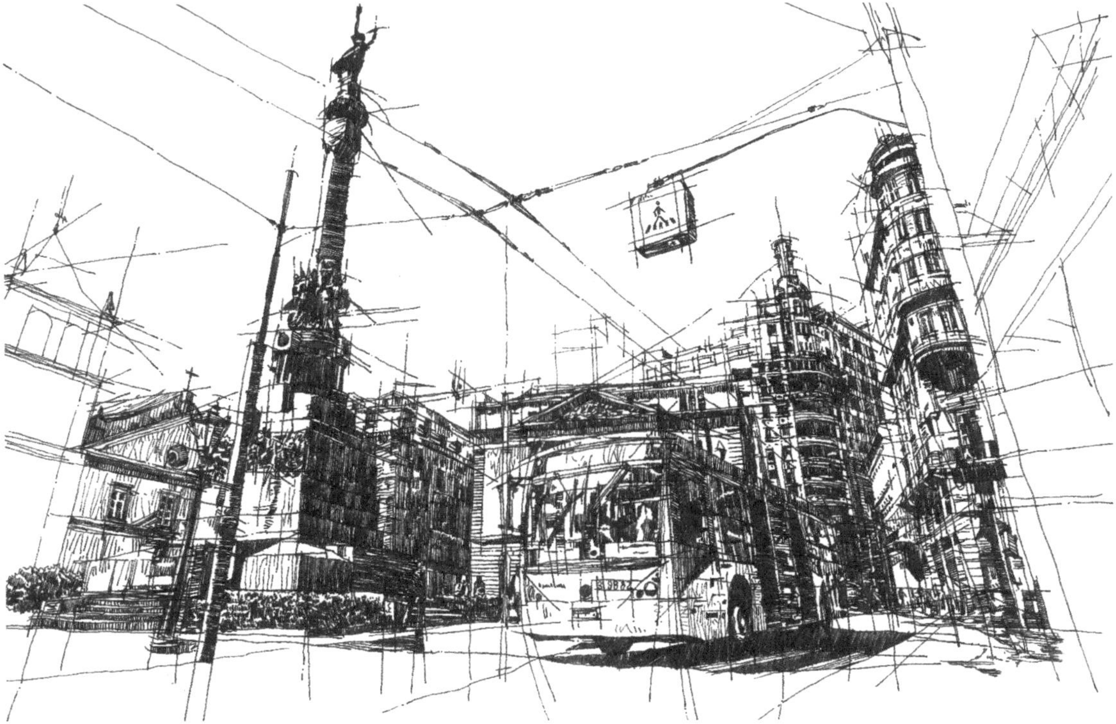

Sao Paulo, Brasil, Waterman Blue-black

나는 예술활동을 위해 여행을 떠나본 적도 없고 저 되다 만 그림을 '작품'이라 여겨본 적 역시 없지만 그래도 여행지에서 그림을 그리다 보면 어느 순간 '아…… 내가 살아 있구나'라는 것을 느끼게 된다. 낯선 곳에서의 두려움과 설렘이 뇌 속에 퍼져 손끝으로 번져 나오는 기분이랄까?

이렇듯 서울에서는 경험하기 쉽지 않은 존재감을 나 같은 녀석도 느끼게 되는데, 자기애가 남달랐을 예술가들에게 여행이란 '죽어도 좋을' 쾌락이었을 것이다.

뉴욕의 아일랜드인

뉴욕현대미술관MoMA에 가기 위해 지하철 F라인을 타고 5번가로 나오면 거대한 성당을 만나게 된다. 역사는 유럽의 고古 성당만큼 유구하지 않지만 규모는 세계에서 열 손가락 안에 드는 세인트 패트릭 대성당이다. 세인트 패트릭은 아일랜드에 최초로 그리스도교를 전파한 성인聖人으로, 지금의 아일랜드가 가톨릭 국가가 되는 기틀을 마련했다. 당연히 그를 기리는 세인트 패트릭 데이는 아일랜드인에게 가장 큰 축제다.

19세기 영국 시온주의자 이스라엘 장윌Israel Zangwil이 뉴욕 이민에 대한 희곡을 쓰면서 '인종의 용광로'라는 표현을 처음 사용한 것에서 이미 알 수 있듯, 뉴욕은 500만 명 이상이 이민자로 이루어진 이민자의 도시였다. 그중 가장 많은 이민자들이 아일랜드계였다. 본토보다 여섯 배나 많은 아일랜드인이 거주하는 미국에서 대규모 세인트 패트릭 데이 축제가 벌어지는 것은 당연해 보인다.

봄을 맞이하는 3월 17일이 되면 미국과 캐나다를 통틀어 가장 성대한 세인트 패트릭 데이 축제가 이곳 뉴욕 세인트 패트릭 성당 앞에서 치러진다. 세계 최악의 교통 혼잡을 자랑하는 뉴욕, 그중에서 가장 붐빈다는 5번가는 아일랜드계의 세인트 패트릭 데이 축제를 위해 통제되고 (수많은 아일랜드계 표를 의식해서겠지만) 시장과 대통령도 축사를 보내온다.

미국 각지에서 벌어지는 세인트 패트릭 데이 축제는 아일랜드계 미국인의 입지를 보여주지만 처음부터 아일랜드계가 환영받았던 것은 아니다. 종교 박해, 기근, 영국인 지주의 횡포 등 숱한 이유로 미국에 건너온 아일랜드인들은 먼저 이민 온 청교도인들에 의해 또 다시 박해를 당해야 했다. 당시 미국 시내 곳곳에 나붙은 구인광고에는 '아일랜드인 뽑지 않음'이라는 문구가 심심찮게 적혀 있었다고 하니 아일랜드 가톨릭에 대한 미국 주류 프로테스탄트의 멸시가 어느 정도였는지 짐작이 간다. 그런 아일랜드인들이 할 수 있는 일이라곤 위험해서 아무도 하지 않으려 했던 철도 건설 노동뿐이었다. 지금의 미국 철도는 동부의 아일랜드인과 서부의 중국인들이 피로 만든 결과다.

지금은 본토보다 여섯 배나 많은 아일랜드인이 미국에 살면서 정·재계 곳곳에서 실력을 행사하고 있다. 지금도 미국이 사랑하고 그리워하는 대통령 케네디가 아일랜드계다. 아일랜드계였던 케네디가 이곳 세인트 패트릭 성당에서 재클린과 결혼식을 올린 것은 자연스럽다. 세인트 패트릭 성당은 뉴욕에서도 가장 화려한 맨해튼 마천루 사이에 고풍스럽게 서 있지만 그 모습은 전혀 어색하지 않다. 마치 도도한 프로테스탄트들 사이에서 끝까지 삶을 버텨내고 우뚝 선 아일랜드인의 삶을 바라보는 듯한 낭만이 있달까.

뉴욕을 헤집고 다니다 보면 덜 좋은 곳과 더 좋은 곳이 자연스레 생기기 마련인데 이 성당 덕분에 나는 5번가에 한결 마음이 쏠렸다. 젠체한다고 탓해도 할 수 없는 노릇이다.

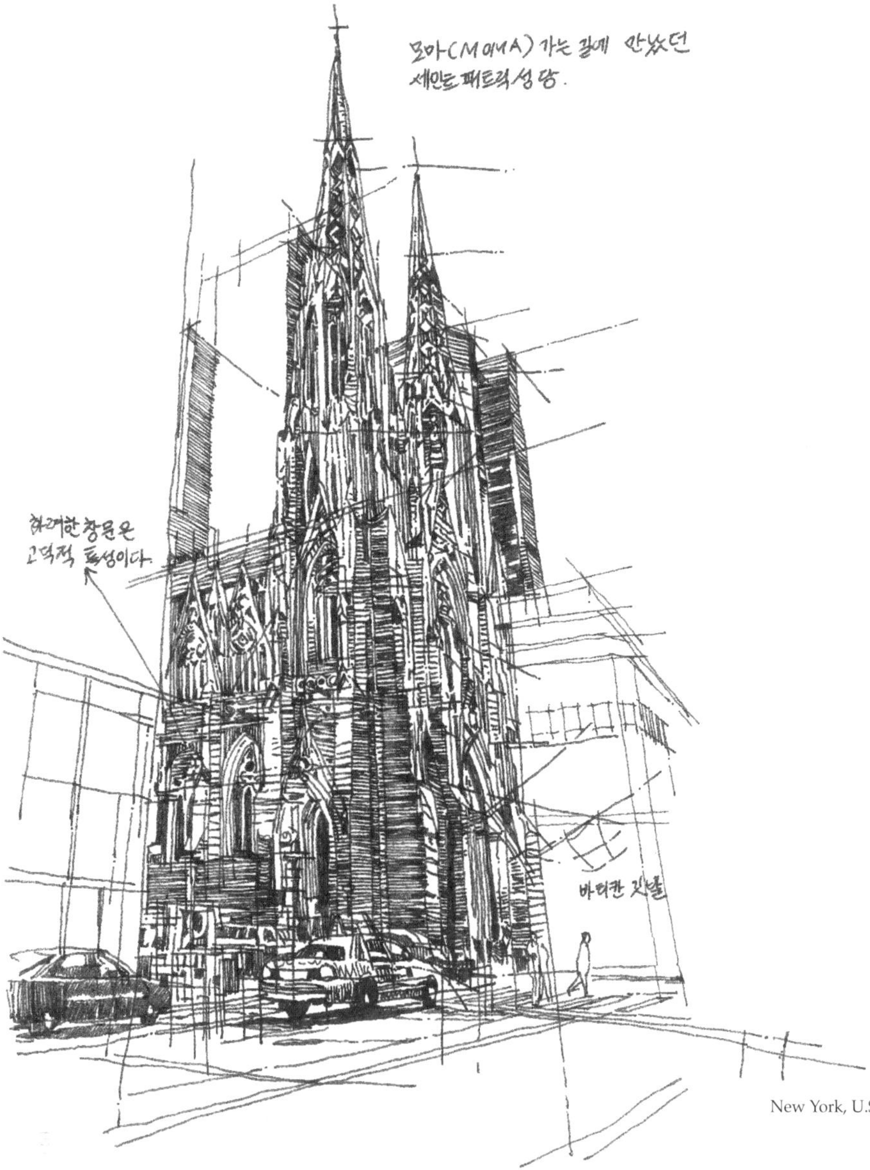

New York, U.S, Parker Blue-black

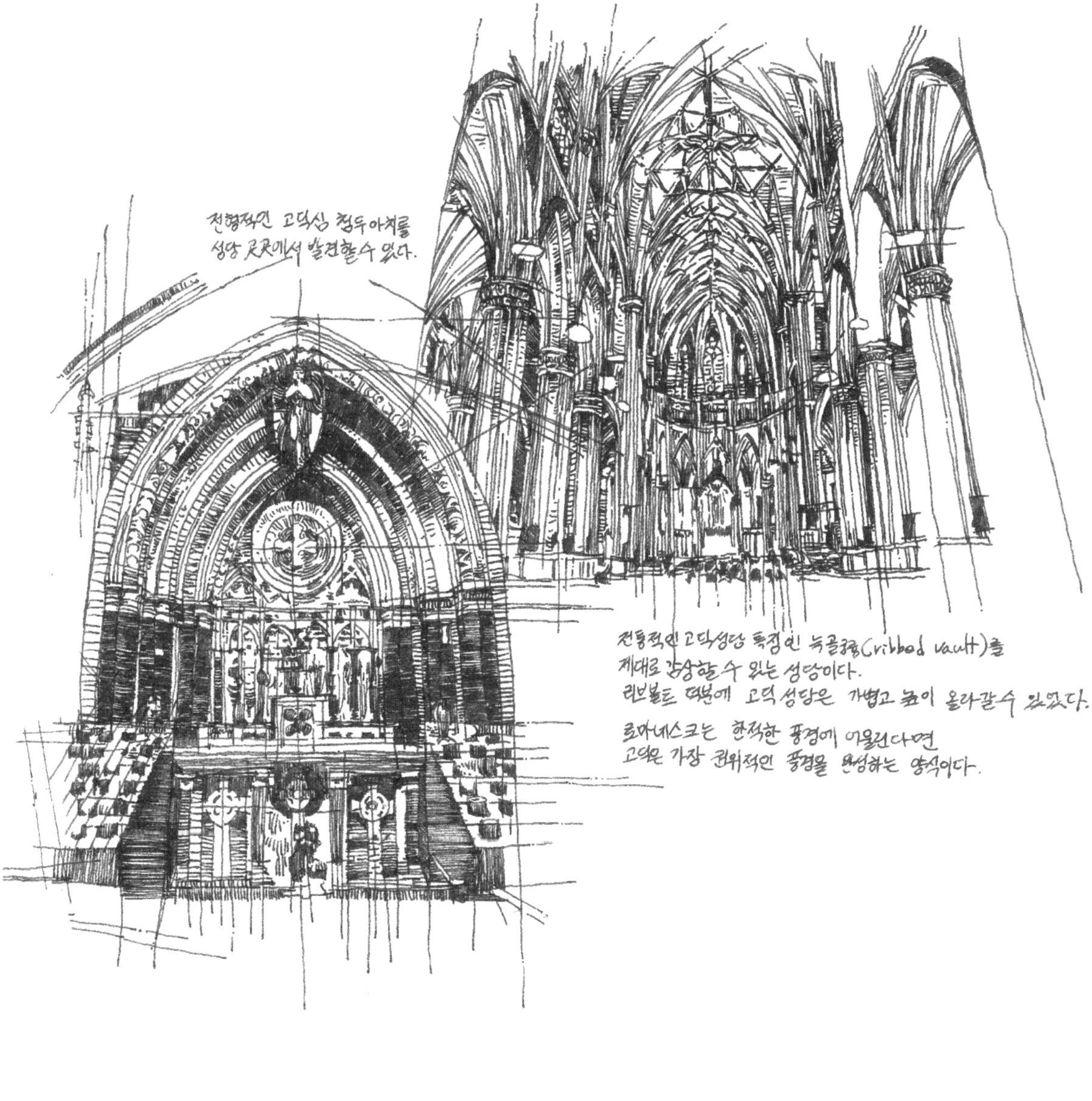

전형적인 고딕식 첨두아치를
성당 곳곳에서 발견할 수 있다.

전통적인 고딕성당 특징인 늑골궁륭(ribbed vault)을
제대로 감상할 수 있는 성당이다.
리브볼트 덕분에 고딕 성당은 가볍고 높이 올라갈 수 있었다.

로마네스크는 한적한 풍경에 어울린다면
고딕은 가장 권위적인 풍경을 완성하는 양식이다.

걷는 즐거움

뉴욕의 거리는 애비뉴Avenue와 스트리트Street로 이뤄져 있다.

애비뉴는 세로로 뻗은 대로를 지칭하는데 여행자들에겐 뉴욕현대미술관이 위치한 피프스 애비뉴fifth Avenue가 익숙할 것이다. 애비뉴가 뉴욕의 척추라면 가로로 뻗은 스트리트는 그 척추에 붙어 있는 갈비뼈다. 한인타운이 위치한 32번가가 대표적인 스트리트다.

위압적 건물이 늘어선 뉴욕의 애비뉴를 걷는 건 다소 심심한 일이지만, 애비뉴를 촘촘히 관통하는 각양각색의 스트리트는 뉴욕 여행을 무궁무진하게 만든다. 하루가 멀다 하고 들어서는 건물이란 게 고작 어디서나 볼 수 있는 체인점들뿐이라 파장 전의 물간 생선 같은 서울 도심과 달리, 뉴욕이 활어처럼 느껴지는 이유는 블록버스터 급 미술관의 존재 여부와는 아무 관련이 없다.

도시가 일종의 유기체인 이유는 그 속에서 살아가는 사람이 유기체이기 때문이다. 그냥 좋아하는 사람과 좋아하는 걸 하려고 노력하는 사람들의 삶은 다르다.

도시의 모습에서 그곳 시민들의 철학을 읽어내는 건 그다지 어렵지 않다.

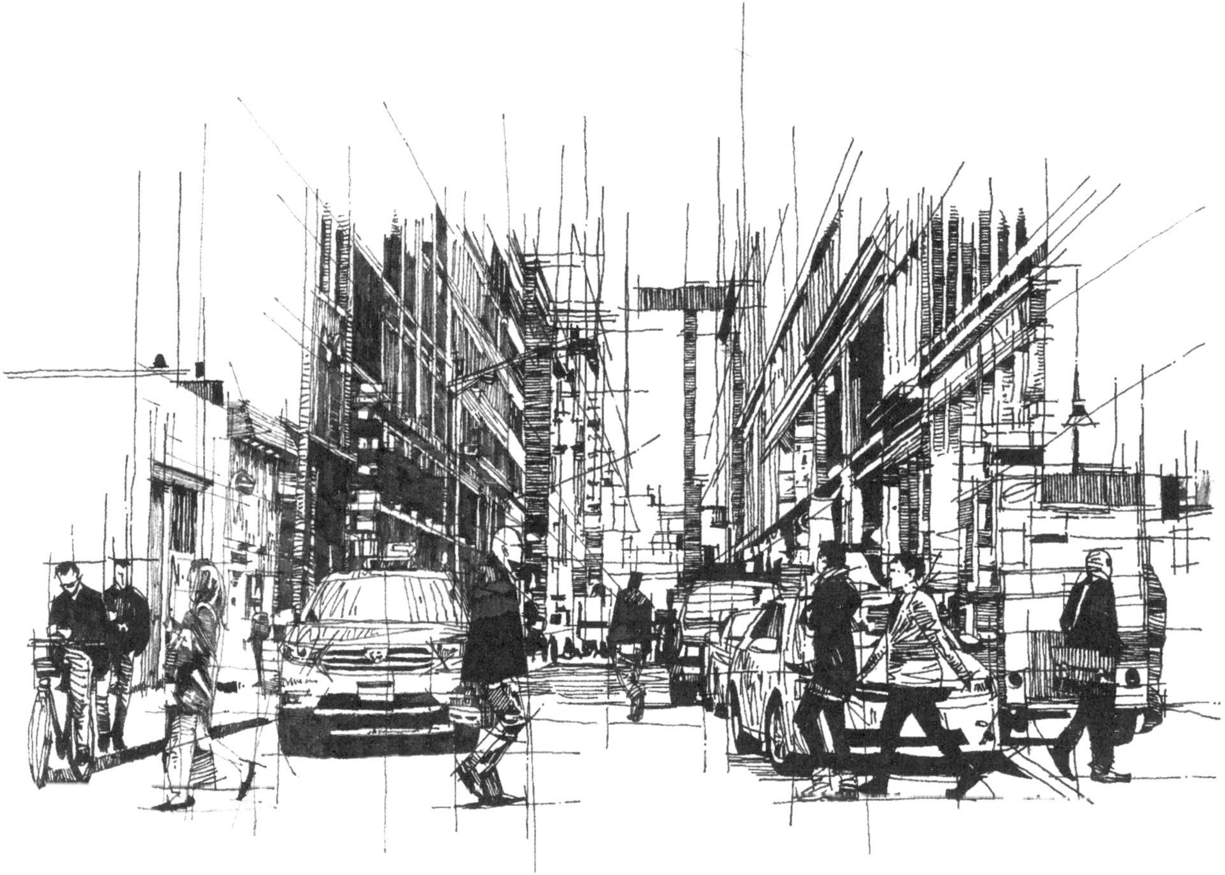

New York, U.S, Parker Blue-black

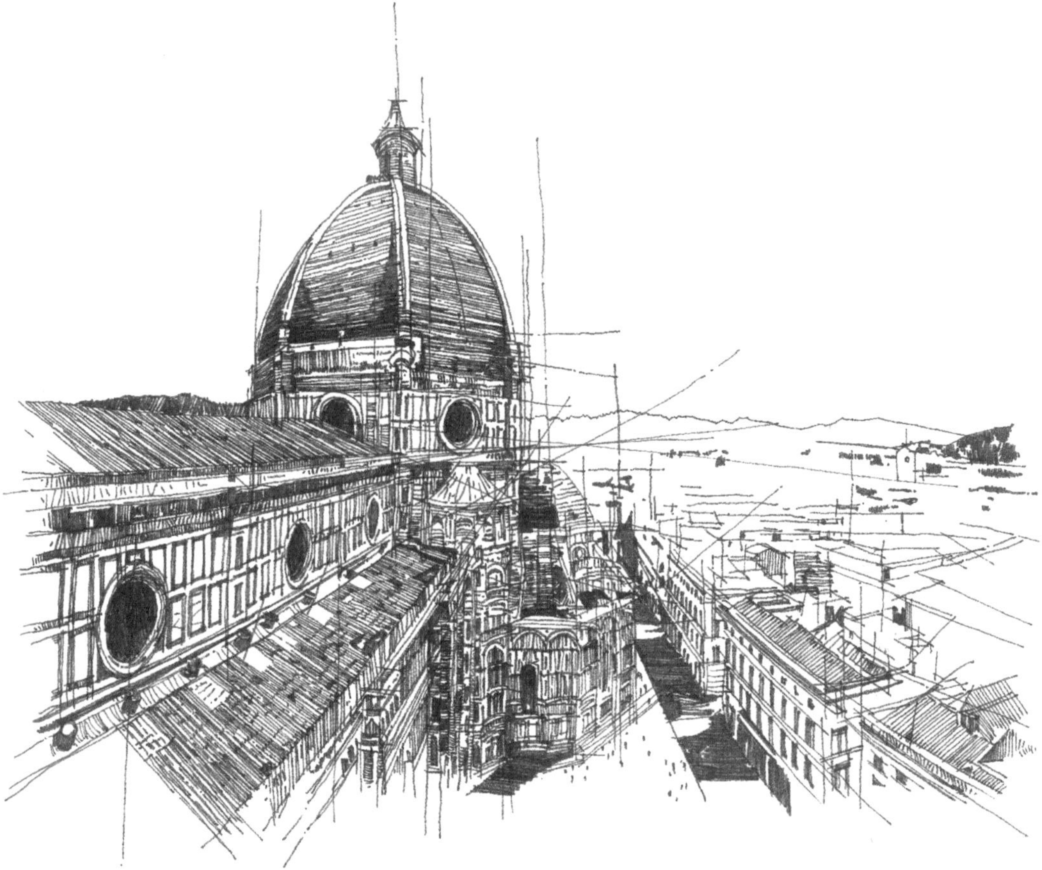

Firenze, Italy, Waterman Blue-black

피렌체를 처음 만나던 날

피렌체는 이탈리아의 수많은 도시 중 가장 사랑하는 곳이다.

역사에 경계란 눈에 보이지 않지만 그래도 굳이 경계를 나누자면 피렌체에서의 르네상스가 하나의 경계가 될 수 있지 않을까. 당시 피렌체는 100년에 한 번 나올까 말까 한 천재들이 무더기로 등장해버린 곳이었다. 단테, 보카치오, 조토, 레오나르도 다 빈치, 미켈란젤로 등 어느 시대에 태어났어도 역사를 바꾸기에 충분한 재능을 지닌 이들이 동시대에 태어나 같은 장소에서 예술혼을 불살랐다.

이러한 피렌체를 처음 만나던 날 무척 설레었던 것은 지극히 당연한 일.

피렌체를 걸으며 이탈리아가 멋진 나라임을 인정하고 그 흠모를 고백할 수밖에 없었다.

그것은 꼭 대낮부터 기울인 토스카나 와인 때문만은 아니었다.

나가사키 평화공원에서

"피폭당한 조선인이 생각보다 너무 많다, 오빠."

여행 마지막 날, 원폭 희생자들을 추모하기 위해 건립됐다는 나가사키 '평화공원'에서 '평화'롭게 아이스크림이나 먹으며 해바라기하고 있던 내게 그녀는 조선인 피폭자 이야기를 들려주었다. 지금 생각하면 나 들으라는 소리였는지 그녀 스스로 기억하고자 함이었는지 알 수 없다.

피폭 조선인 대부분은 전쟁통에 일본인 대신 전쟁을 수행할 총이나 군함을 만들기 위해 조선에서 강제 연행당한 사람들이었을 것이다. 당시 나가사키에는 미쓰비시 조선소가 있어 전쟁에 쓰일 군함이 건조되고 있었다. 히로시마 다음 희생지로 나가사키를 정하게 된 건 그래서 이상할 게 없었다.

1945년 8월 9일 나가사키에는 인류 역사상 두 번째 핵폭탄이 떨어진다. 이틀 전 히로시마에 떨어진 것은 고농축 우라늄 235, 이곳 나가사키에 떨어진 것은 플루토늄 239다. (지금 한국 핵발전소에서 쓰고 남은 폐기물을 농축해 얻을 수 있는 물질이 플루토늄 239다.) 후쿠시마 사태에서 보듯 재처리만 잘못돼도 인근을 불모지로 만들 수 있는 게 핵인데, 숫제 맘먹고 쑥대밭을 만들고자 투하한 폭탄이니 그 끔찍함이야 말해 뭐할까. 하지만 눈앞에서 뛰어노는 일본 아이들과 관광객들을 보니 당시의 참상이 일링이는가 싶다가도 쉽게 떠오르지 않았다.

그런 내게 조선인 사망 숫자는 충격적이었다. 단순히 숫자의 많고 적음이 문제가 아니었다. 히로시마와 나가사키를 통틀어 일본인 69만 명 피폭에 23만 명 사망, 조선인 7만 명 피폭에 4만 명 사망. 헌데 수치가 이상하지 않은가? 일본인에 비해 조선인 사망자 비율이 지나치게 높다. 핵폭탄이 조선인만 골라 죽인 것도 아닐 테고 일본인이 방사능에 특별히 강한 것도 아닐 텐데.

조선인은 폭격 이후 치료를 제대로 받지 못한 것이다. 남의 나라에 강제 연행되어 일본을 위해 무기를 만든 것도 억울한데 그 죄로(?) 피폭까지 당하고, 심지어 일본인에 비해 변변한 치료조차 못 받은 게 당시 조선인 사망자 숫자가 말해주는 진실이었다.

우리가 일본 극우 세력에 화를 내며 논박하는 이유는 그들의 주장이 '사실'과 다르기 때문이다. 그렇다면 우리는 '사실'을 얼마나 제대로 알고 있나 생각하니 얼굴만 화끈화끈할 따름이었다.

가령 오늘날 일본의 재일 조선인은 '한국'이란 개념이 없던 시절 일본이 일방적으로 등록한 기호로서의 조선일 뿐 '조선민주주의 인민공화국'과는 아무런 상관이 없다. 재일 조

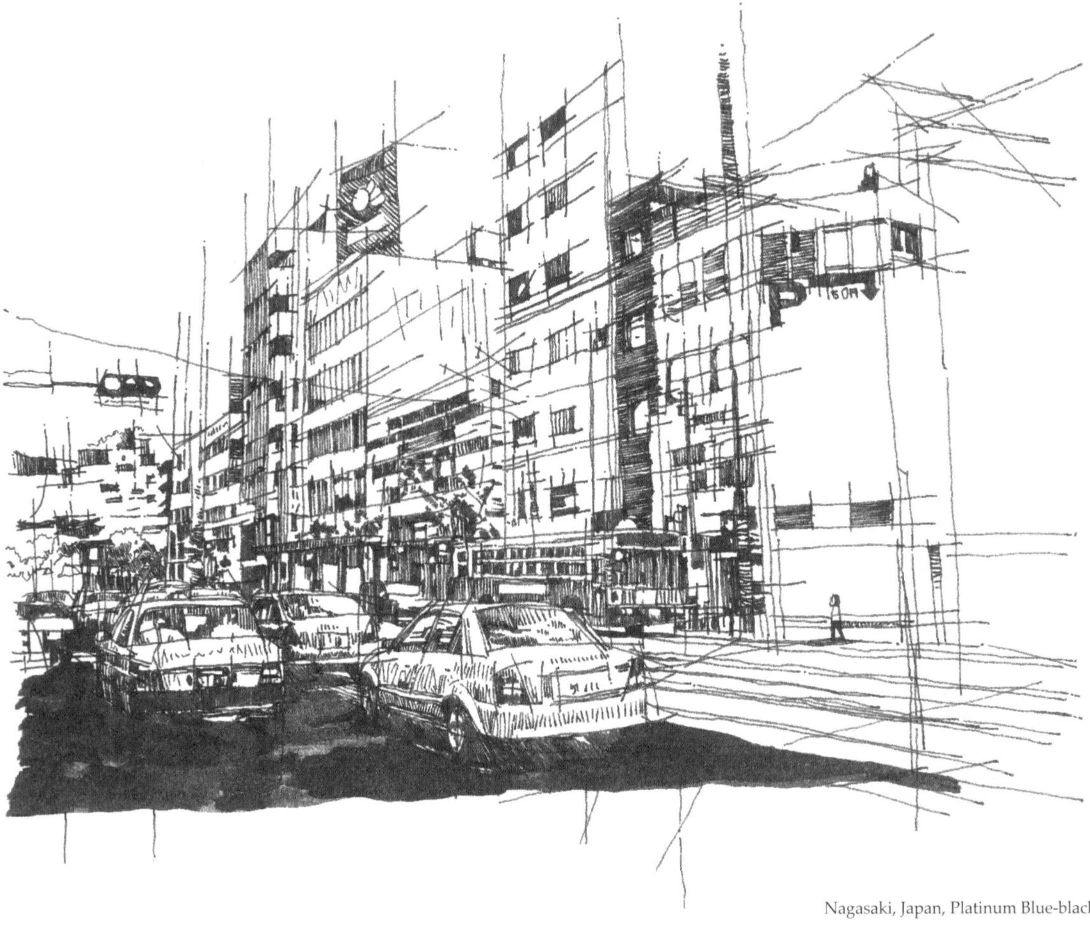

Nagasaki, Japan, Platinum Blue-black

선인의 95퍼센트는 조선 남부 출신으로 대부분 경상도[합천] 사람이 절대다수였다. 나중에 결성되는 조선총련 가입자도 마찬가지다.

독도 영유권 주장은 또 어떤가. 〈독도는 우리 땅〉 가사 하나 외우면 독도가 우리 땅이 되는가. 그나마 가사 내용 대부분이 엉터리인데. 일본이 주야장천 영유권의 근거로 주장하는 '샌프란시스코 조약'에 대해 제대로 논박할 수 있는 일반 시민이 과연 몇이나 될까. 엉뚱한 한일 스포츠 경기에나 열을 올리면 독도를 우리 땅으로 확약받을 수 있나?

우리도 제대로 모르는 사실을 저들에게 "똑바로 말하라"고 따져 묻는 건 아무래도 우스꽝스레 보일 것 같아 하는 소리다.

글을 쓰고 재일 조선인의 상황이 얼마나 나아졌는지 궁금하여 조금 더 찾아보았다. 안타깝지만 눈에 띄는 개선은 없었다는 게 결론이다. 참고로 후쿠시마 사태 이후 모든 학교에 지급된 방사능 측정기가 조선인 학교에만 지급되지 않았다.

아시시 프란체스코 성당

입대 후 첫 휴가를 나온 후배 녀석이 날 찾아왔다. 머리 모양과 피부색 등 많이 달라진 모습에 당황스러웠지만 웃는 모습과 담배를 맛있게 피우는 폼은 예전 그대로였다. 그저 어린아이일 뿐이다. 평범한 대학생.

어른들의 잘못으로 남북이 수틀리면 이 녀석 또래 아이들이 조국이란 이름으로 목숨을 내놓길 강요받는 것이다. 아무리 생각해도 이해하기 힘든 부당한 처사다.

종교에 기대 군 생활을 지탱하던 나는 군에서 세례를 받았다. 세례를 받기 위해 성당을 꾸준히 다닌 것인지, 세례를 받아야만 성당에 다닐 수 있었기 때문인지는 이제 기억나지 않지만 어쨌든 나는 '프란체스코'란 성인의 이름으로 세례를 받았다. 세례를 받던 날 군종 신부님께서는 축하한다며 《프란체스코의 기도》라는 얇은 책을 선물로 주셨다. 거기엔 이런 기도가 적혀 있었다.

"위로받기보다 위로하며, 줌으로써 받고, 죽음으로써 비로소 산다."

프란체스코처럼 살 자신도 그렇게 살 마음도 없었지만 웬일인지 그 기도문만큼은 위로가 되었다. 나는 기도문을 육군수첩 맨 앞장에 적어놓고 시도 때도 없이 손으로 짚어가며 읽었다. 어찌나 읽었는지 1년이 지난 상병 무렵엔 수첩이 코흘리개들의 소매처럼 반질반

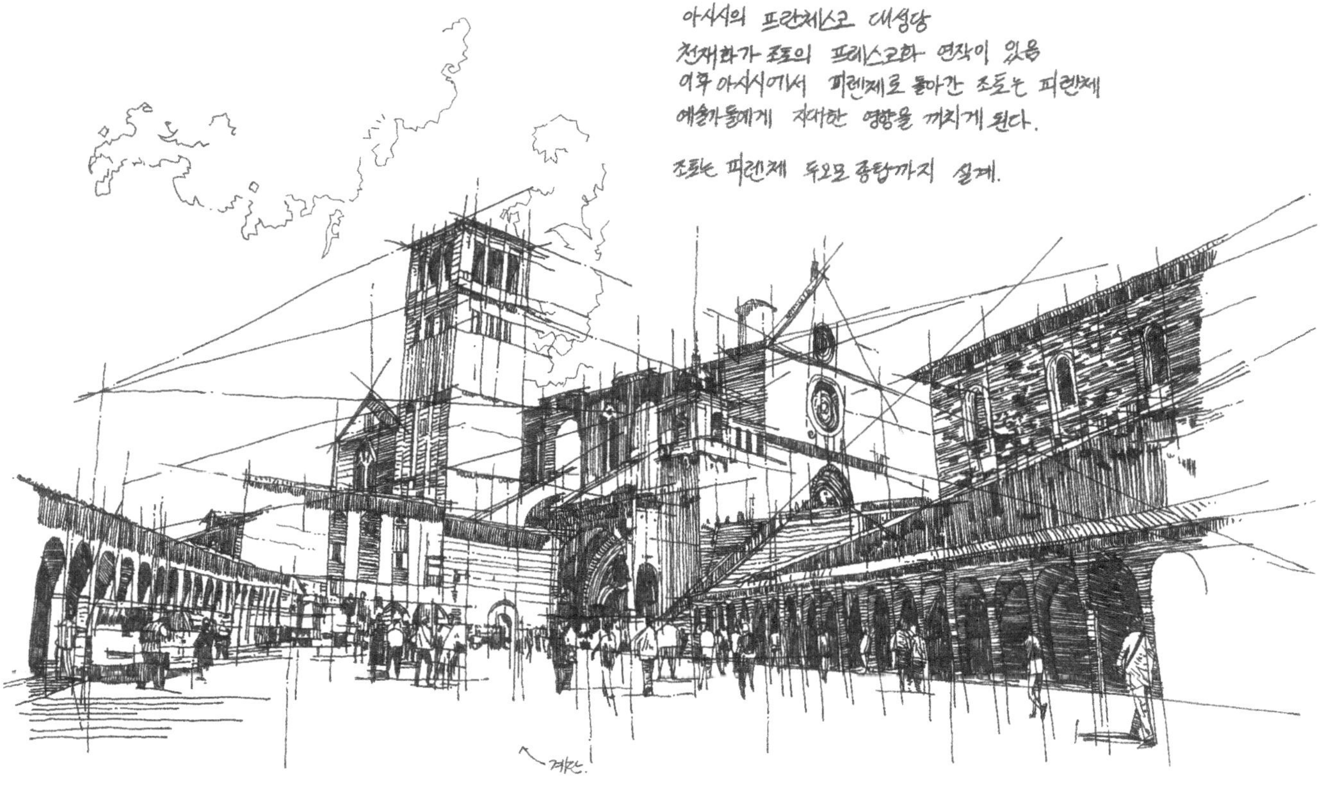

Assisi, Italy, Waterman Blue-black

질해져 있었다. 신자로서 할 소린 아니지만 종교가 마약이라는 어느 이데올로기의 주장이 그 순간만큼은 수긍이 되었달까.

프란체스코 성인의 고향이자 무덤이 있는 아시시를 방문한 것은 전역하고도 10년이 흐른 뒤였다. 카푸치노 색 수도복을 입은 수도승들과 순례 온 각국의 가톨릭 신자들이 뜨거운 햇볕이 내리쬐는 계단을 아무 말 없이 뚜벅뚜벅 올라가고 있었다.

마침내 프란체스코를 만나게 된 내 기분은 어땠던가. 프란체스코의 무덤 앞에서 감회가 새로웠던가. 천재 화가 조토의 프레스코를 보며 놀라워했던가, 아니면 그저 슬펐던가.

특별히 가혹 행위를 당했던 것도 아닌데 왜 나는 그 시절이 꽉 막힌 터널처럼 그토록 빠져나오기 힘들었을까, 하는 생각 따위를 했던 것 같다.

차라리 꿈이 없는 사람

미야자키 현에는 바위 절벽 안에 위치한 우도 신궁이 있다. 검은 절벽 속으로 신사를 찾아가는 기분은 마치 뱀 아가리에 제 발로 걸어 들어가는 듯 신비로운 경험이다. 그런 기기묘묘함 때문인지 작은 마을임에도 한 해 찾아오는 관광객만 100만 명이 넘는단다.

이 신사에 소원을 빌면 금슬이 좋아진다는 소문 탓인지 경내에는 기도를 올리는 연인이나 부부가 많다. 잉걸불을 인 것 같은 된더위에도 서로를 놓칠세라 이 험한 곳까지 손을 꼭 맞잡고 올라온 연인이라면 대단한 금슬이 더 필요할 것 같지 않지만, 증명하고 확인하는 걸 사랑이라 믿는 이들도 세상엔 있을 테니까.

우도 신궁을 나서면 입구에 '운다마運玉'를 판매하는 상점이 나온다. '칸쵸' 과자만 한 크기의 진흙 돌 운다마에는 운運이란 한자가 음각으로 새겨져 있는데 그 돌을 사서 해안 절벽 아래 위치한 작은 웅덩이에 던져 넣으면 소원이 이뤄진단다. 얕게 고인 물과 여행객이 있는 곳이라면 어디나 존재할 법한 흔해 빠진 관광거리였다. 작은 물웅덩이에는 이미 수많은 관광객이 던져놓은 운다마가 들어차 있었다.

삶의 소망이 저린 작은 흙 돌로 바뀌어 손바닥민 한 웅덩이에 잠겨 있는 것이다. 그런 생각을 하고 있자니 생의 목표니 소망이니 하는 거창한 것들이 보잘것없이 다가온다.

나는 재미삼아 흙 돌을 던지고 아무것도 빌지 않았다.

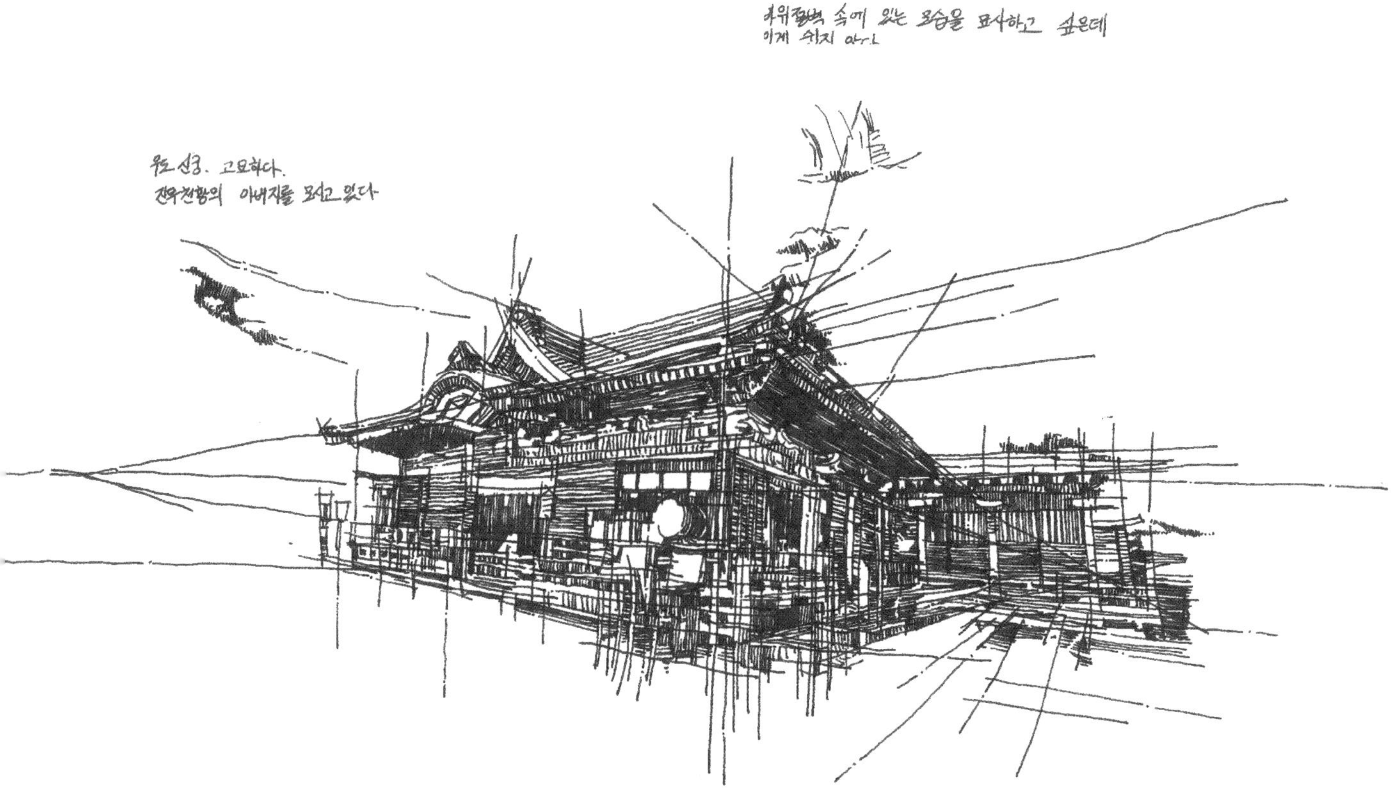

Miyazaki, Japan, Waterman Blue-black

생의 꿈이나 열정 운운하는 사람을 멀리하고 산 지 오래다. 그런 이야기를 듣고 있으면 가슴속 깊이 잊었던 염증이 도지는 기분이다. 뭔가를 간절히 이루려는 사람은 경험상 주변의 누군가에게 꼭 상처를 준다. 보란 듯이 성공하겠다는 사람의 얼굴엔 스스로에 대한 애정보다 우울과 증오가 멜라닌 색소처럼 짙게 덮여 있다. 삶과 자신에게 날이 서 있는 사람은 그 세월을 지나며 누군가에게 생채기를 내기 마련이다.

요즘엔 차라리 꿈이 없는 사람이 더 건강해 보인다. 더는 이루려는 것이 없는 사람은 아무에게도 상처 주지 않는다. 굳이 누군가와 함께 어깨를 맞대고 살아가야 한다면 나는 이런 자들의 곁에 서 있겠다.

살아가는 것 자체를 위한 삶

5월의 베트남은 무더웠다. 아니, 무덥다는 말만으론 부족하다. 이미 한여름에 들어선 베트남의 한낮 더위는 패딩 점퍼를 입고 찜질방을 누비는 것과 비슷했다. 가만히 있어도 저절로 이마와 등에 땀이 솟을 때쯤 호이안 시내 곳곳에 삿갓을 쓴 베트남 사람들이 눈에 들어온다.

"그래, 저게 필요해!"

망설이지 않고 기념품 가게에 들어가 큰 흥정 없이 삿갓을 구매한다. 설령 주인이 바가지 씌운 금액이라 해도 우리 입장에선 큰돈이 아니었기 때문이다.

이 베트남 삿갓의 이름은 '농'이다. 야자수 잎사귀를 엮어 만든다. 농의 역할은 단순한 차양막 이상이다. 건기에 그늘을 만들어주는 것은 물론 우기엔 비를 막는 우산으로 변하기도 하며 한여름엔 부채로, 심지어 장을 보는 아낙들은 장바구니로 쓰기도 한다. 이렇다 할 역할이 정해지지 않은 대단히 실용적이고 그야말로 실존적인 물건이 바로 농이다.

전통은 멋이 아니라 생존의 방식이다. 그러니 월남전 당시 총탄과 수류탄을 나르는 운반 수단으로도 농이 사용되었다는 사실은 그다지 놀랍지 않았다.

밀림과 늪에 숨어 있는 베트콩을 미군은 '보이지 않는 적과의 전투'라 불렀지만 그건 어디까지나 미군의 관점일 뿐, 압도적 화력을 가진 미군을 상대로 베트남의 자연 속으로 숨

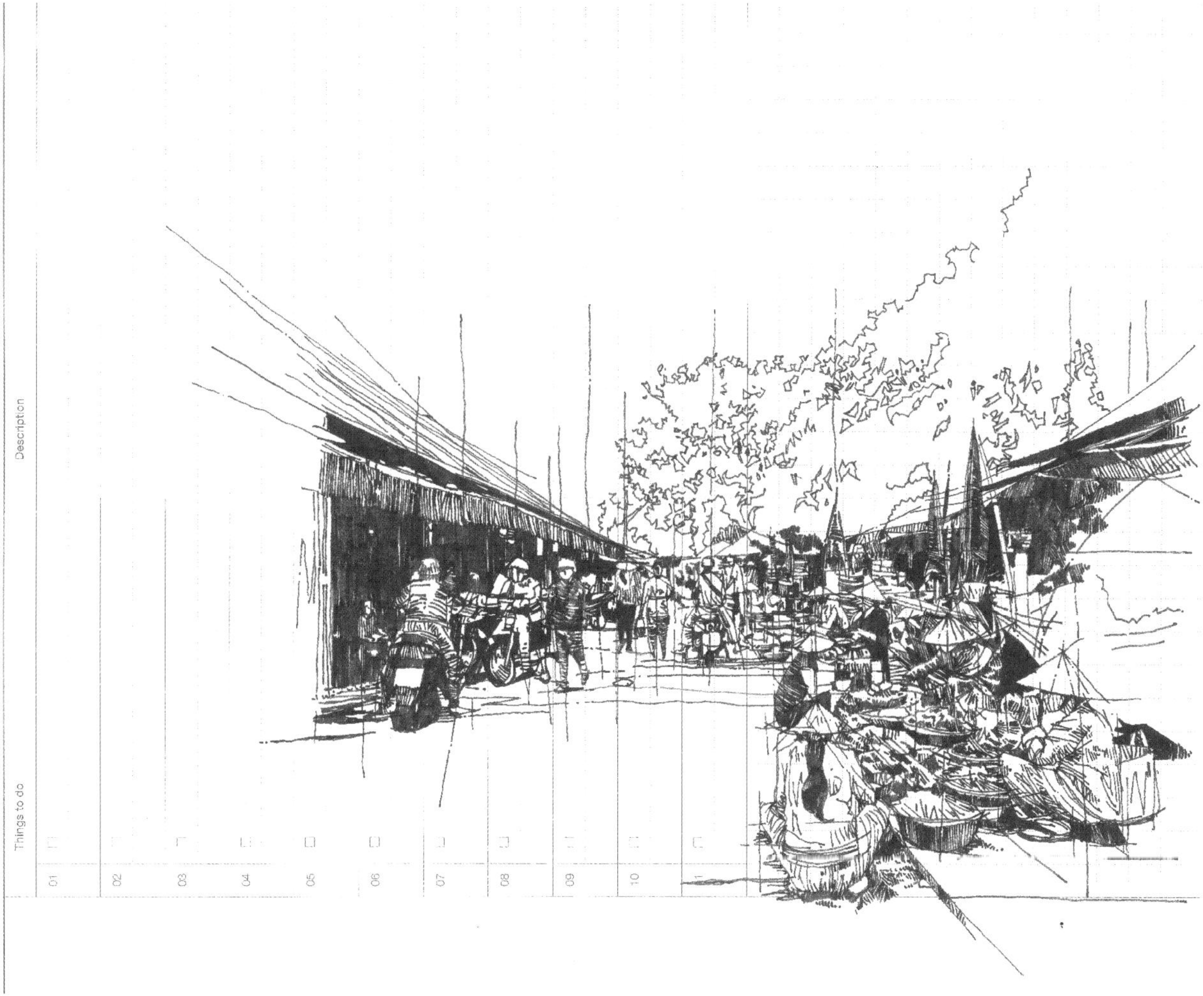

Hoian, Vietnam, Platinum Blue-black

어드는 전략 외에 인민들이 달리 택할 수 있는 저항 수단이 뭐가 있었을까. 대량 수송이 불가능한 밀림으로 군수물자를 실어 나를 수 있는 수단은 베트남인들이 일상에서 사용하던 자전거와 지게 그리고 농이 전부였다.

전쟁을 치르는 가운데 이미 미국의 전쟁 명분이 조작이었음이 밝혀졌지만 이후에도 전쟁은 계속되었다. 1만 2천 대의 항공기와 1천 600만 톤의 폭탄이 베트남 전역을 쑥대밭으로 만들었다. 300만 명이 사망하고 200만 명이 고엽제를 비롯한 전쟁 후유증에 시달리고 있다. 하지만 나는 전쟁이 이런 '규모'로만 이해되는 것을 경계한다. 숫자는 전쟁의 구체적 아픔을 체감하지 못하게 만들어 폭력이 가진 추악함과 개인이 겪었을 엄연한 고통을 은폐시킬 우려가 있다.

에릭 홉스봄은 그의 저서에서 "인류가 러시아혁명 이후 자본주의 아니면 사회주의라는 양극단의 사고만을 하게 되었다"고 했지만, 어디 인간의 삶이 그렇게 두부 썰듯 나눌 수 있는 것인가. 나는 베트남 사람 모두가 '민족 통일'이나 '이념 수호'라는 어떤 일방적 대의를 위해 목숨을 내걸고 싸웠다고 생각하지 않는다.

지구상 어떤 민족도 제 스스로의 힘만으로 역사를 끌고 나가지 못했지만 현대사에서 자신들에게 주어진 하중이 지나치게 무거웠던 베트남인들이 원했던 건 거창한 이데올로기가 아닌 평화로운 삶 그 자체였을 것이다. 그런 베트남 인민들에게 전쟁이란 고작 '농'으로라도 막아내야 하는 추악한 파괴자였을 뿐이다.

"개인이 살아가는 이유는 살아가는 것 자체를 위한 것이지 그 외의 어떤 것을 위해서도 살아가지 않는다"고 했던 중국 작가 위화의 말은 그래서 거짓이 아니다.

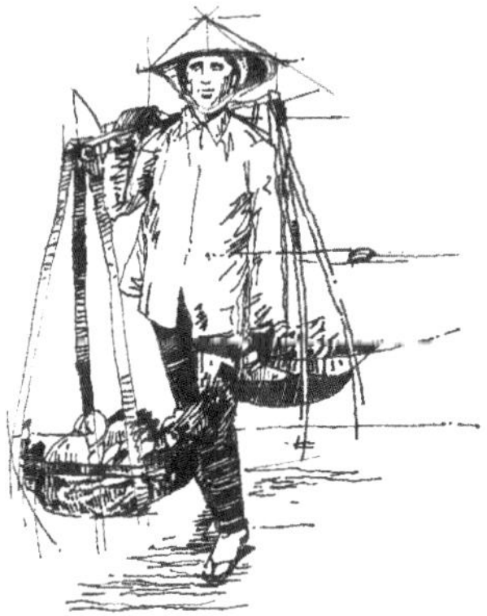

삶에는 에누리가 없다

홍콩 지하철MRT 삼수이포 역에 내리면 카오룽 반도에서 가장 오래된 노천 시장 푹와Fuk Wa를 만날 수 있다. 푹와는 홍콩에서 최초로 각종 전자기기와 잡화를 판매했던 곳인데 2003년에 재개발이 시작됐지만 여전히 노점과 건물은 고색창연하다. 각종 호객 행위와 시끌시끌한 흥정이 하루 종일 시장에 자글거린다.

혹자는 이를 두고 활기차고 생동감 넘치는 홍콩 골목 시장의 낭만이나 '일하는 사람이 가장 아름답다' 류의 감상을 운운할지 모르지만, 그건 어디까지나 한갓진 관광객의 눈에나 그런 것일 뿐 현실의 홍콩은 당장 내일 생존을 걱정하는 이들이 모인 전쟁터에 가깝다.

온갖 명품 로고로 도배되다시피 한 홍콩이지만 기실 홍콩인은 생존에 배수진을 치고 하루하루를 산다. 지내놓고 보니 어찌어찌 용케도 잘 견뎌왔구나 싶어 즐거운 것일 뿐 세상 어디서나 살아가기란 모두들 힘이 들고 팍팍하다. 홍콩의 민주화 시위가 잦아든 이유도 결국 빠져나올 수 없는 먹고사니즘 덕분(?) 아니던가.

푹와 시장엔 흥정이 넘쳐날지 모르지만 삶에는 에누리가 없다.

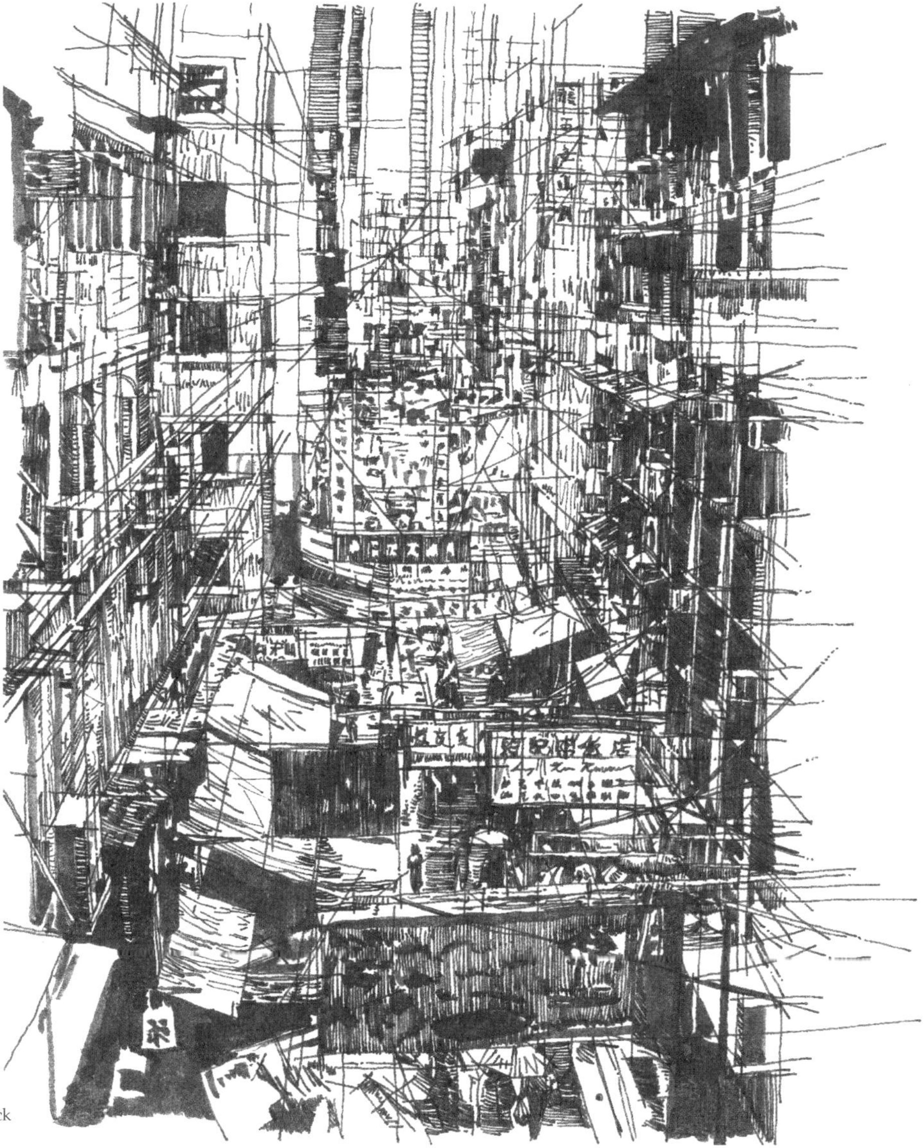

Hong Kong, China, Platinum Blue-black

창덕궁 단상

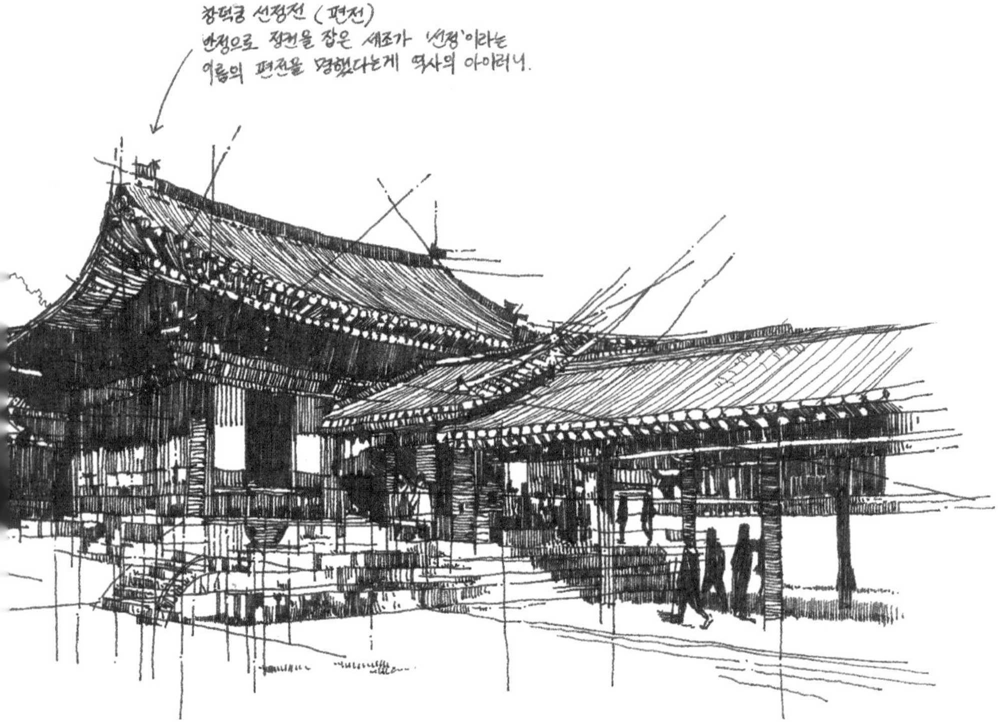

Seoul, Korea, Platinum Blue-black

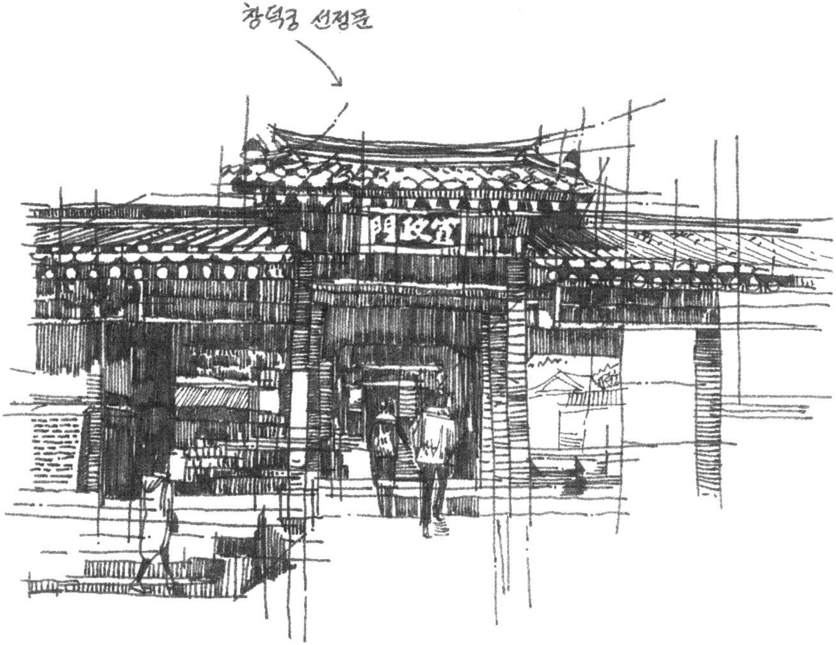

백성들에게 선정을 베풀겠다는 의지의 표현으로
이곳을 선정전이라 이름 붙인 이는 수양대군이었다.
피로 정권을 빼앗고선 백성 운운하며 혈흔을 표백했던 이가
우리 역사에 비단 수양대군뿐일까 싶어 놀랍지도 않다.

삶의 가장 벅찬 경지

대만 음식을 먹기 위해 레스토랑을 찾는 것도 방법이겠으나 역시 제대로 즐기려면 야시장만 한 곳이 없다. 요리의 맛도 맛이지만 즐겁게 먹고 마시는 대만인 특유의 왁자함은 사람을 덩달아 기분 좋게 만든다.

해가 지고 숨 쉴 만해지면 온 가족이 놀러 나와 늘어선 포장마차에서 즐겁게 끼니를 해결하는 모습은 '배고프면 밥 먹고 목마르면 물 마시는 게' 삶의 경지라는 생각도 들게 한다. 물론 그 경지를 내가 다 알 수는 없지만, 가장 위대한 것은 가장 평범한 것 속에 있다는 깊은 뜻은 그 광경을 보면 어렴풋이 납득이 된다.

밥을 먹고 물을 마시는 매일매일의 일상이 온통 존재의 충만감으로 넘치게 된다면, 만약 그럴 수만 있다면 그거야말로 삶의 가장 벅찬 경지가 아닐까.

그냥 사는 것. 뜻에 집착하지 않고 남루한 대신 어떤 절망에도 붙들리지 않은 채 무덤덤하게 순간들을 채워가는 것. 대만이란 작은 나라를 지킬 수 있었던 저력도 여기에 있었던 게 아닐지.

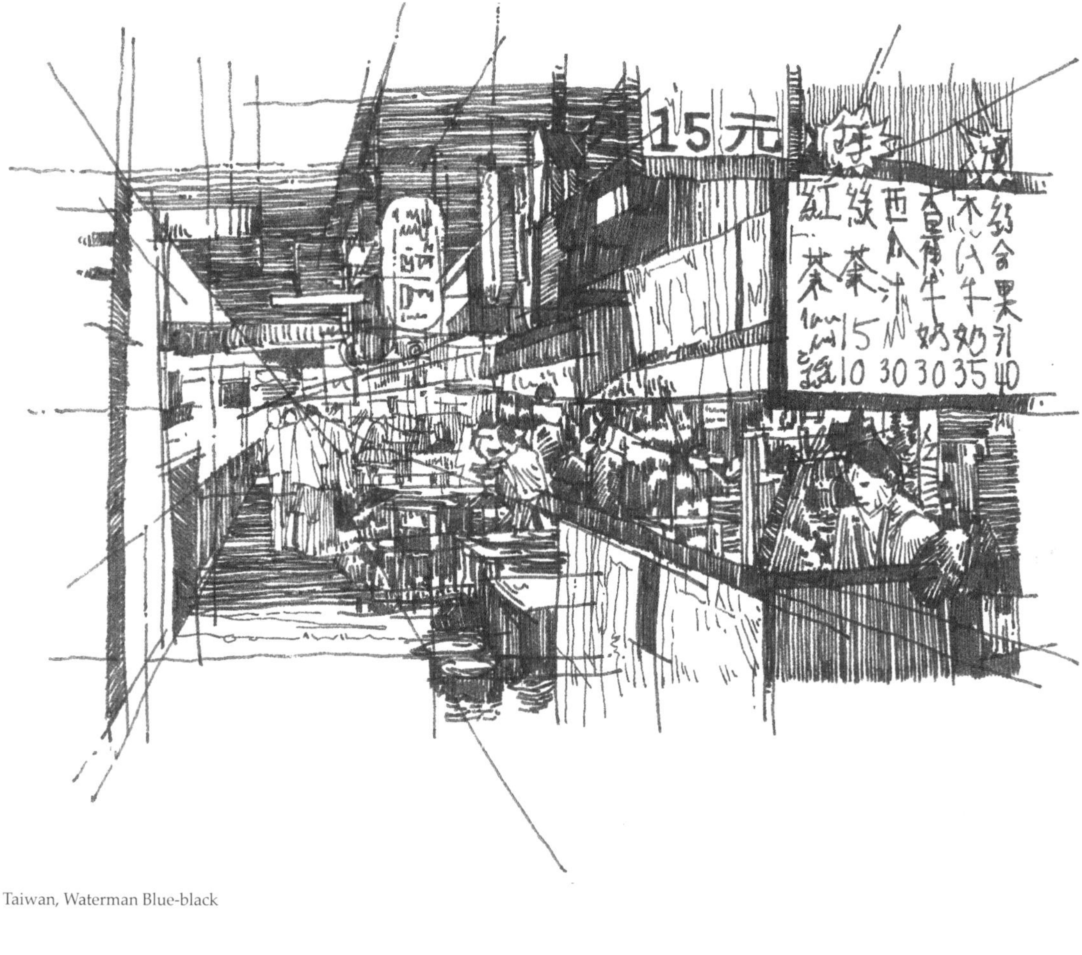

Taipei, Taiwan, Waterman Blue-black

목숨과 맞바꾸는 맛

일본에서 복요리 자격시험을 처음 실시한 사람은 패전국 일본을 신탁 통치하던 맥아더였다. 첫 시험에서 무려 절반 이상이 탈락했다고 하니 그 전까지 복요리를 먹고 사망한 사람들이 한둘이 아니었을 것이다.

복요리를 두고 죽음과도 맞바꿀 맛이라고 일컬은 데는 다 그만한 이유가 있었던 것이다. 심지어 회를 접시에 담아내는 모양 역시 장례 때 쓰는 국화를 본뜨므로 그야말로 간담이 서늘해지는 생선이라 하겠다.

복을 먹어본 사람은 안다. 충분한 듯 아쉬운 그 양을. 특히 회가 그렇다. 그도 그럴 것이 멸치처럼 버릴 데가 없이 다 먹는 생선이 있는 반면 3분의 1을 버려야 겨우 한 줌의 살코기를 먹을 수 있는 게 복이다. 버릴 줄 알아야 얻을 수 있다니 생선 주제에 심각하게 철학적이다.

복어 회는 얇다. 복어가 비싸 적은 양으로 많게 보이려는 꼼수라는 이야기도 있지만 그건 복의 육질 자체가 질겨 두껍게 썰면 고무처럼 맛이 없기 때문이지 사장님의 부도덕은 아니니 걱정 말자.

오사카 난바에 위치한 즈보라야는 1920년부터 복요리를 해온 유명한 집이다. 그때면

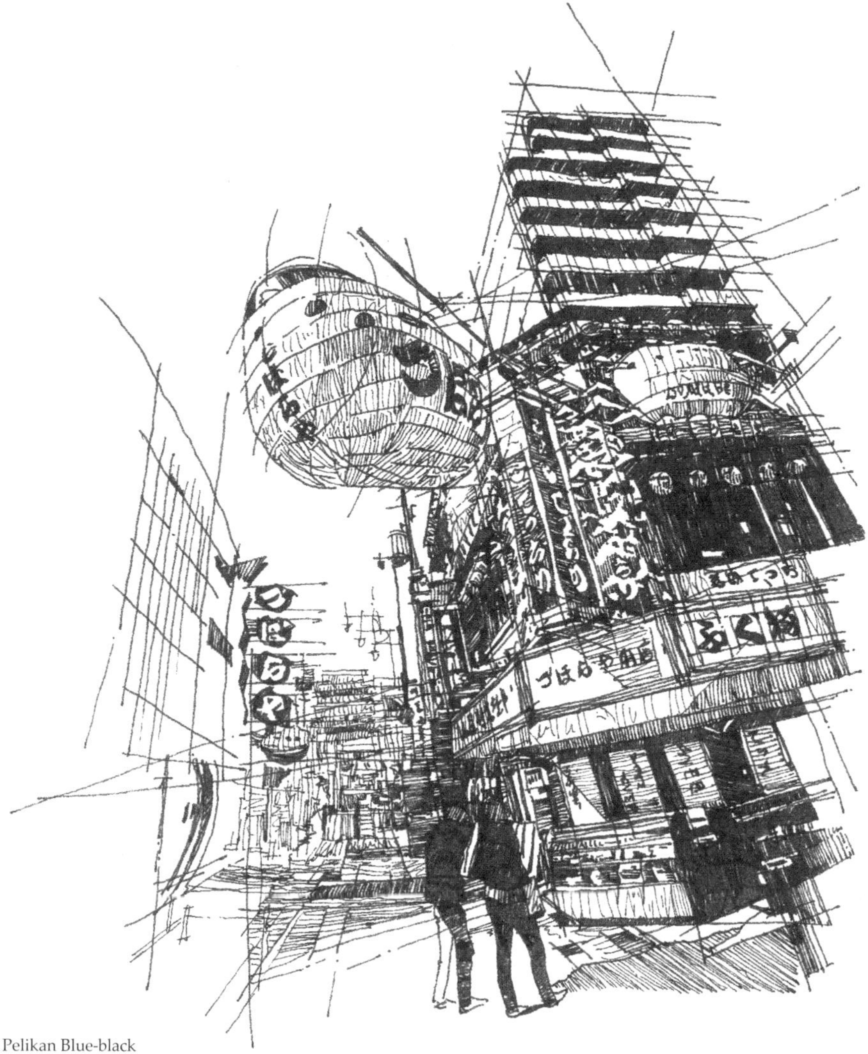

Osaka, Japan, Pelikan Blue-black

자격증 같은 건 존재하지도 않던 시절이니 아마 한 해에 몇 명은 복요리 때문에 죽어나갔을 것이다.

나는 즈보라야에서 복어 회를 주문했다. 원래 생각했던 메뉴는 그게 아니었지만 메뉴판 속의 얇게 저민 복어 회가 '설마 절 안 드실 건 아니죠?'라는 눈빛으로 애원하는 통에 어쩔 수 없었다. 잠시 후 과연 화선지처럼 반투명한 복어 회가 등장했다. 역시 양이 적었다. 하지만 아쉬운 듯한 그 느낌이 좋았다. 그 애틋함이 오사카를 다시 찾을 이유처럼 느껴졌달까.

어떻게 들릴지 모르겠지만 어떤 음식은 포만감보다 공허함이 내 속을 온전히 채우는 경우도 있다. 오사카 즈보라야의 복요리가 그랬다.

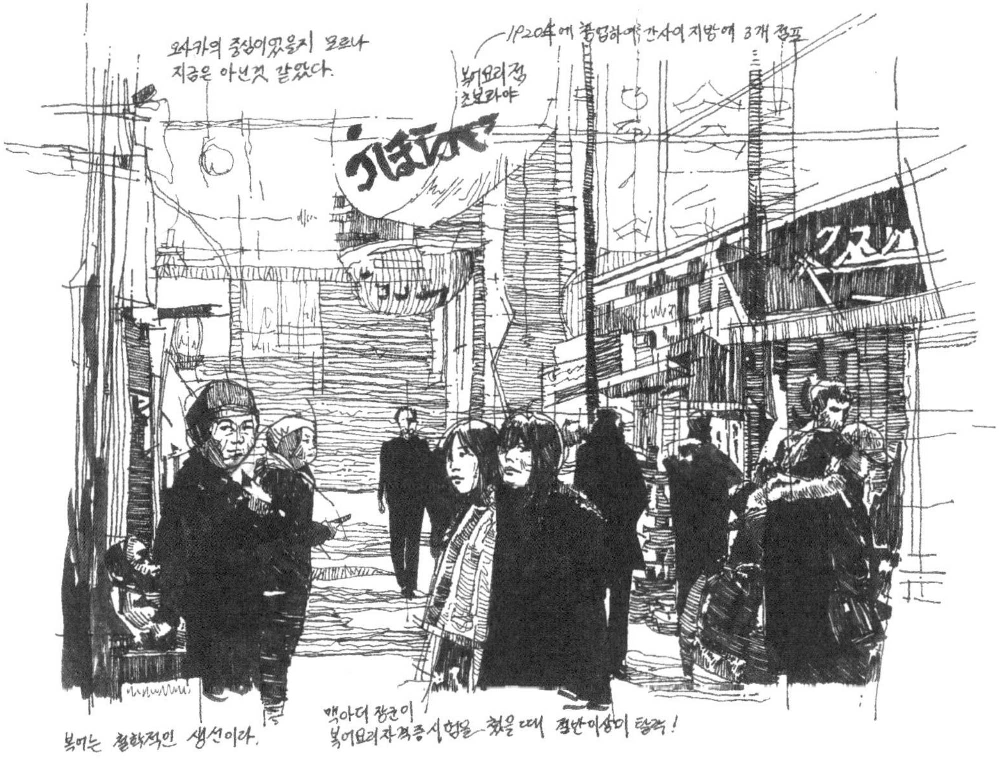

Osaka, Japan, Pelikan Blue-black

대화

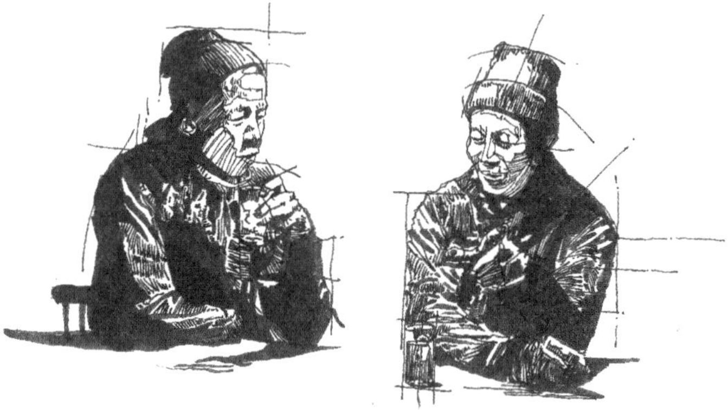

누군가의 이야기를 들어준다면

당신은 그 사람을 위해 할 수 있는 모든 일을 한 것이다.

_찰스 디킨스의 〈두 도시 이야기〉 중에서

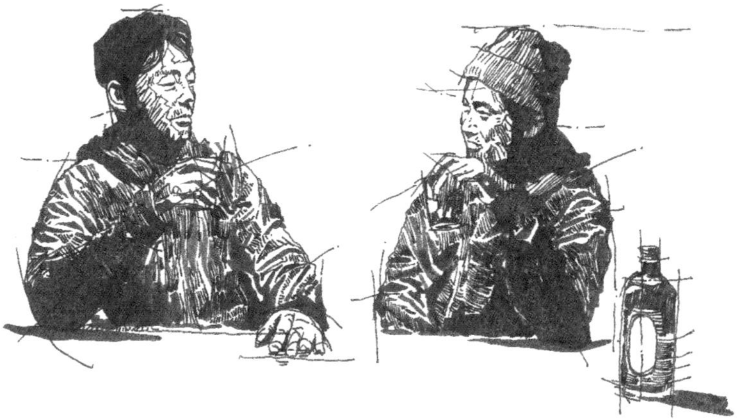

심플한 디자인,
경쾌한 리듬감

플래티넘 뉴밸런스

Platinum New Balance

지금이야 아날로그 감성의 수호자 대접을 받지만 만년필은 한동안 타자기나 시계에 버금가는 정밀 제품이었다. 시계가 일찌감치 자신의 정밀한 무브먼트를 투명하게 공개해 예술의 경지로 끌어들인 것에 비해 투명 만년필의 역사는 의외로 짧다.

전성기가 지나면 화장이 짙어지는 화류계 여인처럼 볼펜에게 왕좌를 내어준 만년필은 쓸데없는 장식을 늘려갔다. 만년필을 통한 취향의 계급화가 시작된 것도 어쩌면 이때부터일 것이다.

어느 디자인 회사는 "예술은 집에 가서 하고 회사에서는 디자인을 하라"고 했다는데 당시 만년필 회사에는 쓸데없는 예술가가 너무 많았던 모양. 결국 더 이상 디자인적 요소를 결합하기 힘들어질 때쯤 디자이너는 아무것도 디자인하지 않은 디자인을 내놓는다. 이 흐름에 철학을 가져다 붙여도 된다면 헤겔의 변증법이 만년필에도 어김없이 적용된 셈이다.

투명 만년필의 첫 테이프를 끊은 브랜드는 펠리칸이었다. 1992년 M800이라는 명기에 '작동 원리를 보여주다'라는 뜻의 데몬스트레이터Demonstrator라는 이름을 붙여 투명 만년필을 선보인 것이다. 지금도 펠리칸에는 훌륭한 데몬 만년필이 많다. 박람회장에서 바이어와 소비자들의 반응이 의외로 좋았다고 한다. 세상에 만년필 속이나 궁금해하는 변태가 몇이나 될까 싶겠지만 의외로 있다. 아니 많다. 그리고 나도 그런 변태 중 한 명이다.

플래티넘은 세계 만년필 시장의 후발 주자인 일본 내에서도 막내 격인 브랜드다. 플래티넘의 데몬스트레이터 역사는 그래서 짧다. 하지만 짧은 역사에도 강점이 많다. 특히 잉크 건조를 막아줄 캡의 기술력은 동급의 미국 브랜드보다 한

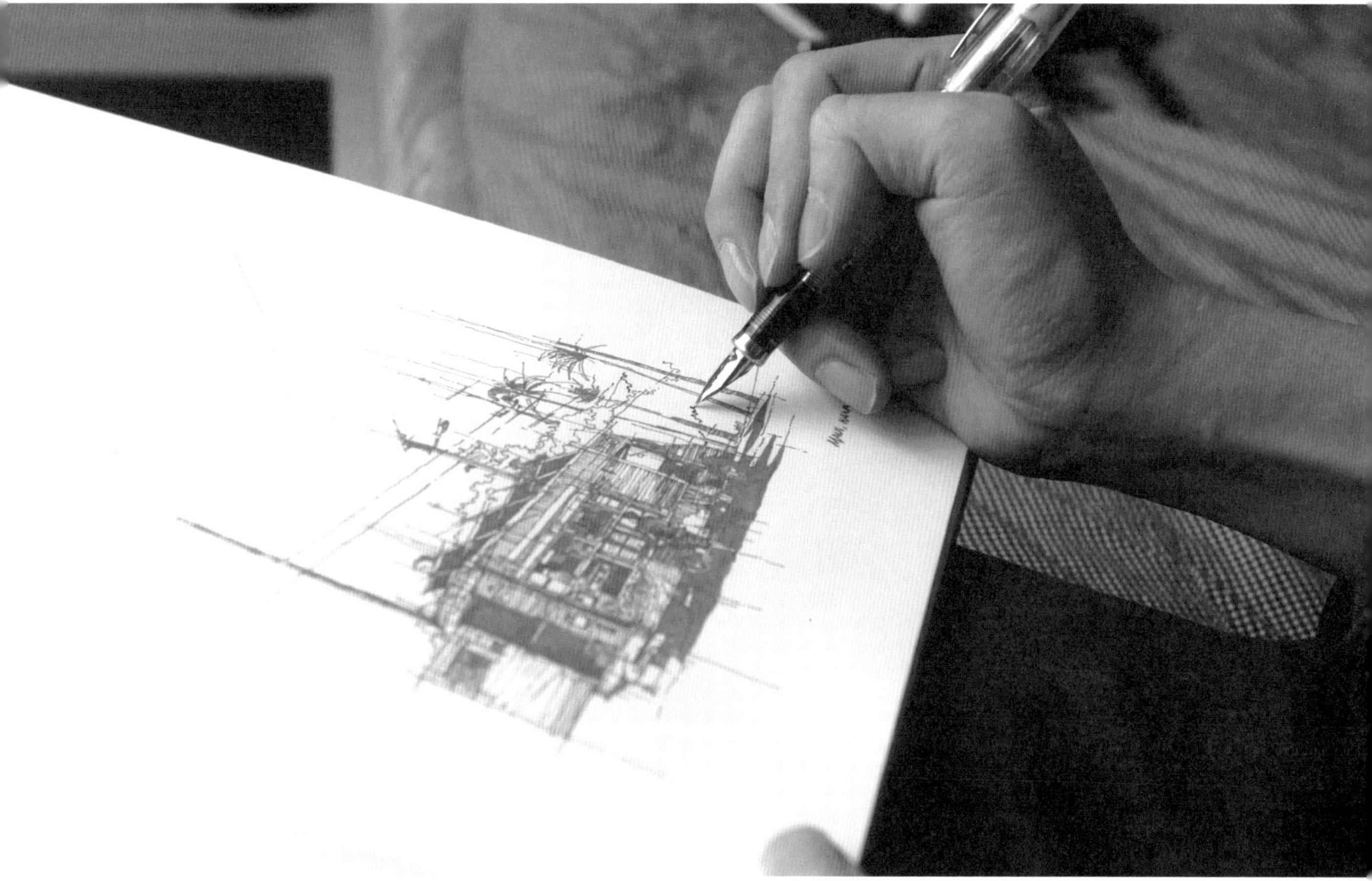

수 위다. 부드럽게 들어가다가 딸칵, 하며 제대로 걸리는 완벽한 쾌감은 일본 제품 특유의 슬럽 온 기술력이 아니면 맛보기 힘든 부분일 것이다.

플래티넘의 뉴밸런스는 기존 밸런스 제품의 데몬 버전을 일컫는다. 스테인리스 스틸 닙도 똑같다. 고급 닙이 아님에도 밸런스는 세필의 정수를 보여준다. 가끔 유럽의 만년필 디자이너들이 일본의 세필 기술력을 보고 일찌감치 세필 생산을 포기해버린 것은 아닌지 의심이 들 정도로 일본의 세필 기술은 훌륭하다. 세필 마니아 중에는 가늘게 써진다는 장점보다 특유의 사각거림과 리듬감에 반한 사람이 많다. 여기에 중독되면 헤어 나오기 힘들다. 딱히 쓰고 싶은 말도 없으면서 무작정 써대며 그 사각거리는 리듬감 속을 허우적대는 사람이 내 주변에도 한둘이 아니다.

까다로움에 관한 부기

워터맨 블루블랙

Waterman Blue-black

만년필을 선물 받고 정성스레 잉크를 채운 다음 두부처럼 하얀 종이 앞에서 우리가 써보는 글씨는 십중팔구 '자기 이름 석 자'다. 또박또박 자기 이름 석 자를 써보는 모습은 우리가 글씨를 처음 배우던 어린 시절의 모습과 너무 유사하다. 디지털 시대, 과잉 접속 시대라고 해서 모든 게 획획 변하는 것 같지만 인간은 생각보다 천천히 변한다. 완성된 글씨가 마르기를 기다리며 가만히 내 이름을 바라보는 시간을 우리는 여유라고 부른다.

잉크가 마르길 기다리는 그 찰나의 순간, 만년필 속에 더운물을 조금 넣어 청소하는 그 짧은 시간, 잉크를 채우고 닙 주변에 묻은 만년필을 닦아내는 그 과정에서 나는 잠깐 쉰다. 생각해보라. 완성된 글씨가 마르기를 기다리는 그 찰나의 시간조차 번거롭고 귀찮다면 우리 삶에서 여유라고 부를 만한 것들이 무엇이 있는지. 안도현 시인은 빳빳한 종이로 딱지 접는 법을 잊어버려서 슬프다고 했다. 망했다고 했다. 시인은 우리 불행한 어른이 되지 말자고 한다.

워터맨은 만년필의 원조다. 흔히 몽블랑을 최초의 만년필로 생각하는 사람도 있지만 1883년 모세관 만년필을 개발한 최초의 브랜드는 워터맨이다. 미국의 브랜드였지만 1954년 공장을 미국에서 프랑스로 완전히 옮긴 끝에 지금은 프랑스의 대표 브랜드가 되었다.

100년을 이어오며 축적된 잉크의 기술력 역시 만년필만큼이나 오래되었다. 만년필의 선택만큼이나 중요한 것이 잉크의 선택인데 워터맨 잉크는 어떤 브랜드의 만년필에 주입해도 불화가 없다.

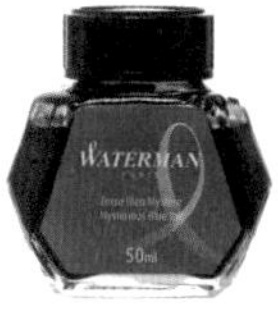

인간이 좋아하는 것, 더 나아가 인간의 본질을 아는 것은 중요하다. 말이 좋아 본질이지 복잡하거나 거창할 것이 없다. 인간은 원래 자기 참여적인 것에 희열을 느끼며, 같은 의미로 누군가의 정성이 깃든 소중한 기억도 결코 잊지 못할 뿐이다. 이메일을 지울 때는 뒤도 돌아보지 않지만 누군가가 손글씨로 써준 카드나 편지는 아무리 무의미해도 버릴 때 망설이거나 미안함을 느낀다. 그 정성을 알기 때문이다. 결재 서류에 직접 써 붙인 '부탁해요, 부장님'이라는 포스트잇 한 장이 결재권자를 훨씬 호의적으로 변화시킨다는 포스트잇 효과도 있지 않은가.

비단 결재 서류가 아니더라도 말과 글은 엄연히 다른데, 쓰라고 있는 글이 외려 낯선 시대를 산다. 디지털의 마법이 순식간에 우리를 바꾸어놓은 탓이다. 반면 생각을 가장 빨리 정리해서 많은 글을 써내야 하는 작가들이 외려 디지털을 거부하고 있는 것이 재미있다. 심지어 무라카미 하루키는 만년필을 일컬어 꿈처럼 몸에 익숙하다고 했으니 그들에겐 빠른 것만이 능사는 아니었나 보다. 오히려 빠르게 쓰는 것보다 차분히 정성스럽게 한 글자씩 나아가는 것이 더 중요했을지 모른다.

Part **4**

두 도시 이야기

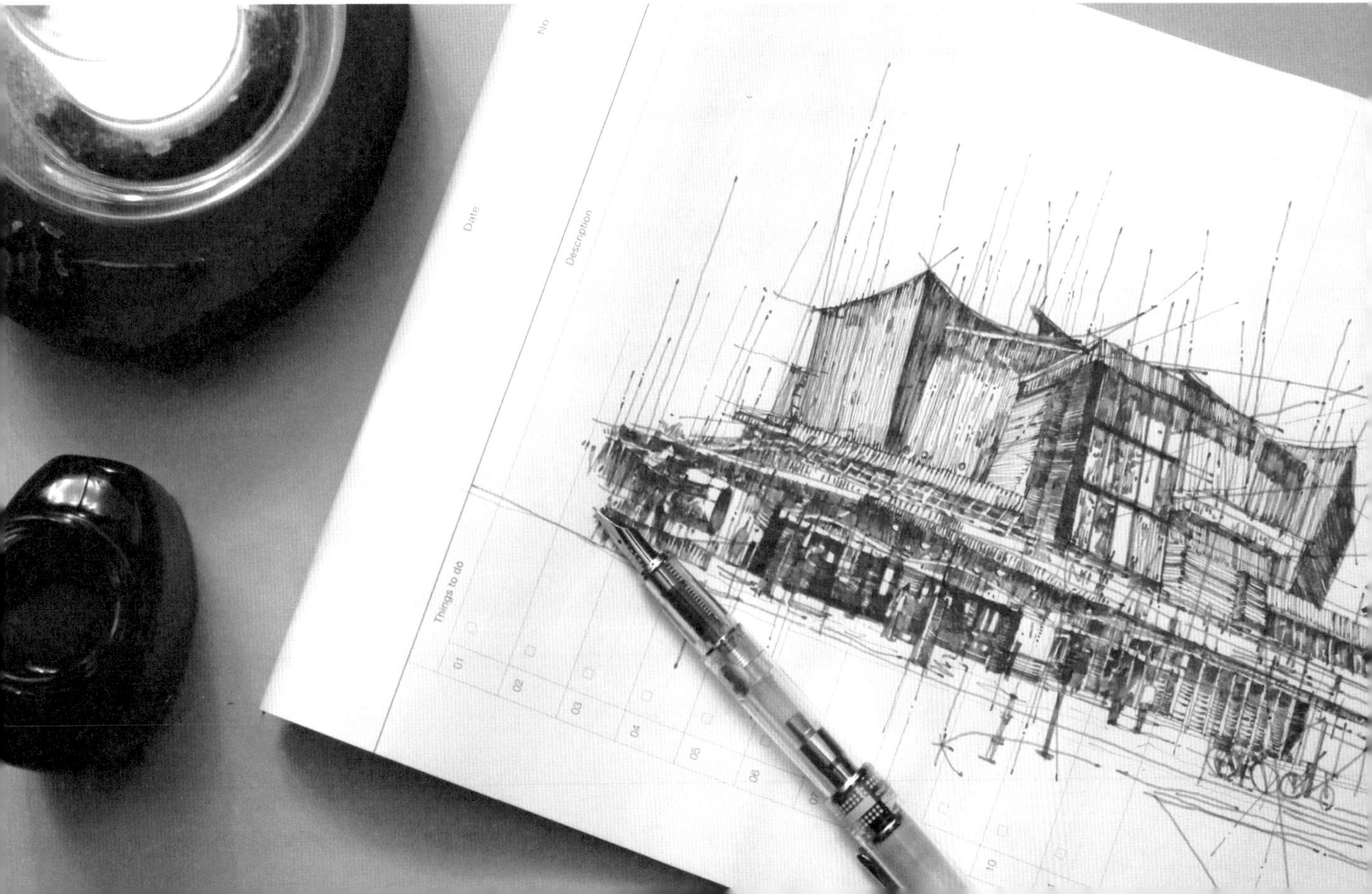

베를린 필하모닉 콘서트홀

베를린 필하모닉 콘서트홀을 설계하기 전까지 현대 건축사에서 한스 샤로운은 완전한 무명이었다. 내로라하는 건축가들이 덤벼든 베를린 콘서트홀의 현상 설계에 무명의 한스 샤로운이 선정되자 베를린은 물론 세계 건축계가 술렁였다.

샤로운은 거리의 악사들이 연주할 때 베를린 시민들이 자연스레 원을 이룬다는 점에 착안, 기존 오페라 극장 설계 통념을 뒤엎고 연주자가 관객 중앙에 위치한 설계를 제시한다. 그의 파격적 도면은 그대로 베를린 필하모닉 콘서트홀의 로고가 됐다.

나는 이런 게 좋다. 예술은 삶에 거만하지 않고, 삶은 예술의 가치를 긍정하는 모습.

베를린 시내 곳곳엔 이런 풍경이 차고 넘친다.

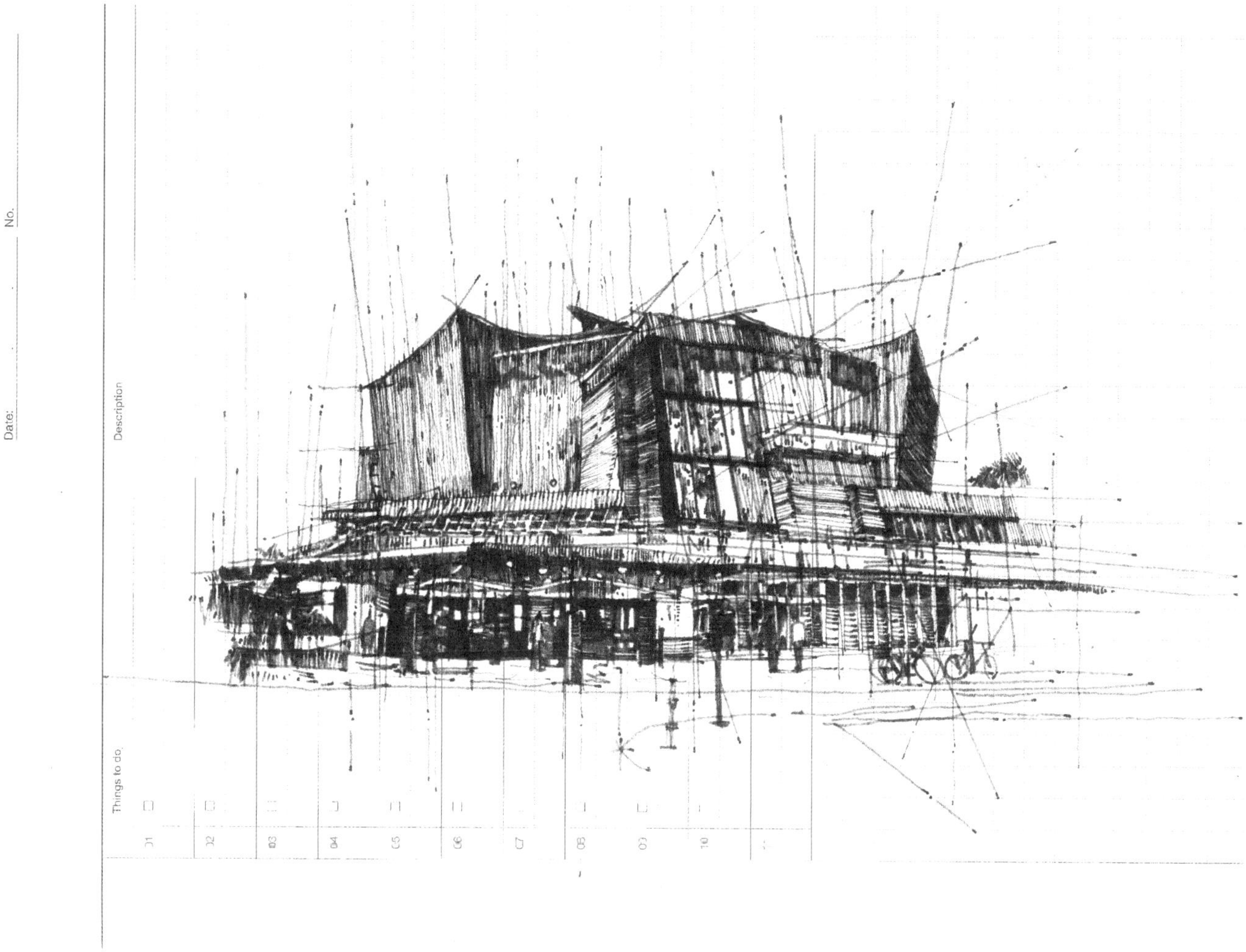

Berlin, Deutschland, Montblanc Oyster grey

파리 앵발리드 군사박물관에서

지금이야 파리가 고샅고샅 걷는 여행자들에게 예술의 도시요, 자유의 도시지만 역사 속 파리는 피비린내가 진동하는 도시에 가까웠다. 유럽의 온갖 종교전쟁에 프랑스가 연루되지 않은 사건을 찾기란 힘들며, 혁명 과정에서 코뮌과 정부군 간의 내부 격전까지 감안하면 그야말로 전쟁의 도시라 해도 과언이 아니다. 앵발리드 군사박물관의 최초 건립 목적이 전쟁으로 불구가 된 군인들의 치료였을 만큼 프랑스는 전쟁을 곁에 두고 살았다.

그 중심에 서 있는 대표적 인물은 나폴레옹일 것이다. 나폴레옹 하나 쓰러뜨리겠다고 영국을 비롯한 유럽 국가들이 대불동맹을 맺은 게 무려 여섯 차례다. 여섯 번의 대불동맹 끝에 비로소 나폴레옹을 잡아 가두긴 했지만 정작 그의 숨통을 끊어놓은 것은 영국군이나 러시아군이 아닌 암세포였다. (나폴레옹의 공식 사인은 위암이다.) 이곳 앵발리드에는 유럽을 호령했던 나폴레옹이 묻혀 있다. 웅장한 정원과 화려한 외관, 거기에 묻혀 있는 나폴레옹. 여행자들에게 이보다 더 매력적인 블록버스터 콘텐츠가 있을까.

나폴레옹은 비상한 기억력의 소유자였다. 특히 만났던 얼굴 하나하나를 잊지 않고 떠올리기로 유명했다. 가령 일개 병졸조차 한 번이라도 만난 적이 있다면 그 순간을 기억해내고 그때의 전투를 소회하는 식이었다. 하늘같은 총사령관의 따듯하고도 소박한 모습은 프

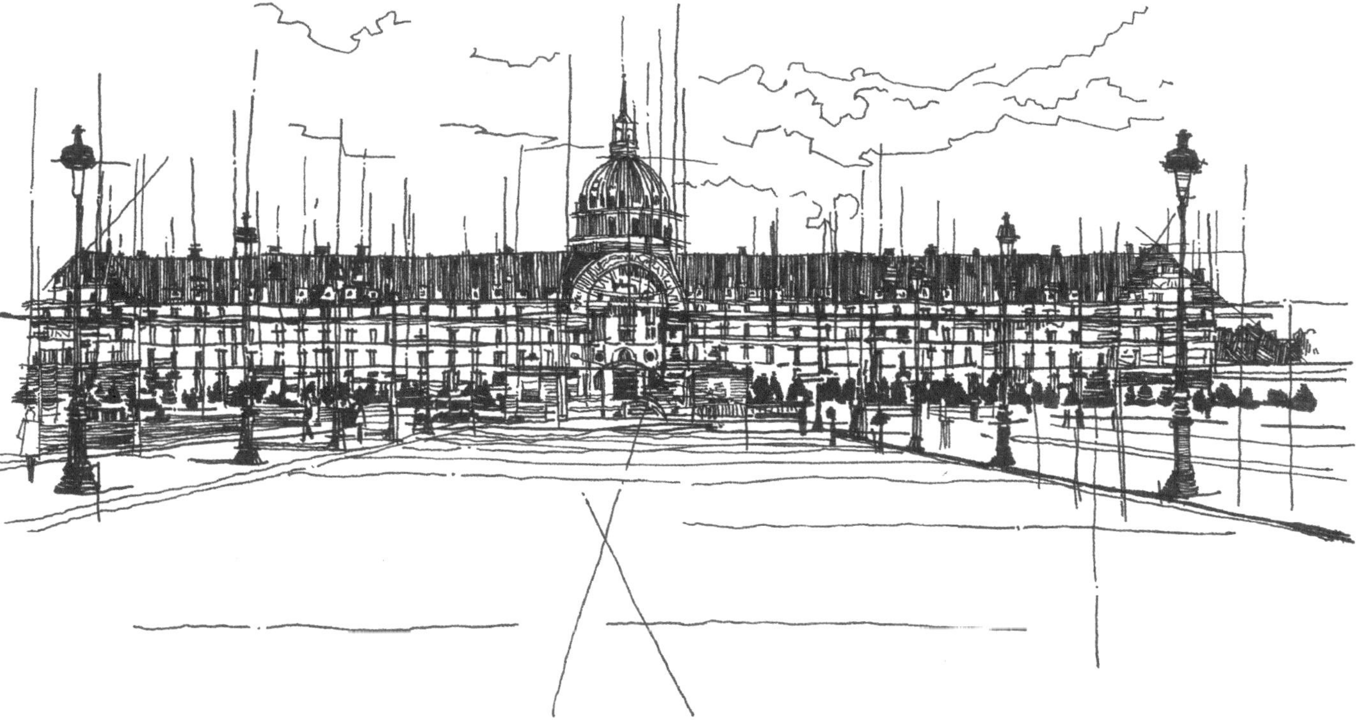

Paris, France, Platinum Blue-black

랑스군의 단결과 충성으로 이어졌다.

차가운 카리스마와 끝없는 땅 욕심만으로 지휘관이 40만 프랑스 대군을 이리저리 데리고 다니기란 상식적으로 쉽지 않은 일이었을 것이다. 하지만 그의 따뜻함, 인간미는 당시 프랑스군 사이에서나 찬양받을 일이다. 그가 가 닿고자 했던 현실은 누군가의 희생을 담보로 하는 '정복'이었고 그 과정에서 비롯된 도륙은 인류의 재앙이었다.

전쟁을 기념하는 파리 시민의 의도를 이방인인 내가 다 헤아릴 수 없겠지만 앵발리드의 뿌리가 '낭만'은 아니길 바란다. 하지만 앵발리드에서 만난 나폴레옹의 묘는 '경각'보다 '향수'에 가까운 듯하다. 이런 추론은 앵발리드 군사박물관이 자리한 위치에서 비롯된다.

1840년 시신이 되어서야 파리로 돌아온 나폴레옹은 앵발리드에 묻혔다. 성당은 나폴레옹이 죽기 200년 전에 건립되었으니까 나폴레옹을 묻기 위해 부러 성당을 지은 것은 아니다. 다만 유배 시절 내내 "내가 죽으면 센 강변에 묻어달라"던 나폴레옹을 위해 센 강이 가장 잘 보이는 앵발리드가 선택되었다는 것쯤은 들어서는 순간 금세 알 수 있다. 글쎄, 그 정도는 프랑스가 한때 세상을 쥐고 흔들 수 있게 해준 것에 대한 예의라고 봐야 할까. 모르겠다. 애드거 앨런 포나 이상처럼 평생 파리를 그리워했으면서도 결국 가보지 못한 자들에 비하면 확실히 좋은 팔자인 건 맞다.

여자화장실의 부재

"오빠, 이 의사당 건물엔 여자화장실이 없다고 하네."

"왜?"

"이 건물이 지어질 당시에 정치는 여자에게 해당 사항이 없었기 때문이래."

지금은 의사당 건물 곳곳에 현대식 여자화장실이 있다. 그러니 여기서 말하는 여자화장실의 부재는 일종의 상징인 셈이다.

매니토바 주는 1916년 캐나다에서 여성참정권을 인정한 최초의 주다. 매니토바 주가 참정권을 인정한 것도 사실 유럽에 비해서는 늦은 편이었지만, 연방 전체가 여성참정권을 인정한 것은 그로부터도 2년이나 지난 후다. 매니토바 주에서 여성참정권을 최초로 인정한 후에도 나머지 지역에서는 한동안 많은 여성이 남성의 다수결이란 폭력에 무방비로 노출되었던 것이다.

요컨대, 여자화장실이 없는 의사당 건물은 '야만의 세월'에 대한 박제다.

남성과 여성이 동격으로 인정받는 현대사회조차 여성의 사망 원인 1위는 가정폭력이다. 그러니 당시 캐나다 여성의 비참함이야 말해 무엇하랴. 그럼에도 그 오랜 세월 남성에 의한 정치가 가능했던 이유는 여성이 절대적 약자이거나 태생적으로 고통을 잘 참는 존재

여서가 아니라 진리가 통제된 사회, 당연해 보이면 의심조차 하지 않는 이성의 마비 상태에서 살았기 때문이다.

안토니 그람시의 책을 살짝 응용하자면, 당시 무지한 캐나다 여성은 남성에게 이로운 것이 자신들에게 이롭다고 여겼을지도 모른다.

우리가 진정 두려워해야하는 것은 폭력 그 자체가 아니라 폭력에 대한 무지다.

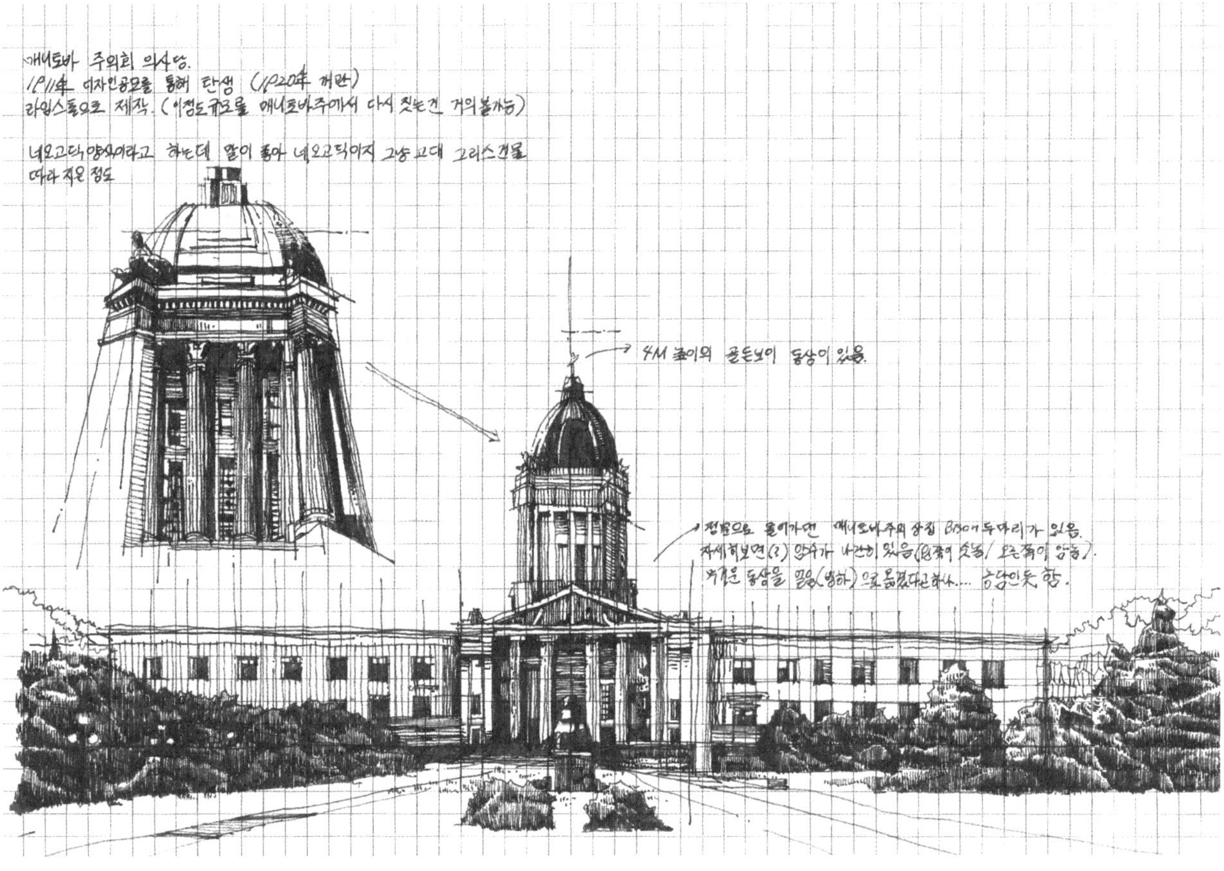

Manitoba, Canada, Pelikan Blue-black

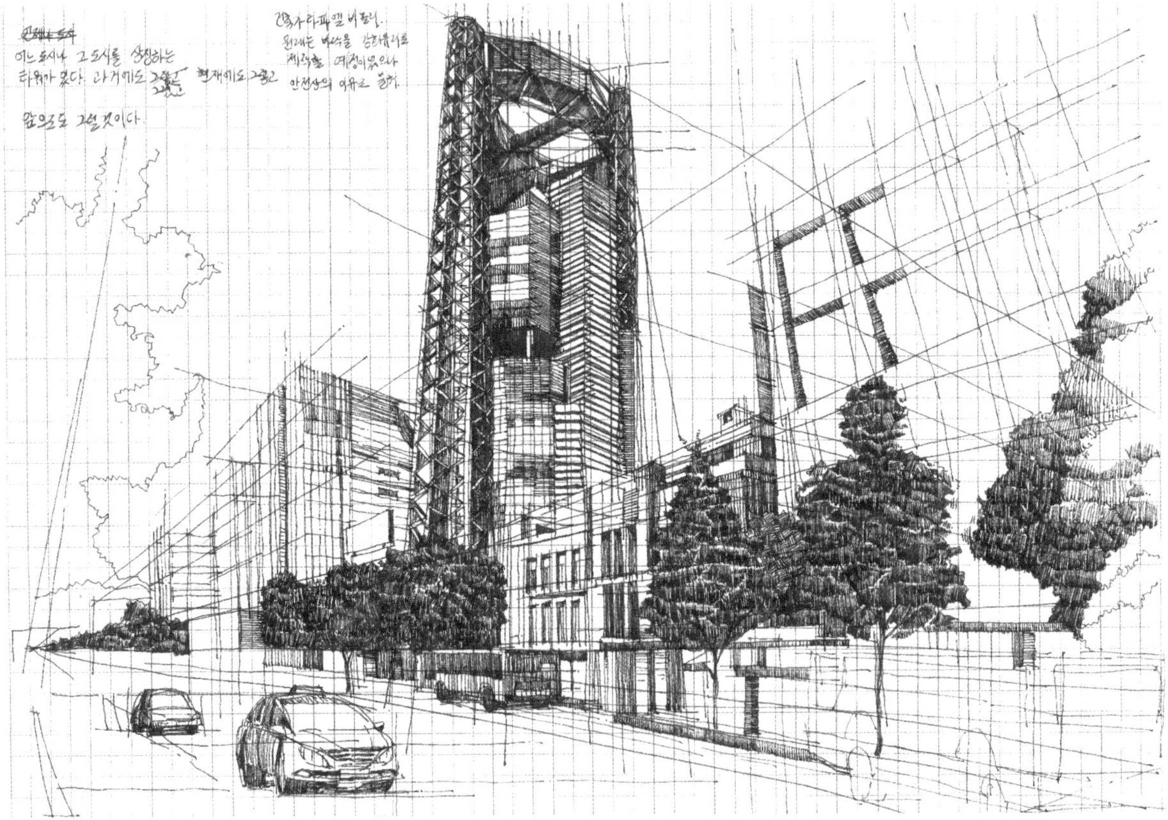

Seoul, Korea, Pelikan Blue-black

인간의 타워

도시를 상징하는 타워는 어느 도시, 어느 역사에나 있어왔다. 1612년에 지어진 코펜하겐의 원형탑, 조수 간만의 차를 고문에 사용했던 리스본의 벨렘탑, 거대한 탑이란 뜻의 카트만두 초르텐 쳄포, 이젠 두 번째로 높은 빌딩이 되어버린 타이베이의 101타워, 홍콩 야경의 주요 배경인 IFC타워, 도쿄타워와 오사카의 츠텐카쿠, 시애틀의 스페이스 니들까지.

해외여행을 해본 이들 중에 그 도시의 상징이랄 수 있는 타워 앞에서 찍은 사진 한 장 없는 이가 있을까? 나 역시 셀 수 없이 많은 도시를 여행했고 그 숫자만큼의 타워를 봐왔다. 외부에서 바라볼 때는 도시의 스카이라인을 결정하고, 내부에서는 도시 전체를 조망할 수 있는 타워는 그래서 어느 도시나 관광명소 역할을 한다. 하지만 각양각색의 모양을 가진 타워들도 들여다보면 내부에는 전망대, 레스토랑 외에 딱히 별스러운 콘텐츠가 없다.

그럼에도 지구 곳곳에서 아직도 도시의 상징으로 타워를 짓는 이유는 무엇일까. 그건 아마 도시민 누구에게나 어디에서 바라보건 그 자리를 지키고 서 있는 뭔가가 필요하다는 암묵적 동의 때문 아닐까. 신경숙의 말마따나 그 자리에 항상 같은 모습으로 곁에 있는 무언가는 인간에게 위로를 준다. 그게 사람인지 타워인지는 별로 중요치 않다. 한결같은 빛을 뿜어내며 곁에 있다고 이야기해주는 무엇이면 충분하다.

그래서 인간은 타워를 지어왔고 지금도 짓고 있으며 앞으로도 지을 것이다.

하늘로 통하는 문

높은 곳에서 내려다보는 걸 좋아하는 나는 도시를 찾을 때면 어린아이처럼 전망대를 꼭 찾아 나선다.

"저렇게 작은 곳에 사람이 살고 있긴 한 걸까?"

불과 몇 분 전 내가 그곳에서 활보하다 올라왔다는 사실은 까맣게 잊은 채 도시 전체가 실체가 아니라 모형처럼 느껴지고 삶도 덩달아 추상적으로 변한다.

어디 도시만 그럴까. 사람도 그렇다. 사람 속에 얽혀 있는 정교한 인과관계나 운명 같은 것도 얄팍하게 느껴지고 넓은 바다 위에 둥둥 떠 있는 성냥갑처럼 나약하고 불안한 존재라는 생각에 증오나 분노 같은 건 어느새 증류되고 만다.

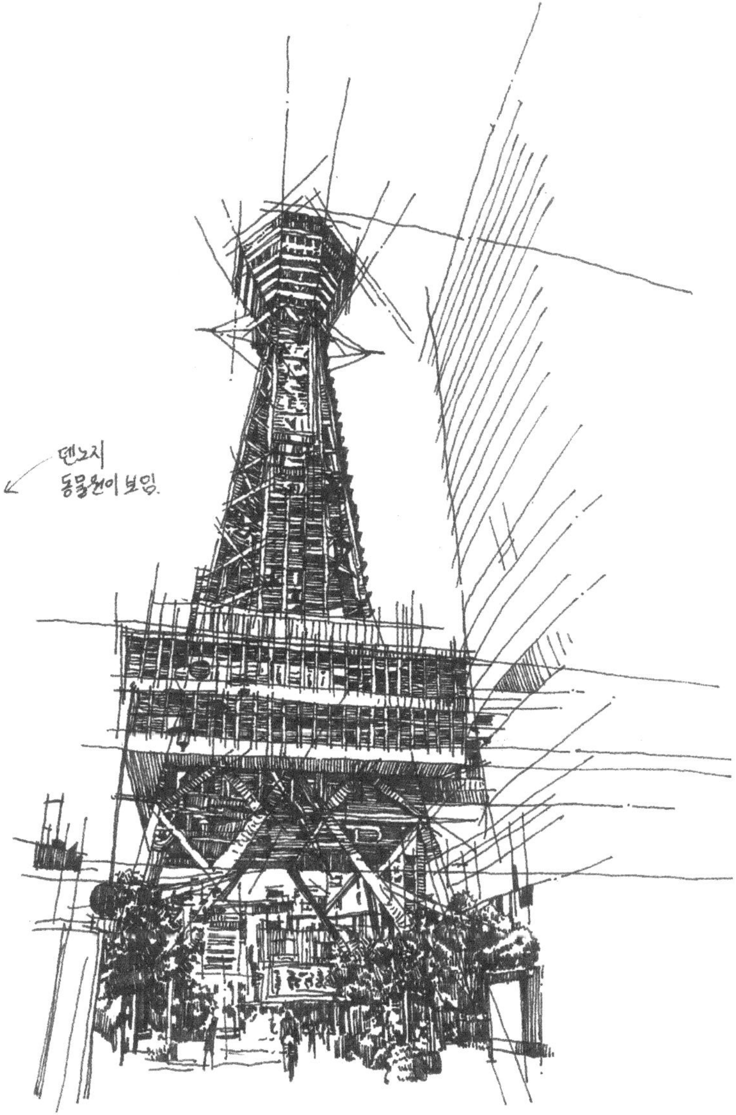

Osaka, Japan, Platinum Blue-black

2014년의 덴노지 스케치

스케치하던 당시 덴노지 역 근처는 뭔가를 크게 증축 혹은 개축하는 공사 중이었다. 휴일이라 공사하는 인부들은 없는 가운데 거대한 골조만 선인장처럼 삐죽삐죽 돋아난 모습은 마치 인간이 공사를 하고 있는 게 아니라 도시 스스로가 필요한 모습으로 변하고 있는 듯한 착각이 들 정도였다.

나는 강렬한 그 느낌과 모습을 스케치로 남겨두고 싶었다. 그런 인상을 받을 때마다 스케치를 하는 것은 비단 오사카뿐 아니라 어느 도시를 여행하건 줄곧 내 여행을 지배해온 일관된 흐름이었다. 마치 책을 읽다 마음에 드는 구절이 나오면 귀찮더라도 언더라인을 표시해두듯. 그래야만 후일 책장을 대충 훑어도 밑줄을 그을 수밖에 없었던 당시 내 결핍을 떠올리게 되는 것처럼. 여행이 끝난 후 집으로 돌아가더라도 스케치로 남겨둔 풍경은 먼 후일 많은 기억과 이야기를 떠올리게 만들 것이라 믿었던 거다.

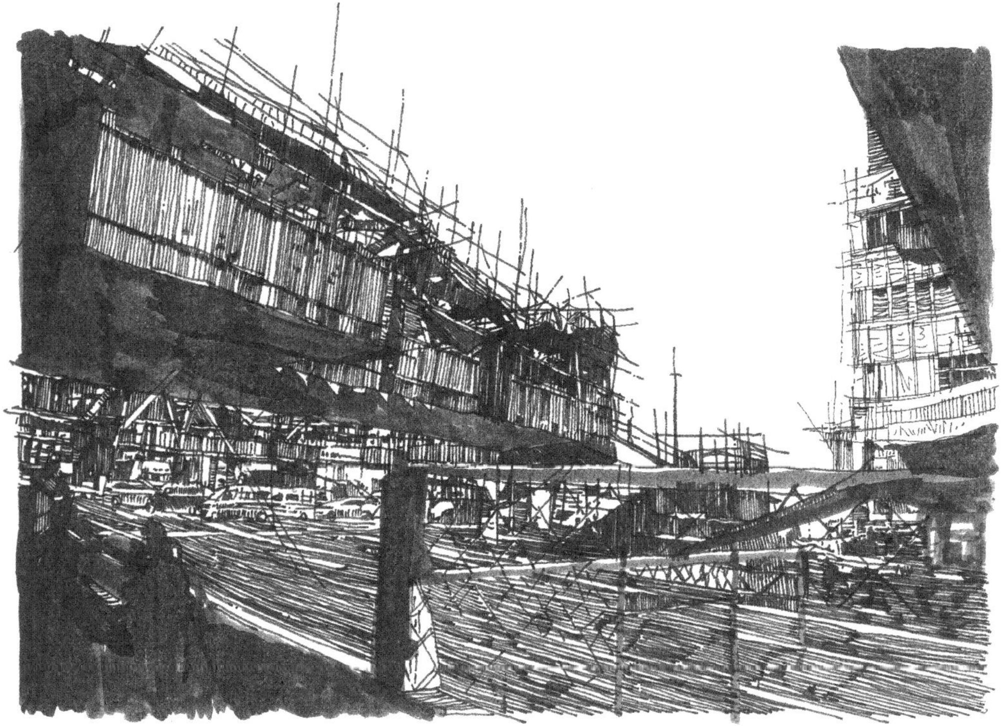

Osaka, Japan, Platinum Blue-black

두 도시 이야기

아버지와 처음 가본 외국 도시는 오사카였다. 지금부터 꼭 5년 전의 일이다.

당시 우리가 묵었던 신사이바시 호텔에서는 오사카의 도지마 강과 도심 경관이 훤히 내려다 보였다. 호텔에서 바라본 오사카는 서울과 별반 다를 게 없었다. 하지만 나는 서울과 특별히 다르지 않은 그 모습이 특별했다.

두 도시는 이상할 정도로 닮았다. 무질서한 고층건물과 특별한 조형 의지가 없어 보이는 도시 경관은 서울에서 이미 익숙해져 있던 것들이다. 조악한 중세풍 건물과 첨단의 빌딩이 계통 없이 버무려져 고유의 건축이라고는 기미조차 찾기 힘든 모습도 영락없는 서울이었다.

오사카는 근대 서양을, 서울은 식민 시절 그런 일본을 본떴기에 서울에 익숙한 나는 오사카나 동경에서도 별다른 이물감을 발견하지 못한다. 그 말은 서울이 일본의 도시에 비해 초라하고 서양의 도시에 비해서도 초라하다는 뜻이다.

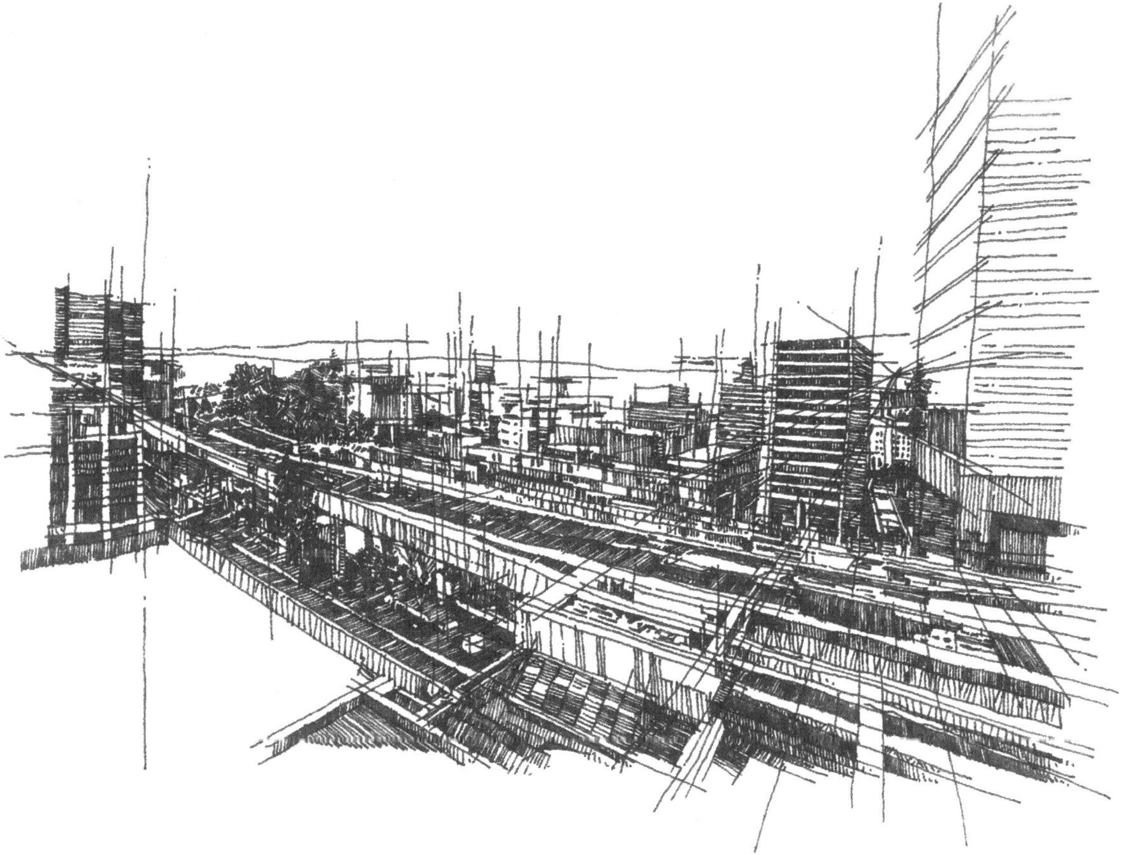

Osaka, Japan, Platinum Blue-black

고독의 중력

창경궁. 어린 정조는 이곳에서 아버지 사도세자의 죽음을 지켜보았다. 정조 나이 열한 살. 즉위 이후 경희궁에 잠시 머물렀던 때를 제외하고 정조는 생의 대부분을 창경궁에서 보냈다. 창경궁에서 태어나고 창경궁에서 죽었다.

혹자들은 그의 죽음에 여전히 의문을 제기한다. 몇 차례에 걸친 살해 위협이 있었던 건 사실이지만 불면증과 격무가 겹친 과로사였다는 게 학자들의 중론이다.

잠을 이루지 못하던 정조가 둘러본 대궐은 음전하고 낯설었을 것이다. 아버지가 할아버지에게 죽임을 당한 장소는 또 얼마나 숱하게 오고 갔을까. 부옇게 달빛이 고여 들던 자신의 방에서 느꼈던 섬뜩함을 온전히 이해해줄 이는 궁 안에 없었다.

나는 평소 주변 사람들에게 농반진반으로 정조를 죽인 것은 고독이라 말하곤 했다. 아닌 게 아니라 가끔 창경궁을 거닐다 보면 그 큰 공간에서 정조가 느꼈을 고독이 전해 올 때가 있다. 그럴 때면 고독이란 것이 우리 삶의 추상적 인식이 아닌 밀도와 관련된 물질이란 생각이 들었다. 암흑처럼 볼 수 없고 만질 수도 없지만 우리 삶에 분명하고 끝없이 중력을 행사하는 어떤 것 말이다.

사람들은 특정 순간의 소외나 결핍이 고독을 야기한다고 생각하지만 고독은 언제나 우리 삶을 짓누르고 있다. 정조는 그 중력을 극복하지 못했던 게 아닐까.

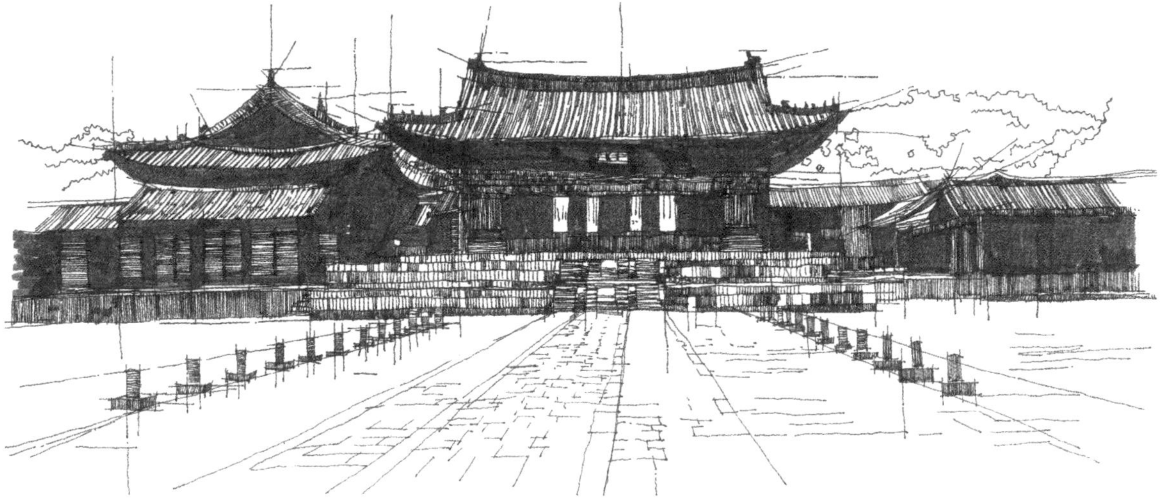

Seoul, Korea, Platinum Blue-black

갑자원의 여름

매년 8월 4천여 개 일본 고교 야구팀이 격돌하는 전국고교야구대회. 한신 타이거즈의 홈구장 갑자원에서 펼쳐지는 경기라 하여 갑자원이라 불리기 시작했다. 치열한 예선을 통과한 49개 팀만이 본선 갑자원의 흙을 밟을 수 있는데 지역 예선 포함 10연승을 이뤄야 최종 우승 트로피를 들 수 있는 그야말로 벼랑 끝 승부다.

한 번이라도 지면 끝장인 녹아웃knockout 승부 방식 때문에 참가 고교생들에겐 대학 진학이나 프로 입단보다 더 힘든 것이 갑자원 우승이다. 때문에 패배한 아이들은 '갑자원 흙과 함께 평생 잊지 못할 여름'을 품고 돌아가는 데 더 큰 의미를 두기도 한다.

"고등학생의 여름은 세 번뿐이다. 잊지 못할 여름을 만들자."

갑자원을 주최하는 아사히 TV의 광고 카피다.

행복을 언제나 내일로 유예하고 평생을 살 것처럼 굴다 보니, 여름을 그저 매년 찾아오고 찾아올 때마다 똑같다 여기게 됐는진 모르겠지만, 올해 여름은 올해가 마지막이다.

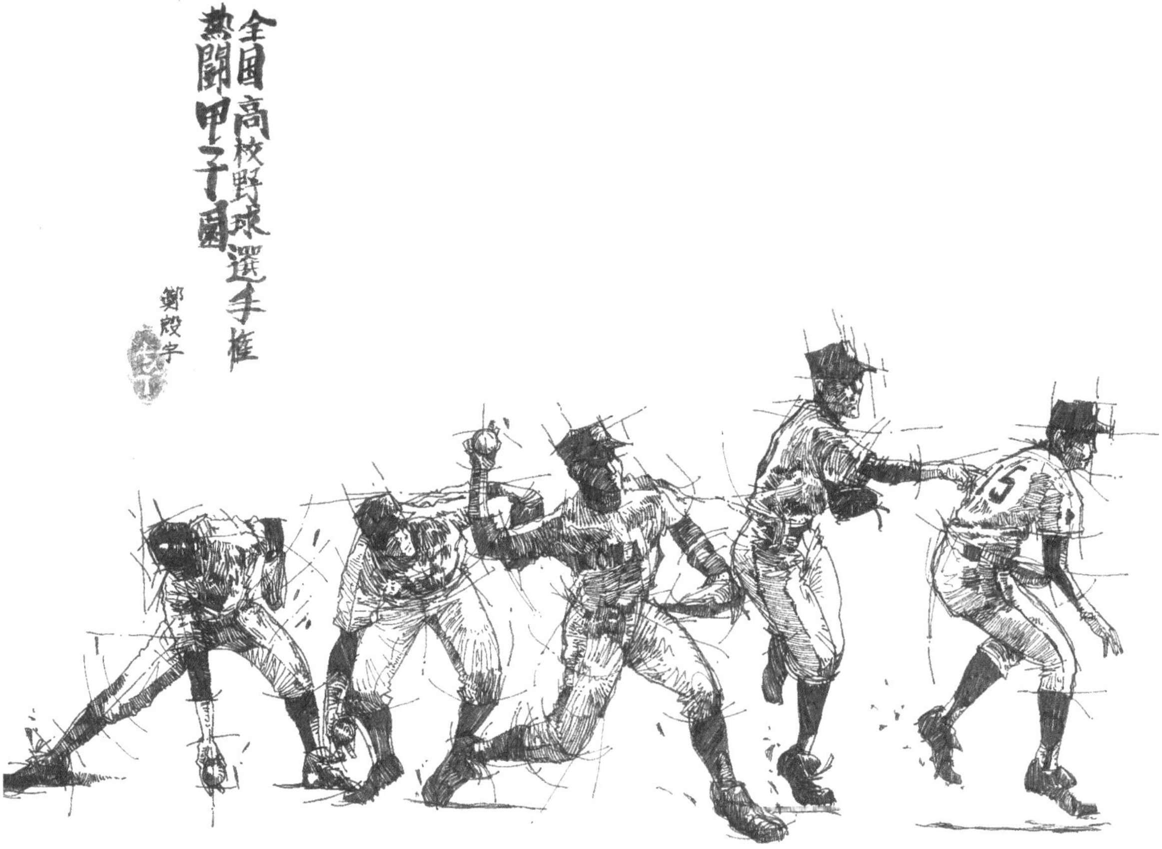
全国高校野球選手権
熱闘甲子園
鄭殷宇

아야소피아 성당

신이 떠나는 순간 종교 건축은 생명을 잃는다. 인류사에 등장했던 숱한 정복자들이 정복과 동시에 그 도시의 가장 큰 종교 건물부터 파괴했던 것은 정복자 특유의 유별난 폭력성 때문이기도 하지만, 그보다는 '신성한 것은 유랑하지 않고 특별한 장소에 정주한다'는 당시의 보편적 믿음 탓이 더 컸다.

역사의 지진이라 불리는 '콘스탄티노플 함락' 당시 술탄 메흐메드 2세가 가장 먼저 달려간 곳 역시 아야소피아 대성당이었다. 하지만 성당의 규모와 아름다움에 반한 술탄은 성당을 차마 파괴하지 못하고 대신 주변에 첨탑을 세우고 성화를 회칠하는 방법 등으로 모스크화해버린다.

제1차 세계대전 이후 수립된 터키공화국은 아야소피아를 '인류의 공동 유산'으로 지정한 후 종교적 목적으로의 사용을 일절 금지했다. 지금은 성당도 모스크도 아닌 박물관으로 운영하고 있는데 이는 주변 기독교 국가와의 외교 갈등을 최소화하면서 무슬림이 절대다수를 차지하는 국민을 설득할 수 있는 나름의 대안이었다. 다만 유럽의 성당들이나 한국의 고 사찰들이 여전히 종교 의식을 치르는 덕분에 공간을 살아 숨 쉬게 만든다는 점을 떠올려보면 박물관이 되어버린 아야 소피아의 지금 모습은 박제된 역사로 어정쩡하게 다가오는 것이 사실이다.

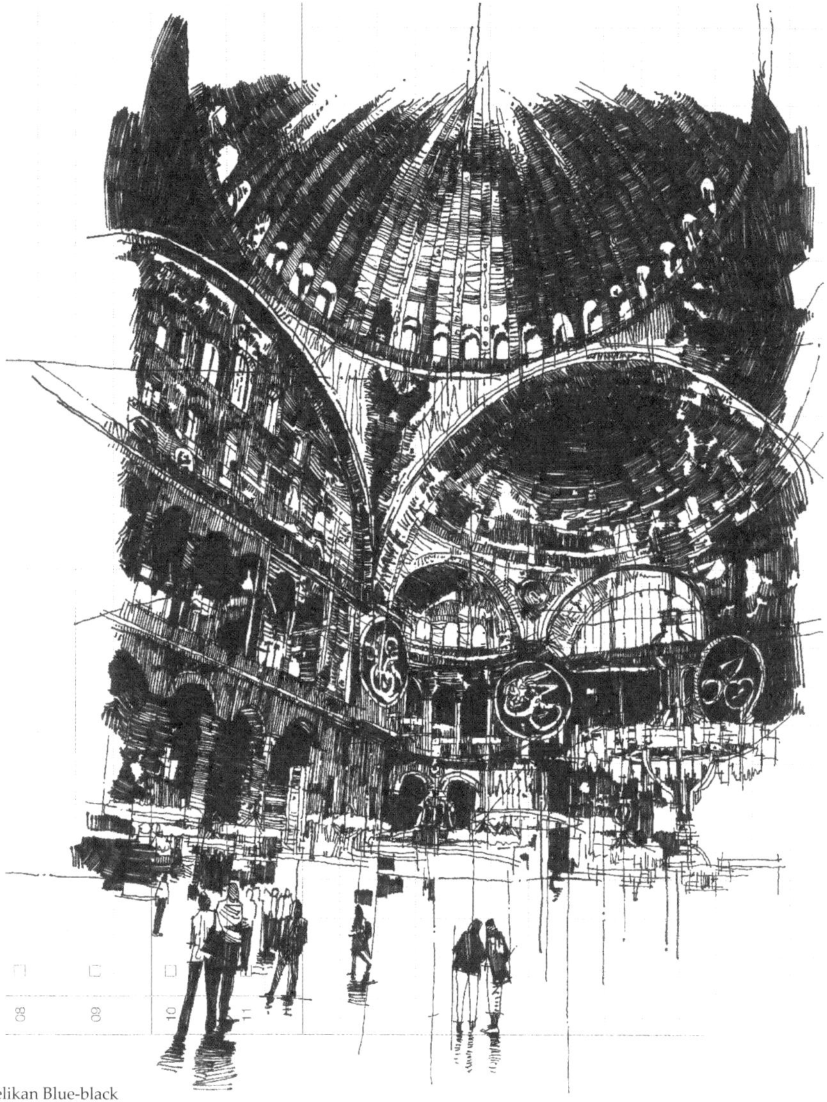

Istanbul, Turkey, Pelikan Blue-black

조직의 편에 서서 개인이 제기하는 불만을 무력화하거나 비판 그 자체가 지닌 가치를 조롱할 목적으로 흔히 '절이 싫으면 중이 떠나라'는 말을 내뱉곤 한다. 하나만 알고 둘은 모르는 소리다. 절이 싫으면 중이 떠날 수도 있지만 중이 모두 떠나버린 절도 더는 절일 수 없다. 믿으며 사랑하는 이들이 없는 공간에 신 역시 거처하지 않는 것처럼.

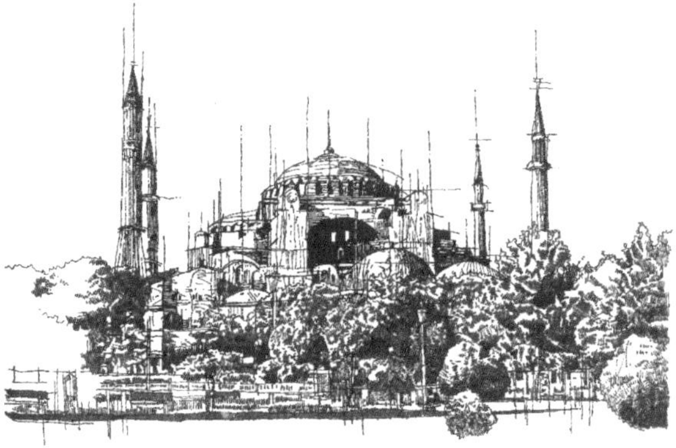

인도는 없다

헐리고 휘어졌던 마음이 기워지고 다시 설 것이란 기대로 부러 시간을 내 찾아가는 여행지 중 하나가 인도다. 하지만 안타깝게도 '그런' 인도는 없다. 비교적 다양한 나라를 돌아다닌 내게 가장 세속적인 국가를 꼽으라면 오히려 인도를 들고 싶을 정도다. 그들은 공식적으로 계급이 사라졌다고 했지만 자신은 그래도 브라만이라며 상징인 금목걸이를 보여주기도 했고, 비틀즈가 사랑했던 명상의 도시 리쉬케쉬는 명상이 일종의 패키지 상품이 되어 있었다.

물론 그런 오해는 인도나 인도인의 잘못이 아니다. 인도의 오랜 식민 역사나 실제 삶은 아랑곳 않고, 빠르게 산업화되어버린 우리의 대안 또는 잃어버린 마음의 고향으로 인도를 규정한 우리 탓이다.

하지만 인도인도 우리와 같은 고민과 욕망으로 일상을 살아간다.

언급한 대로 세속으로 치자면 인도 같은 국가도 드물 정도다. 에드워드 사이드의 말마따나 우리 안에 만들어진 오리엔탈리즘이 너무 과하다. 그나마도 서양인이 만들어놓은 환상이란 점에서 복제된 오리엔탈리즘이다. 가짜를 또 복제한 가짜 이미지이다 보니 조악할 대로 조악해졌다.

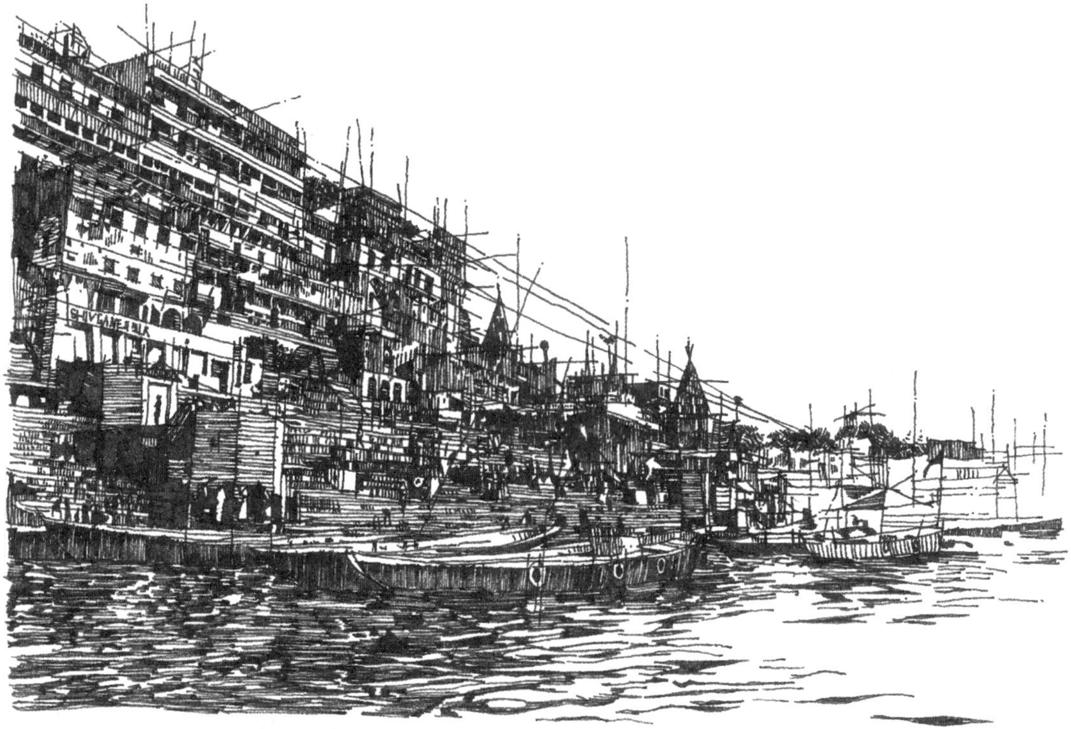

Varanasi, India, Pelikan Blue-black

이코노미석에 불편하게 몸을 구겨 넣고 열 시간 넘게 날아가 확인한다는 게 고작 우리나 인도나 사는 건 다 똑같다는 사실이 억울해서일까.

여전히 많은 이들이 지나친 명상과 철학을 인도에 덧댄다.

하지만 인도엔 그런 게 없다.

인도를 처음 여행했던 게 2005년이다. 당시 '한국에 모든 걸 내려놓고 왔다'며 짐짓 수행자연하던 젊은 여행자의 배낭 속에서 양반김과 동원참치가 나올 때 얼마나 속으로 웃었던가.

피사의 두오모 성당과 천재 화가 마사초

그 유명한 피사의 사탑은 피사 두오모에 딸린 종탑이다. 많은 관광객이 사탑 앞에서 '인증 샷'을 찍은 후 성당 주변만 대략 일별하고 돌아서지만 기왕 큰맘 먹고 나선 피사 여행이라면 놓치지 말아야 할 것은 따로 있다.

성당 내부에 그려진 르네상스 천재 화가 마사초의 중앙 제단화가 그렇다. 마사초의 작품을 보게 된다면 종탑은 그야말로 '부록' 수준으로 전락하고 만다.

유럽 최초로 선원근법이 적용된 〈성 삼위일체〉, 미켈란젤로가 10대 소년 시절 따라 그리며 공부했다는 〈세금을 바치는 예수〉, 르네상스 정신을 가장 잘 살린 〈세례를 베푸는 성 베드로〉 등 미술사에 길이 남을 수많은 작품들이 모두 마사초의 손에서 탄생했다. 요컨대 마사초는 르네상스를 넘어 서양미술사의 방향 전체를 결정지은 인물이었던 것이다.

열아홉에 작품 활동을 시작한 마사초는 스물일곱 젊은 나이에 그의 실력을 시기하던 동료 화가들에 의해 독살당하고 만다. 도제 사상이 엄격해 웬만한 실력의 화가들은 입문조차 못했던 르네상스 시대였으니 그를 시기했던 동료들의 실력도 분명 만만치는 않았을 것이다. 하지만 따라잡을 수 없는 천재의 위대함을 알아버리는 것이 수재의 비극임을 어쩌랴.

천재를 시기하는 수재와 그런 수재에게 죽임을 당하는 천재의 이야기는 동서고금을 막

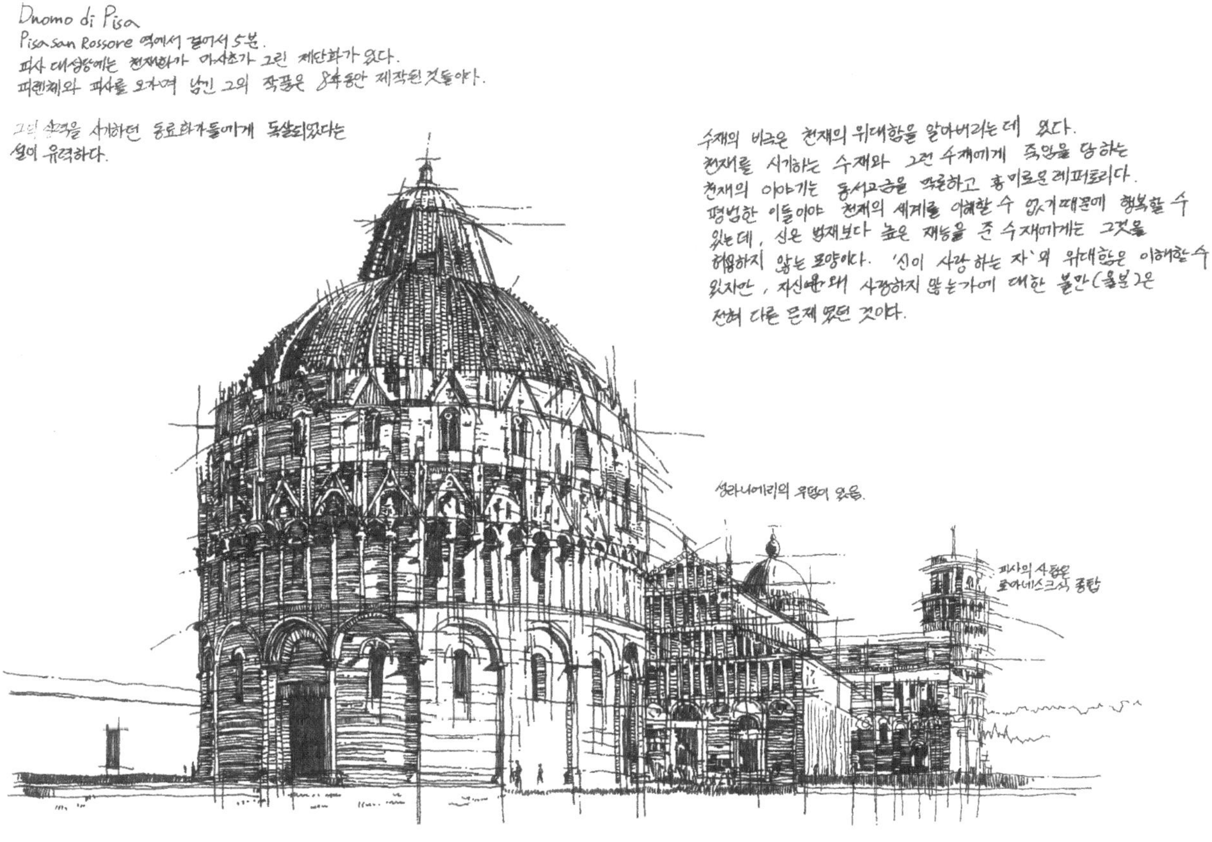

Pisa, Italy, Waterman Blue-black

론하고 늘 보아오던 클리셰라 별스러울 것도 없지만, 신神이 전부였던 중세시대에 신에게 선택받지 못했다는 자괴감은 꽤 심각한 문제 아니었을까. 평범한 이들이야 천재의 세계를 이해할 수 없기 때문에 그저 감상하고 행복해하는 것으로 만족하지만, 평범한 이들보다 약간 뛰어날 뿐인 수재들에게 신은 그런 여유로운 행복을 허락하지 않는다.

수재에게 '신이 사랑하는 천재'의 위대함은 이해할 만한 일이었지만, '신에게 사랑받지 못하는 자신'에 대한 울분은 전혀 다른 문제였던 것이다.

베드로 산책

바티칸 시국의 성 베드로 성당을 여행해본 이들이라면 누구나 성당 북측에 놓인 베드로 조각상을 보았을 것이다. 그리고 이제는 너무 쓰다듬어 코흘리개의 소맷자락만큼이나 반드러워진 조각상의 발과 그런 발을 쓰다듬고 입 맞추기 위해 여전히 줄 서 있는 순례자들의 모습도.

베드로는 '바위'라는 뜻이다. 하지만 은은하게 내리쬐는 햇빛 아래 앉아 있는 베드로상은 바위처럼 차갑기는커녕 이교도와 무신론자의 손길도 환영할 만큼 자애로워 보인다. 저 검은 청동 조각상의 발등에 입을 맞추면 뭐라도 참회하게 될 것만 같다.

베드로의 공간 중 인상 깊은 곳은 이웃 나라 프랑스에도 존재한다. 불어로 '생 피에르'인 성 베드로는 프랑스에서 성당이 아닌 교도소의 이름으로 쓰이고 있다. 교도소 이름치곤 참 자애롭다 느껴지지만, 수많은 죄수들이 생 피에르 교도소 앞에서 단두대로 공개 처형당한 걸 생각하면 죄수들에게 성 베드로란 분명 모골이 송연해지는 이름이었을 것이다.

교도소 건물에 본의 아니게 이름이 붙어 맘이 심란했을지 모를 베드로를 위해 한 가지 변명해주고 싶은 건 있다. 성 베드로 교도소가 프랑스에서 마지막으로 공개 처형이 집행된 곳이란 점이다.

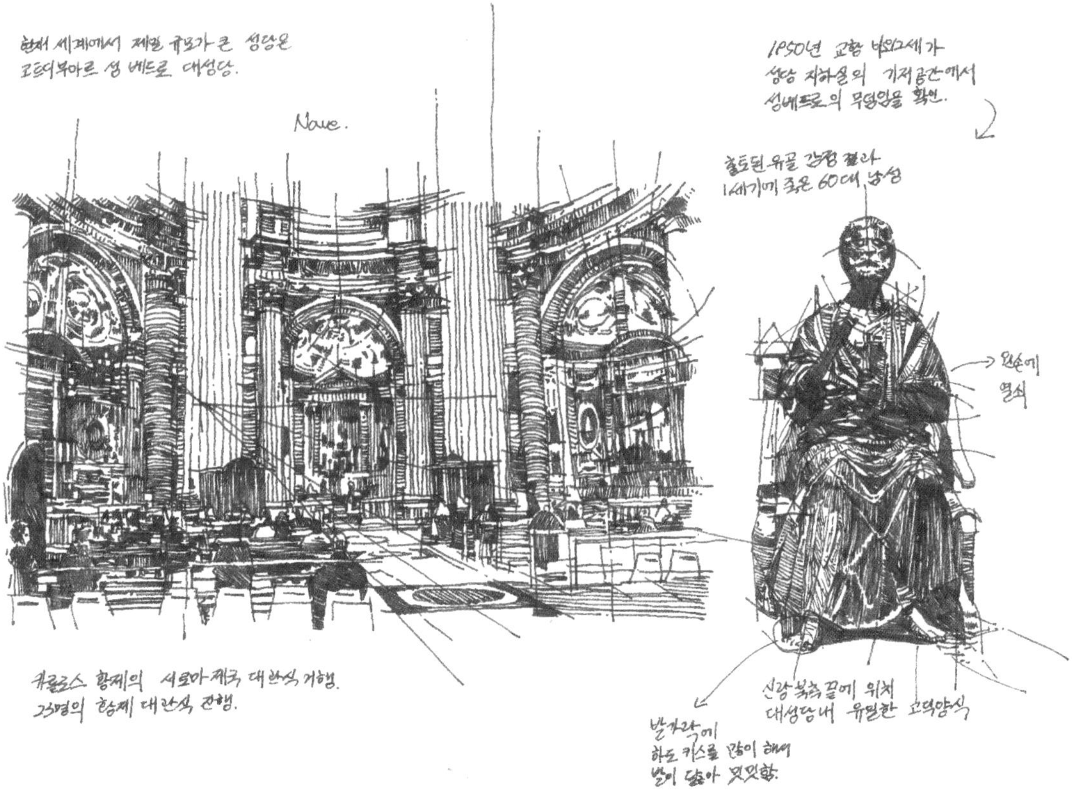

Vatican, Waterman Blue-black

마지막 공개 처형 이후 프랑스에서는 본격적으로 사형의 잔혹성과 무용론에 대한 논의가 일어났고, 50년이 지난 1981년 미테랑 정부 시절 결국 사형 제도를 폐지했다. 재밌는 것은 당시 다수의 프랑스 국민이 여전히 사형 제도에 찬성했다는 사실이다. 하지만 지금은 사형 제도의 부활을 주장하는 이가 있긴 해도 그때보다는 그 수가 훨씬 적다.

동서고금을 막론하고 역사에 획을 그은 정치가들은 언제나 시대의 보편적 정서에 반함에도 인류의 진일보를 위해 용감한 결심을 하는 경우가 많다. 이게 예수가 베드로에게 가르친 '사람 낚는 어부가 되는 법'인지도 모르겠다.

도쿄의 혼돈

도쿄의 혼돈은 소용돌이치고 있을 뿐 아니라
그 소용돌이가 흐르기도 하는 모양이다.
건방지다고 여길 정도의 주장을 하지 않으면
자신의 존재는 아무도 인정해주지 않고
손을 잡을 곳은 물론이고 발붙일 곳도 없이 휩쓸려 떠내려갈 것이다.

_아사다 지로의 〈인섹트〉 중에서

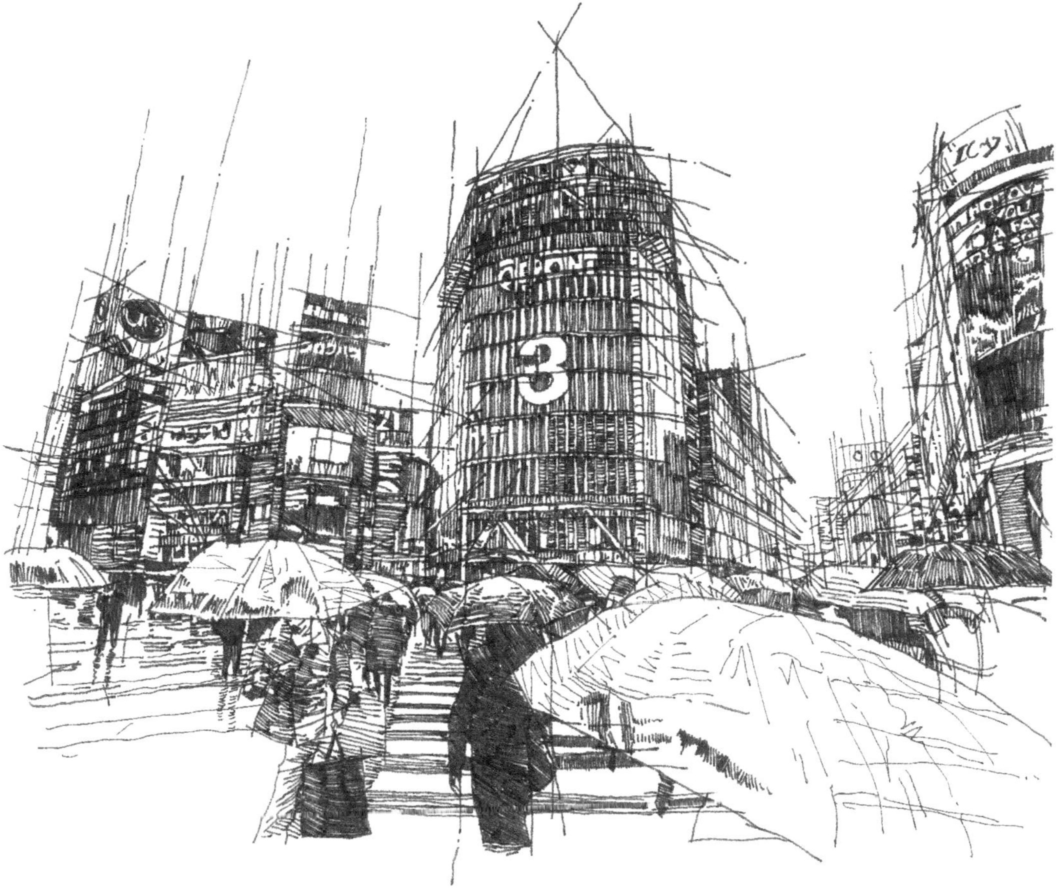

Tokyo, Japan, Waterman Blue-black

공동의 기억

코트다쥐르는 쪽빛 바다를 뜻하는 프랑스어로 칸 - 니스 - 모나코를 잇는 프랑스 남부 해변 일대를 말한다. 아름다운 풍광에 취해 샤갈과 마티스가 만년을 보낸 곳이기도 하다.

모나코의 성 니콜라스 성당에서는 모나코 전경과 코트다쥐르가 한눈에 내려다 보인다. 성당이 높게 위치한 탓도 있겠지만 모나코가 너무 작은 탓이 더 크다. 이곳에서 왕세자와 그레이스 켈리가 결혼했고, 지금은 나란히 묻혀 있다. 모나코 사람들에게 성 니콜라스 성당은 '우리 모나코에 거룩하고 아름다운 사랑이 있었다'는 믿음을 주는 공동의 기억이다.

신성한 것은 유랑하지 않고 머문다.

공동의 기억이 없이 공동체도 존재할 수 없는 법인데, 유럽의 성당은 그 기능을 한다.

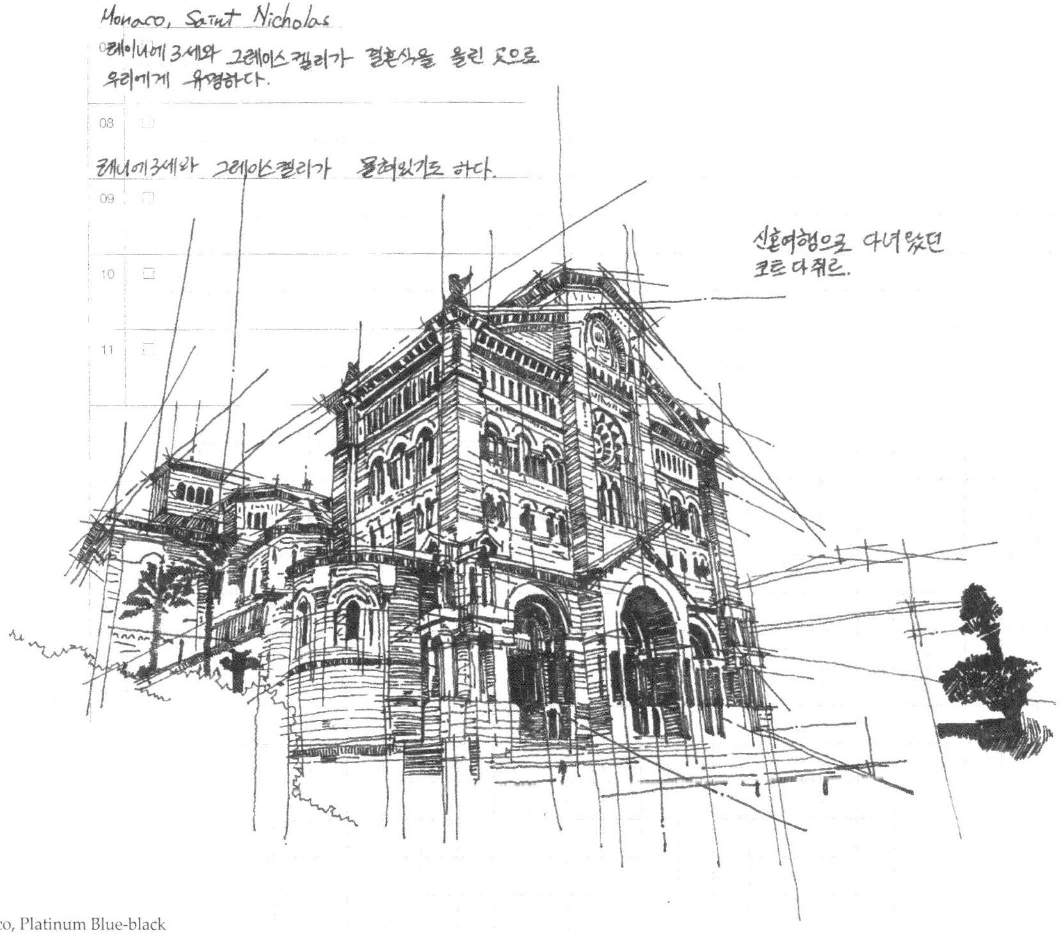

Monaco, Platinum Blue-black

데드라인

유럽의 역사적 건축물 대부분이 완공까지의 데드라인이란 게 없었다.

당시 유럽인들에게 건축이란 마감 시간에 맞춰 부랴부랴 제출해야 하는 대학생들의 과제가 아니었다. 당시 건축은 설계자가 평생에 걸쳐도 완성하지 못하는 숙명에 가까웠고, 그래서 시작은 본인이 했으되 마무리는 언제나 다음 세대 누군가의 몫인 경우가 많았다.

이런 생각을 하고 있노라면, 당시의 건축가들이 한없이 부러워진다. 나 역시 혼자의 힘만으론 버거운 무언가를 다른 누군가 완성해주면 얼마나 좋을까, 하는 생각을 안 해본 게 아니므로. (아니, 하루가 멀다 하고 한다. 뻔뻔하기도 하지.)

시작은 했지만 마무리가 안 되고 있는 일 때문에 하는 말이 절대 아니다!

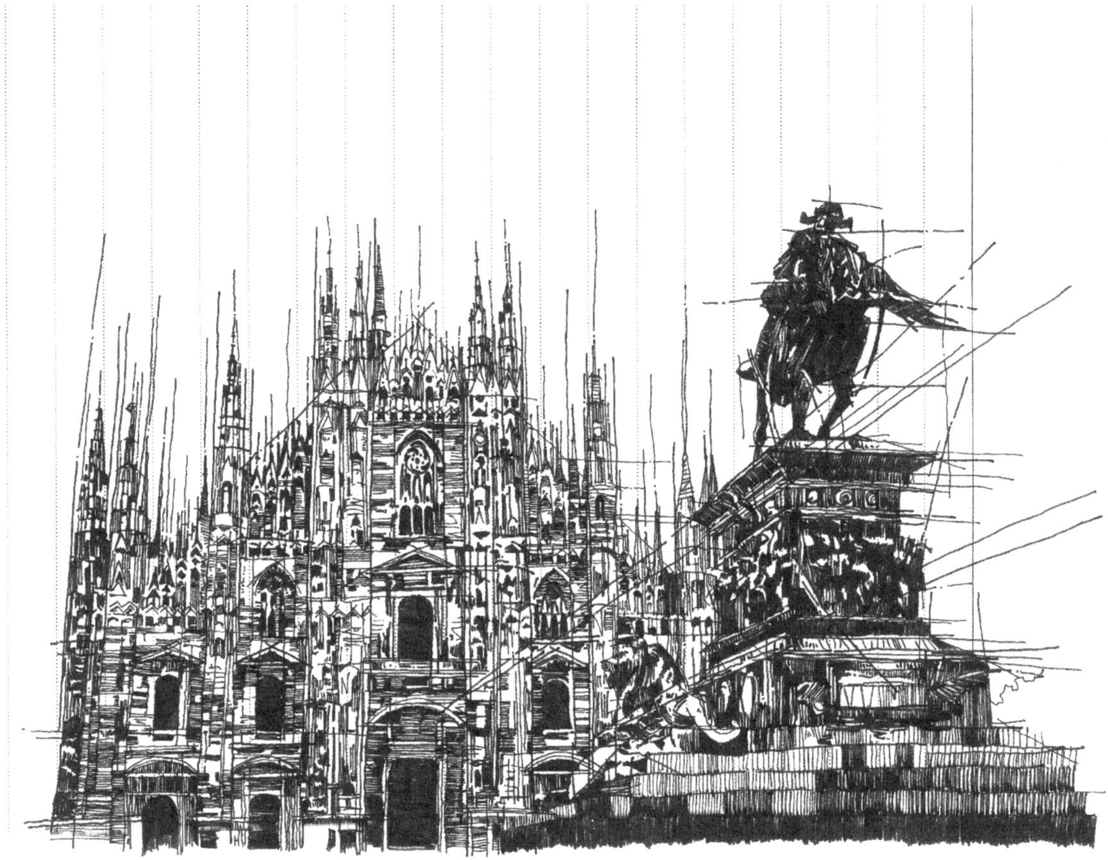

Milano, Italy, Platinum Blue-black

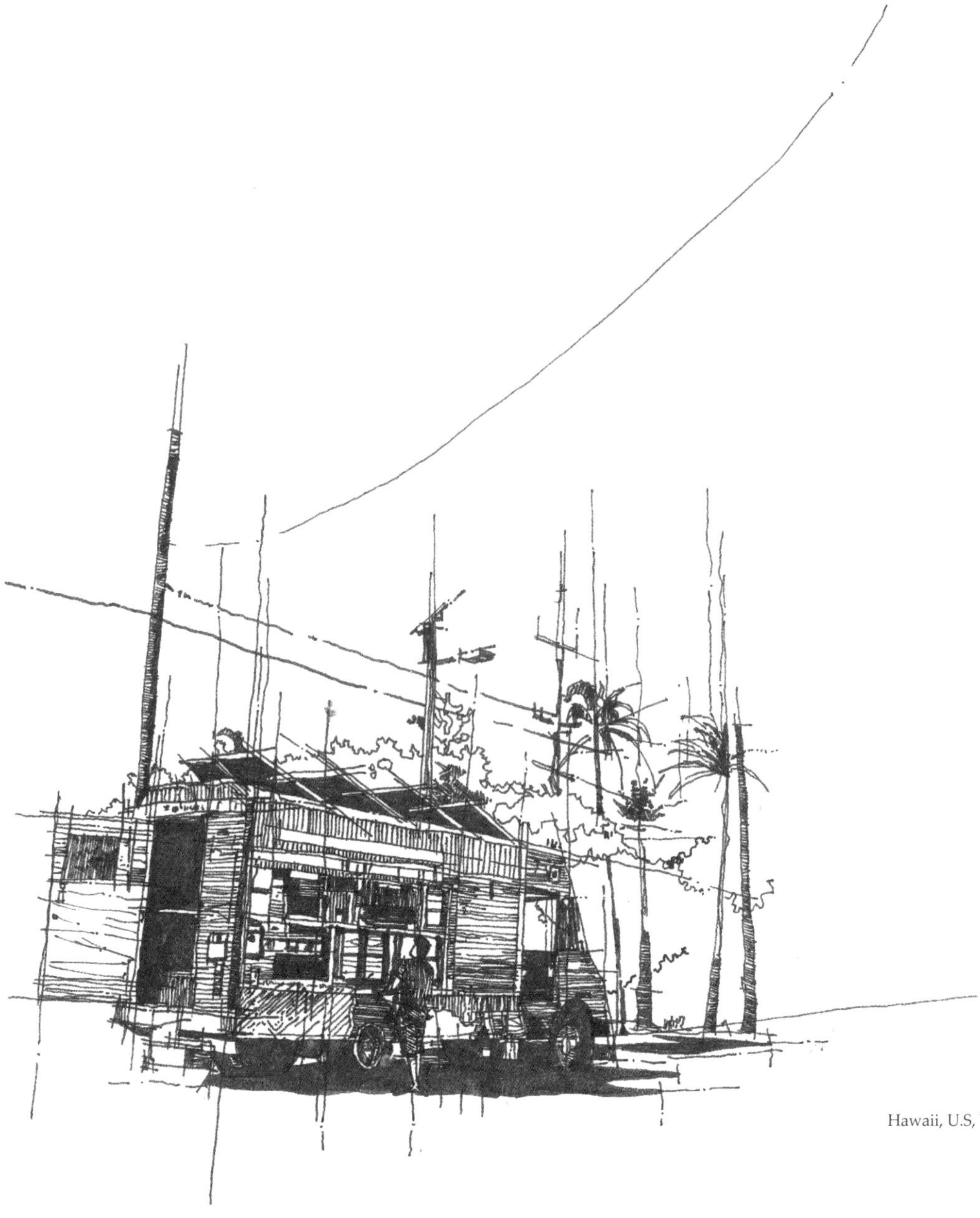

Hawaii, U.S, Waterman Blue-black

하와이 푸드 트럭

올해 초 하와이에 다녀왔다. 그곳에서 안식월을 보내고 있던 처를 만나기 위해서였다.

우리는 호놀룰루에서 만나 곧장 마우이 섬으로 날아갔다. 처는 그새 하와이 지리에 밝아 구석구석을 잘 안내해주었다. 마우이 북부 하이쿠 해변에서 바다거북과 며칠을 보내다 보니 (정말 해변에 바다거북들이 둥둥 헤엄쳐 다닌다.) 어느덧 돌아갈 날이었다.

우리는 마우이에서의 마지막 점심을 호텔 근처 푸드 트럭에서 했다. 푸드 트럭에서는 베트남 음식을 팔고 있었다. 한국인 부부가 태평양 한복판까지 날아가 바다거북을 보다 말고 푸드 트럭에서 베트남 음식을 먹는다. 한국인 부부, 하와이 바다거북, 베트남 음식. 여행의 매력은 이처럼 평생 만날 일 없는 것들의 공교로운 만남에서 온다.

우리는 주차장 화단에 함부로 앉아 베트남식 닭고기덮밥 '껌가'와 베트남 햄버거 '반미'를 먹었다. 선선한 바람이 눈앞의 야자수 잎사귀와 곁에 앉은 처의 귀밑머리를 날리고 있었다. 객관적으로 기막힌 맛은 아니었지만 다시 없을 것 같은 풍경에 맛은 아무래도 상관없었다.

귀국 후, 그 맛이 그리워 여기저기 소문난 베트남 음식점을 찾아다녔는데 그런 맛을 내는 식당을 발견하지 못했다. 아마 영원히 그 맛을 만나지 못할 것이다.

내가 먹고 싶은 건 추억이지 그 맛이 아니란 걸 나도 이제 잘 안다.

정갈한 필기감
워터맨 헤미스피어
Waterman Hemisphere

딱히 여행 중에 대단한 집필 활동을 하는 것도 아니건만 언제나 만년필과 잉크는 신주단지 모시듯 챙겨 간다. 출입국신고서나 세관신고서도 꼬박꼬박 만년필로 쓰는 것은 물론 여행 중 읽는 책에 밑줄을 긋거나 각주를 달고 조각보 같은 독후감을 써 내려갈 때 만년필의 쾌감은 꼭 필요하긴 하다. 문제는 정신없이 다니다 보면 이 만년필의 존재를 까맣게 잊을 때가 있는데 결국 쿠바 여행에서 아끼던 펠리칸 만년필을 잊어버리고 말았다.

사람 심리란 것이 그런 모양이다. 어렵거나 힘든 일을 하는 것보다 세상에서 더 하기 싫은 일은 '했던 일을 또 하는 일' 아니겠는가. 이렇게 된 것은 혹시 다른 만년필을 한번 써보라는 신의 계시가 아닐까 하는 말도 안 되는(!) 합리화로 기존의 만년필과 비슷한 퀄리티의 만년필을 한국에서 찾아 나섰다.

선택의 기준은 간단했다. 잃어버린 펠리칸 닙 정도의 필기감을 확보할 것. 물론 그보다 저렴할 것. 디자인은 욕심 많은 사장님처럼 뚱뚱하지 않고 슬림할 것, 하지만 무게감은 적당히 있어 싸구려라는 느낌이 들면 곤란!

온·오프라인을 넘나들며 비슷한 가격대의 거의 모든 만년필을 섭렵했다. 하지만 말이 쉽지 그런 요구사항을 충족시키는 맘에 꼭 드는 만년필 찾기는 멀기만 해 보였다. 시간이 지날수록 내 머릿속은 만년필로 가득 찼다. 이런 집착이 때론 삶을 불편하게도 즐겁게도 만드는데, 일에 있어서는 꽤 괜찮은 습성이지만 소유에 있어서는 피곤한 천성이다.

그러다 어느 지인의 추천으로 워터맨 헤미스피어를 알게 됐다. 책이든 뭐든 결국 선학의 가르침을 따르는 게 장땡이라는 판단에서였다. 현장에서 몇 번 사용해본 10만 원 내외의 저렴한(?) 이 만년필은 그야말로 완벽했다. 이런 걸 두고 사

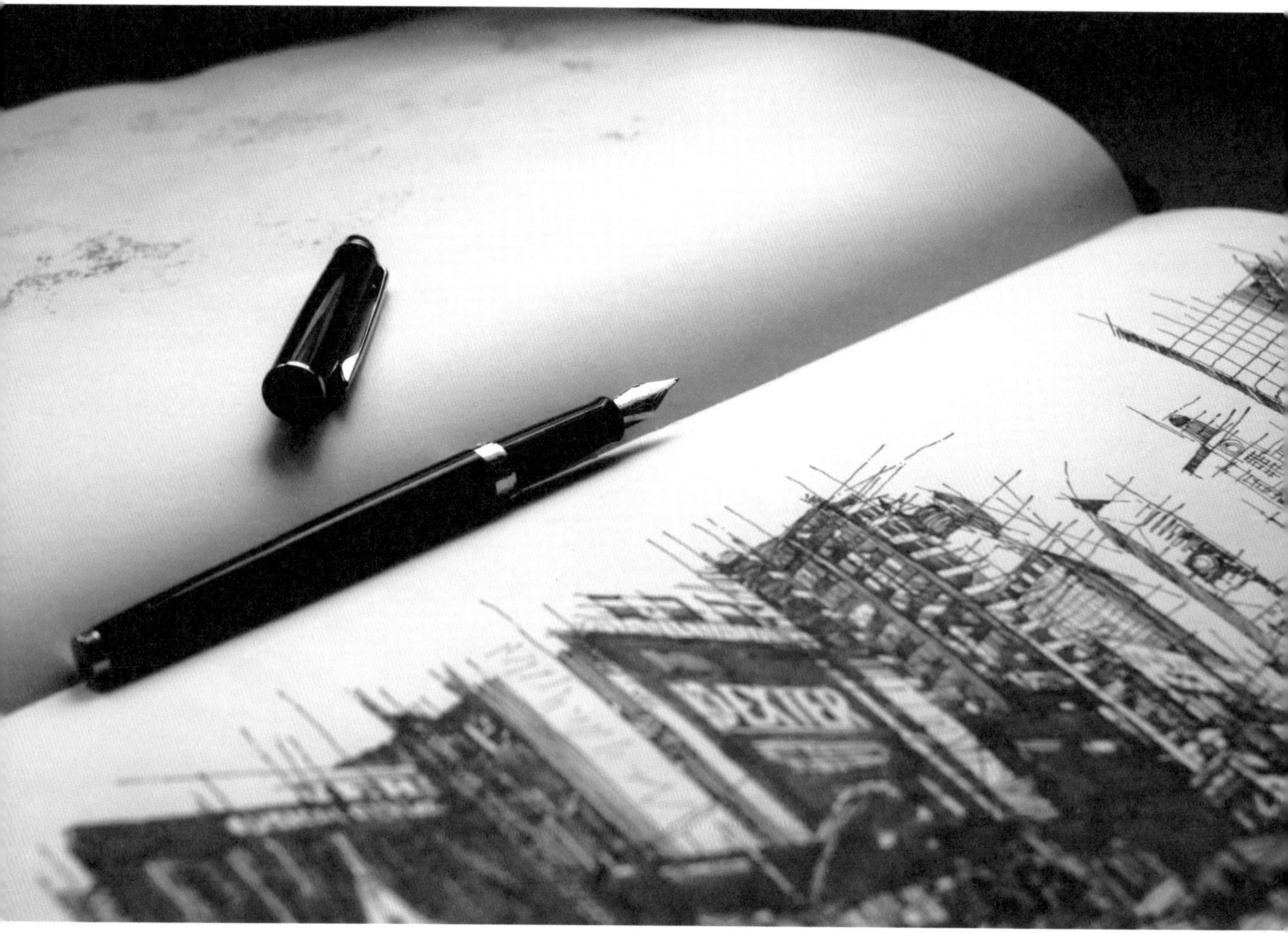

람들이 가성비[가격 대비 성능]라고 하는구나 싶었다. 나보다 먼저 이 제품을 써본 이들의 '간증'을 블로그를 통해 확인하니 그야말로 칭찬 일색인데 그 어느 것도 입에 발린 소리가 아닌 것 같았다! 이럴 수가!

스테인리스 스틸 재질의 닙은 날카롭지만 부드러웠다. 헤미스피어의 상징은 반구형 탭 버튼 디자인인데 부드러우면서도 깔끔하고 정갈한 필기감이 그 모양새와 그렇게 잘 어울릴 수가 없었다.

워터맨의 좋은 제품은 기백만 원을 호가하기도 한다. 지금보다 스테이셔너리에 더 미쳐 있던 예전의 나라면 유로 빚을 내서라도 샀을 것이다. 하지만 다행히 이젠 아니다. 나이를 먹으며 욕망의 밸브가 조금은 제어 가능해졌다. 좋은 제품은 너무 많고 내 지갑은 얇다. 그래도 좋은 제품을 갖고픈 욕구를 이기지 못해 오늘도 지갑은 열린다.

좋은 제품은 워터맨 헤미스피어처럼 끝없이 진화하며, 진화된 기술력으로 나를 시험에 빠지게 한다. 백전백패다. 한 번 마주친 좋은 물건은 언젠가 내 손에 들려 있기 마련이다. 부자 되기 힘들지도 모른다. 하지만 이런 소소하고 자잘한 인간적인 재미까지 포기해가며 부자가 되고 싶은 맘도 없다.

펠리칸 4001 로열블루

Pelikan Tinte 4001 Royal-blue

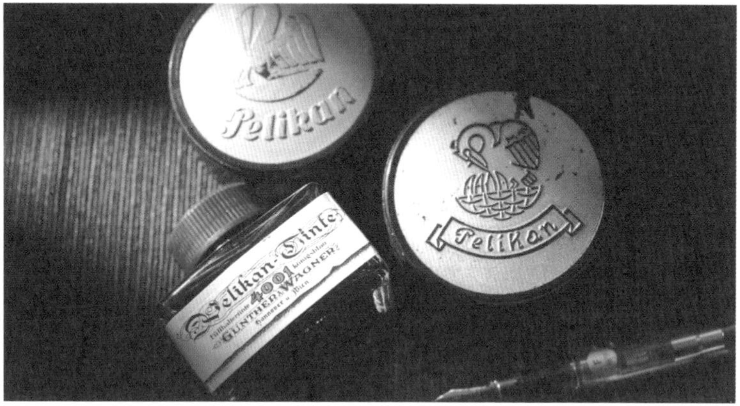

필기를 하다 보니 다양한 잉크 컬렉션이 취미 아닌 취미가 된다. 다양한 색상의 잉크를 만난다는 것은 그저 다른 색깔의 필기구를 쓴다는 느낌 이상이다. 지금껏 필름으로 사진을 찍는 사람들은 한결같이 각각의 고유한 필름들이 보여주는 특질을 잊지 못해서 그렇다고들 한다. 만년필 잉크도 필름 마니아들이 필름에 열광하는 이유와 크게 다르지 않다.

펠리칸의 잉크는 물에 강하고 특히 보존성이 강하다. 이것은 펠리칸 만년필이 플런저plunger 타입임을 감안했을 때 당연히 요구되는 특성이다. 보존성과 더불어 저장 용량도 타의 추종을 불허하니, 펠리칸의 만년필이 왜 고시용 만년필로 불리는지 충분히 알 수다. 하지만 명품은 그런 곁가지 특성을 만족한다고 완성되지 않는다. 좋은 제품이란 본질에 충실한 것들이다.

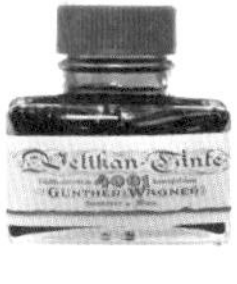

잉크의 우수성을 판단하는 기준은 색상과 흐름이다. 얼마나 명징한 색상을 가지고 있는가. 얼마나 닙에서 부드럽게 흘러내리는가. 역시 좋은 것들의 공통점은

기본에 충실하다는 데 있다. 좋은 제품은 사람을 가르치고 때론 삶의 해답을 준다는 말이 누군가의 실언이 아닌 것이다.

4001 잉크는 필기에 가장 최적화된 잉크라 해도 과언이 아닐 정도로 훌륭하다. 무수타닌산과 갈륨타닌산이라는 잉크의 필수 요소가 황금 비율로 섞여 있어서 시간이 지날수록 만년필의 색상이 신비로워진다. 만년필의 색상이 시간이 지날수록 그윽해지는 이유는 그 잉크가 가지는 고유한 산화작용 때문인데 이것 때문에 만년필을 즐기는 사람도 주변에 많다.

잉크는 연필보다 훨씬 더 오랜 역사를 인류와 함께 해왔지만, 지금은 연필보다 저변이 확대되지도 않았고 키보드에 밀려 자취를 감추다시피 하고 있으니 안타깝다. 하지만 종이가 나온 이후에도 파피루스와 종이는 2세기나 공존했던 것을 감안하면 연필과 만년필은 스마트 필기구와 함께 오랜 시간 공존하리라 믿어 의심치 않는다.

Part **5**

그림, 일상을 보는 법

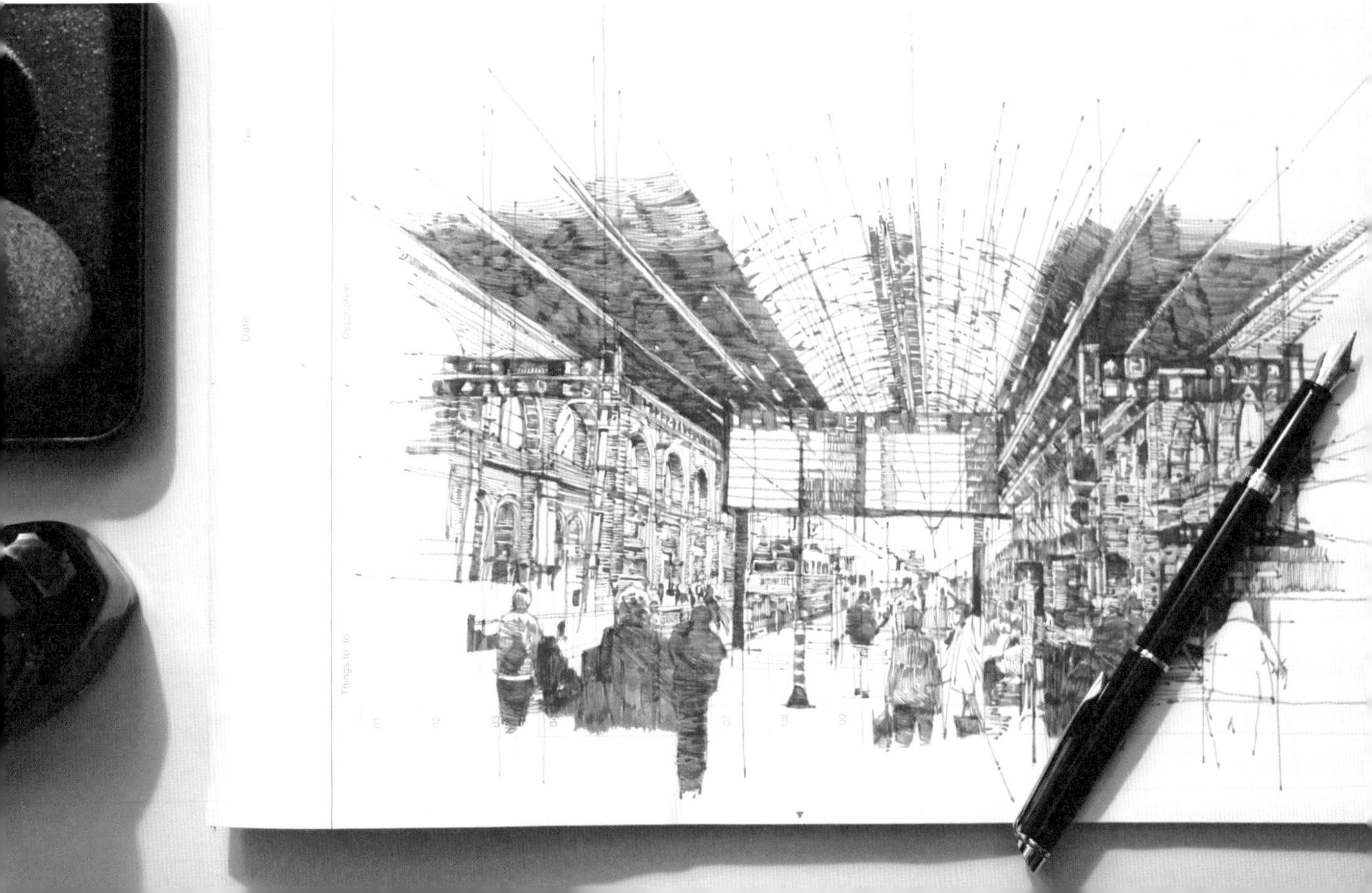

폴란드 가는 길

베를린 중앙역에서 기차로 한 시간. 금세 폴란드다. 섬이나 다름없는 나라에서 온 나에겐 허무할 정도로 쉬운 국경 넘기.

사실 폴란드의 국경은 제2차 세계대전 후 서쪽으로, 그러니까 독일 쪽에 더 가까워지긴 했다. 전후 승전국 소련이 폴란드 영토를 떼어가고 패전국 독일이 자국 영토를 내놓음으로써 국경이 서유럽 쪽으로 이동한 것.

유럽 강대국들에게 폴란드는 언제나 탐욕의 대상이었다. 때론 독일과 소련이, 때론 오스트리아가 제 입맛에 따라 폴란드를 삼등분, 이등분했다 근대사에서 폴란드란 나라가 독립국의 지위를 누린 건 단 두 차례뿐이다. 제1차 세계대전 후 잠깐, 그리고 지금.

폴란드는 정치·예술·과학 분야에서 훌륭한 인물을 더러 배출했지만 그들이 폴란드 출신임은 모르는 경우가 많다. 근대사에 폴란드란 나라가 없었던 기간이 더 길었기 때문이다.

쇼팽과 퀴리에게 조국은 늘 서러웠다. 강대국에 둘러싸여 난도질당한 설움이야 우리도 낯설지 않다. 그래서 폴란드는 우리와 많이 닮았다.

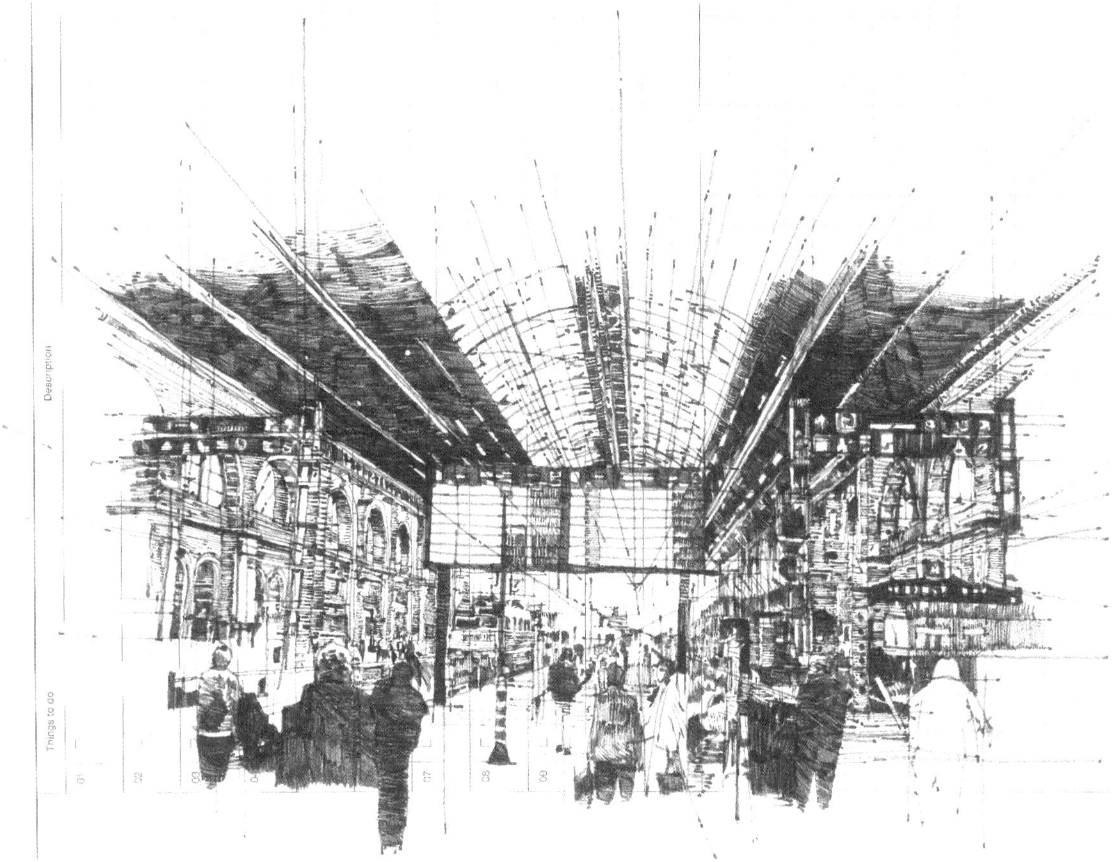

Budapest, Hungary, Montblanc Oyster grey

이상한 논리

한때 철도는 식민지 근대화론의 핵심이었다.

철도를 놓고 공장을 짓고 의료시설을 확충함으로써 소득이 높아졌고, 근대 산업시설 덕에 근대화가 이룩되었다는 주장이다.

하지만 이건 식민지에 대한 본질적 이해가 부족한 데서 오는 쓰레기 논리이다.

기본적으로 식민지 경영은 시장 확보와 수탈이 목적이었을 뿐이다.

인간은 돼지를 기르며 살찌라고 먹이를 주지만 그게 돼지의 안녕을 위한 것은 아니다.

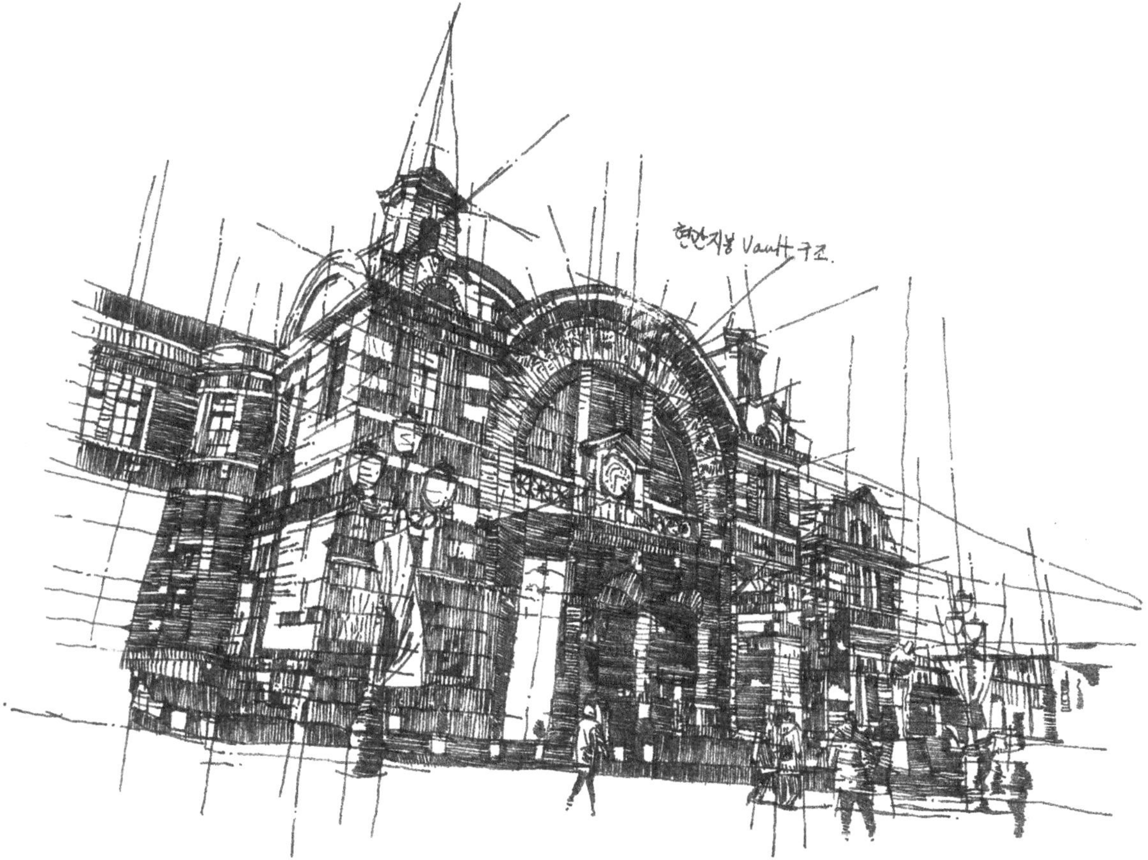

Seoul, Korea, Waterman Blue-black

캐나다에서 만난 썰매개들

캐나다 처칠에서 '개썰매'를 탔다. 과연 북극과 가장 가깝다는 도시의 레저다웠지만 한편으론 혹시 동물학대에 동참하는 건 아닐까 찝찝했던 것도 사실이다. 그런 내 마음을 읽었는지 견주는 개를 쓰다듬다 말고, 이 녀석들은 날 때부터 설원을 달리기 위해 태어난 녀석들로 일종의 승마 같은 것이니 안심하라고 했다.

아닌 게 아니라 썰매개에 대한 견주의 애정은 각별했다. 한 지붕 아래서 같이 먹고 자는 것은 물론 개 한 마리 한 마리의 이름을 불러주며 보듬고 쓰다듬고 안아주는 게 하루 일과의 대부분이었다. 내 앞이라 그런 것일 수도 있겠으나 그의 행동이나 개들의 반응이 꼭 그렇게 삐딱하게 볼 것만도 아니다 싶을 만큼 친친해 보였다. 오히려 나는 견주가 나를 향해 '한국에서는 개를 먹는다던데 설마 당신도 그렇소?'라고 (영어로) 몰아붙일까 봐 그렇다면 나도 (영어로) 무어라 답하면 좋을지 궁리하기까지 했다.

'한국에서 개를 먹는 이들이 있는 건 사실이고 육류가 흔해진 지금 꼭 개까지 먹어야 하는지는 나도 의문이오만 그건 어디까지나 한 나라의 민족이 생존하는 과정에서 탄생한 고유한 식문화일 뿐이고 오히려 문화의 다양성을 야만으로 몰아가려는 당신의 문화 파시즘적 시각이야말로 인류에게 더 위험하단 걸 모르시오?'라는 대답을 (영어로) 준비하고 있을 때쯤 그는 내 식생활 따위는 전혀 관심 없다는 표정으로 얼른 타라는 손짓만 해댔다.

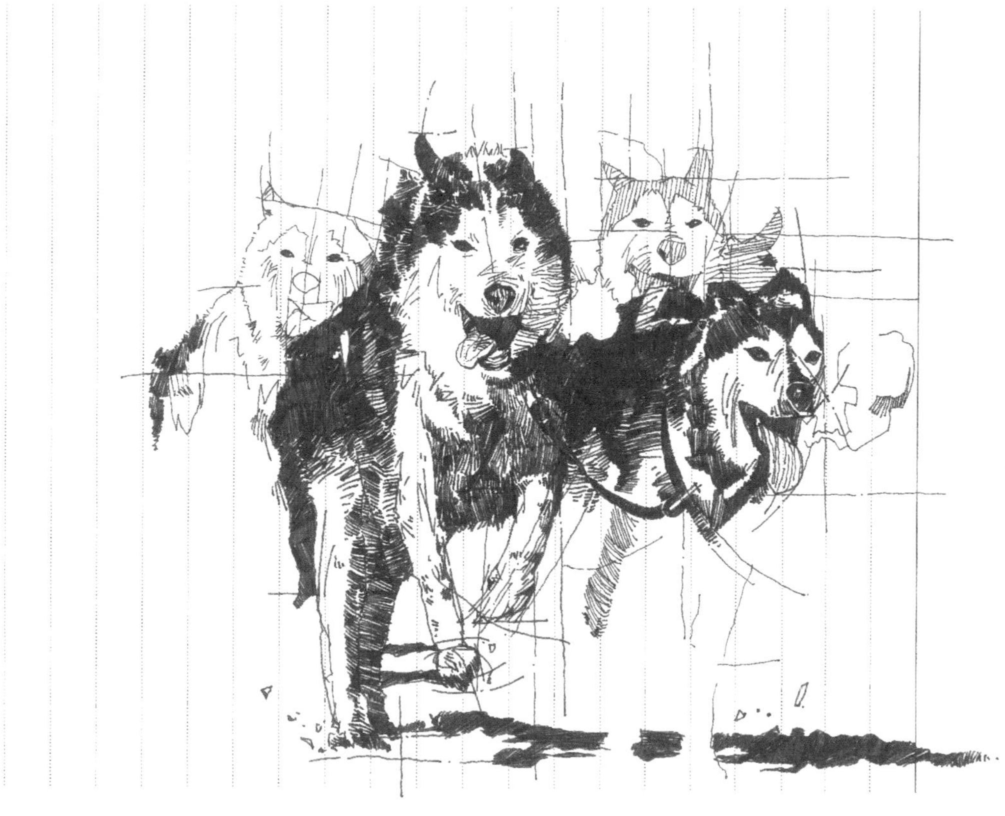

Churchill, Canada, Waterman Blue-black

나는 개썰매가 아무 개나 몇 마리 잡히는 대로 줄을 세워 달리게 하는 건 줄 알았는데, 그건 정말 아무것도 모르는 소리였다. 보통 개썰매는 여덟 마리의 썰매개가 한 조를 이룬다. 선두에 서는 개 두 마리를 리드 도그Lead Dog라 부르는데 이 녀석들이 방향과 스피드를 정한다. 무엇보다 이 둘은 사람의 말을 가장 잘 알아듣는다. 한마디로 가장 명민하고 민첩하며 충직한 개가 리더가 되는 것이다.

중간 그룹을 형성하는 개들은 가장 스태미나가 좋고 리더와 마찰이 없는 녀석들로 구성된다. 묵묵히 달리는 데 체력적으로 문제가 없어야 하고 리더가 죽거나 다치면 리더의 역할도 해야 한다. 가장 후미에 서 있는 개들은 썰매와 가깝기 때문에 썰매의 하중을 가장 많이 받는다. 회사로 치면 일을 가장 많이 한다는 대리 정도 되려나. 후미를 맡는 개들은 무리 중에 가장 덩치가 크고 근육이 발달해 있다. 다만 선두에 비해 인간의 명령을 잘 알아듣지 못한다.

물론 견주는 총명하다거나 빠르고 힘이 세다는 이유로 어떤 개만 총애하지 않는다. 견주의 역할은 각각의 개가 가진 역량을 파악하고 잠재력을 끌어내는 데 있기 때문에 특정 개를 편애하(는 모습을 보이)지 않는 것이다. 견주가 그들 한 마리 한 마리의 이름을 불러주고 안아주느라 하루를 다 보냈던 것이 그제야 이해가 갔다. 개들의 역량을 파악하고 조화를 이뤄내는 것이 견주의 가장 중요한 역할이기 때문이리라. 견주는 그래야만 썰매개들이 인간에게 잘 보이려는 욕심이 아닌, 스스로 잘하는 것을 잘하기 위해 달릴 수 있다고 했다.

여덟 마리의 썰매개 중 리더의 자리를 두고 다투는 녀석은 아무도 없다. 그렇다고 뒤에서 잔꾀를 부리는 것도 아니다. 그저 각자의 능력에 맞게 땀 흘리고 '달렸다'는 사실 하나만으로 행복해한다. 개들조차 할 수 있는 만큼만 최선을 다하는 삶의 아름다움을 아는 것이다.

'내일 뛰지 않으려면 오늘 걸어야 한다'는 말을 혐오한다. 인간은 그런 말로 몰아붙이지 않아도 어차피 하루치 이상의 노력은 할 수 없는 존재다. 어제의 나를 끌어 쓰거나 내일의 나를 당겨 쓸 수 없다. 젊었을 때 있는 고생 없는 고생 다한 것을 무슨 대단한 미담이라도 되는 양, 그렇게 살지 않는 자들을 인생에 큰 죄라도 짓고 있는 것처럼 욕하지만 못 뛰면 못 뛰는 대로 잘 뛰면 잘 뛰는 대로 각자의 자리에서 열심히 사는 게 보통이고 정상이다. 이걸 알지 못하면 우리 삶은 달리고 싶어서 달릴 뿐인 저 썰매개보다 나을 게 하나도 없다.

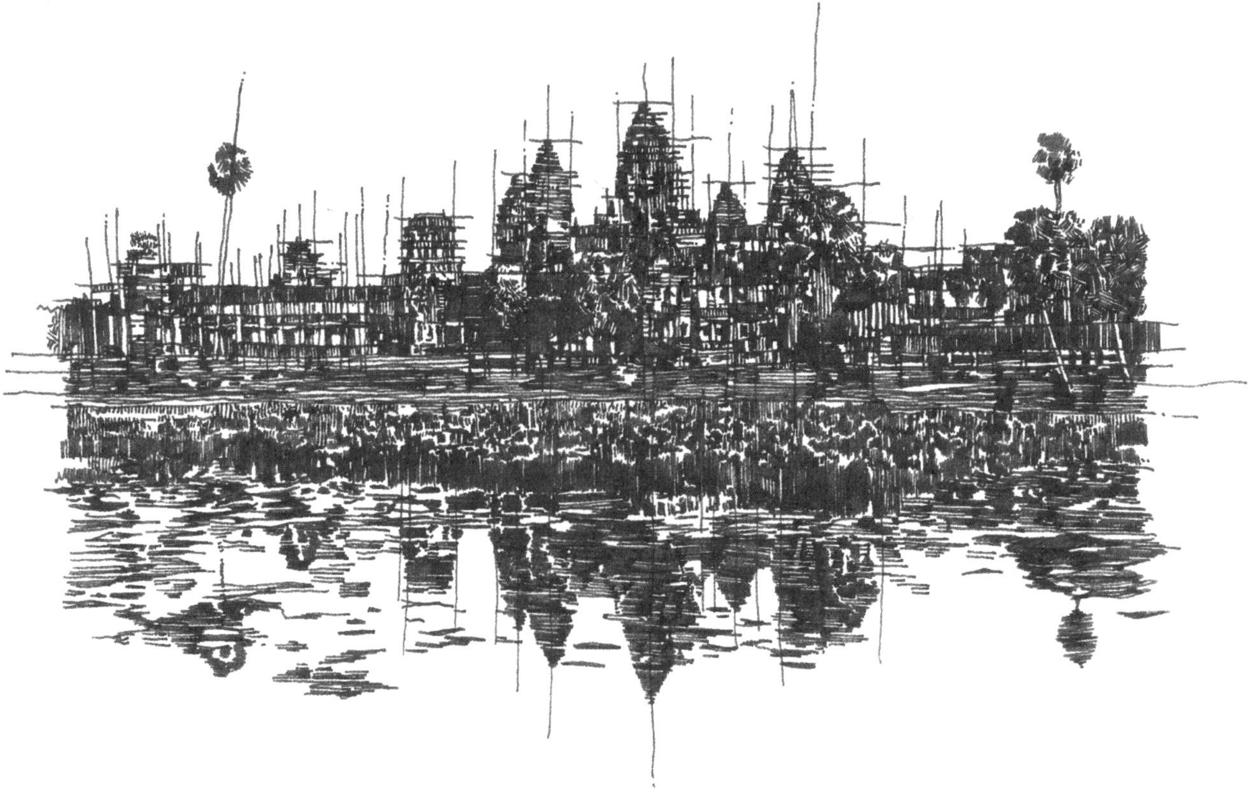

Siem Reap, Cambodia, Waterman Blue-black

앙코르와트

앙코르는 도시, 와트는 사원을 가리킨다. 그러니까 앙코르와트는 '사원의 도시'란 뜻이다. 앙코르와트의 면적이 서울시의 3분의 2라고 하니 그렇게 부를 만도 하다.

이런 사원을 건설한 이유에 대해서는 지금도 학계의 의견이 분분하다. 천문대라는 의견도 있고 종교 건물이라는 의견도 있다. 여기에 피라미드나 만리장성 등 초대형 유적에 으레 따라붙는 '시공의 비밀' '숨겨진 암호'도 더해져 그 아우라가 예사롭지 않다.

바라보고 있자면 과연 유네스코 문화유산이로군, 하는 말이 저절로 비어져 나오는 사원이다. 하지만 그렇게만 알고 있으면 될까. 서양이 만들어준 세계문화유산이라는 그럴싸한 간판과 설계의 비밀 같은 화장에 가려 우리가 놓치고 있는 것은 없을까.

앙코르와트는 지금도 보수 공사 중이라 곳곳에 어른 키만 한 돌덩이들이 교체를 위해 도열해 있다. 눈으로만 훑어도 사람이 결코 들 수 없는 육중함이 느껴진다. 내 의문은 자연스레 이 돌덩이를 실어 날랐을 몇천 년 전의 그들에게로 향했다.

과연 이 사원을 짓기 위해 동원되었던 이들은 왕에 대한 충성심과 흔들리지 않는 신앙심만으로 사원을 건립했을까. 목이 달아날까 두려워 이 돌덩이를 옮긴 이는 없었을까. 사원 건립 과정에서 아비와 아들을 잃은 가족들은 과연 앙코르와트야말로 내 가족의 피와 유골 위에 지어진 세계문화유산이라고 자랑스러워할까. 아닐 것이다. 내 남편, 내 아들을 죽게 만든 사원 앞에 신이 무슨 아랑곳이며 몇천 년 후의 까마득한 후손들이나 누릴 세계문화유산이 무슨 소용이 닿을까.

앙코르와트처럼 대형 유적지에 대한 경외감의 대부분은 압도적 규모에서 비롯된다. 피라미드나 만리장성도 별반 다르지 않다. 하지만 참혹한 건립 과정이 없었다면 이런 규모가 가능했을 리 없다. 현세 캄보디아인들에겐 앙코르와트가 달러 박스로써 축복이겠지만 당시 앙코르왕국 백성들에겐 재앙이었을 확률이 높다. 발터 벤야민이 "문화라고 기록된 대부분의 역사가 야만이다"라고 했던 이유가 여기에 있다.

앙코르와트의 거대함에 압도되어 감탄을 연발하는 우리 모습은 그래서 인간적이지 못하다. 지금 우리에게 필요한 건 어쩌면 세계문화유산이 아니라 그 돌덩이 밑에 깔린 피비린내를 맡을 수 있는 감수성일지도 모른다.

베를린 홀로코스트 메모리얼 공원

유대인 학살 추모공원은 베를린의 상징 브란덴부르크 문 옆에 위치해 있다. 2001년 미국인 건축가 피터 아이젠만이 설계한 이 공원은 동서독의 관문 역할을 했던 브란덴부르크 문과 독일의 심장이라 불리는 제국의회 의사당 건물 사이에 자리하고 있어 이곳을 지나치지 않고는 제대로 된 베를린 시내 구경이 힘들 정도다. 동경 시내에 추모공원은 언감생심, 제3국에 있는 어린이 키만 한 위안부상조차 철거하려 드는 일본 정치인들을 떠올리면 서럽다 못해 망연해진다.

관을 연상케 하는 먹빛 비석들은 언뜻 보기엔 대부분 비슷해 보이지만 자세히 들여다보면 높이, 너비, 기울기 어느 것 하나 똑같은 게 없다. 어떤 것은 사람 키보다 훨씬 높은가 하면 어떤 비석은 바닥으로 움푹 꺼져 있다.

우리는 홀로코스트를 600만이 희생된 대학살극 정도로만 기억하고 있지만 제각각의 비석들은 하나의 목숨은 하나의 우주이며 희생자 모두 누군가에겐 그 무엇과도 바꿀 수 없는 사랑이었음을 깨닫게 한다.

몇백만의 죽음이란 실로 끔찍하지만, 자칫 규모는 소중했을 개인의 삶을 가려 더럽고 추악했던 역사를 희석시킬 우려가 있다. 이 공원의 비석들은 사랑했던 피붙이들의 죽음을 몇백만이란 집단에서 끌어내 고유한 세계로 만든다. 건축을 흔히 '문명의 결정'이라고도 하는데 아마 이런 데서 그 이유를 찾을 수 있을지도.

비단 베를린뿐 아니라 독일 곳곳엔 홀로코스트에 대한 반성과 자책의 기록이 차고 넘친다. 몇십 년 전의 죄를 마치 어제의 일이라도 되는 양 곳곳에서 지금도 자리걷이를 하고 있는 것이다. 유대인 학살 추모공원, 동성애자 학살 추모공원, 집시 학살 추모공원, 베를린 훔볼트대학 앞 가라앉은 서재, 전쟁과 학정에 대한 중앙기념관, 함부르크의 사라지는 탑, 리베스킨트가 설계한 유대인 박물관 등 열거하자면 끝이 없다.

독일인들이 스스로 이 치욕을 견디는 이유는 간단하다. 이 방법 외엔 그들이 망자로부터 자유로울 길이 없다는 걸 스스로 잘 알기 때문이다. 일본 정부에게 우리가 그토록 사과와 반성을 요구하는 건 그들을 무릎 꿇리고 원대로 한번 짓밟아보려는 지독한 증오 때문만은 아닐 것이다. 오히려 일본이 망자의 무게로부터 가벼워질 수 있는 지노귀굿은 그것뿐인란 걸, 다른 길은 없다는 걸 깨닫길 바라는 진심 어린 충고에 가깝다고 생각한다.

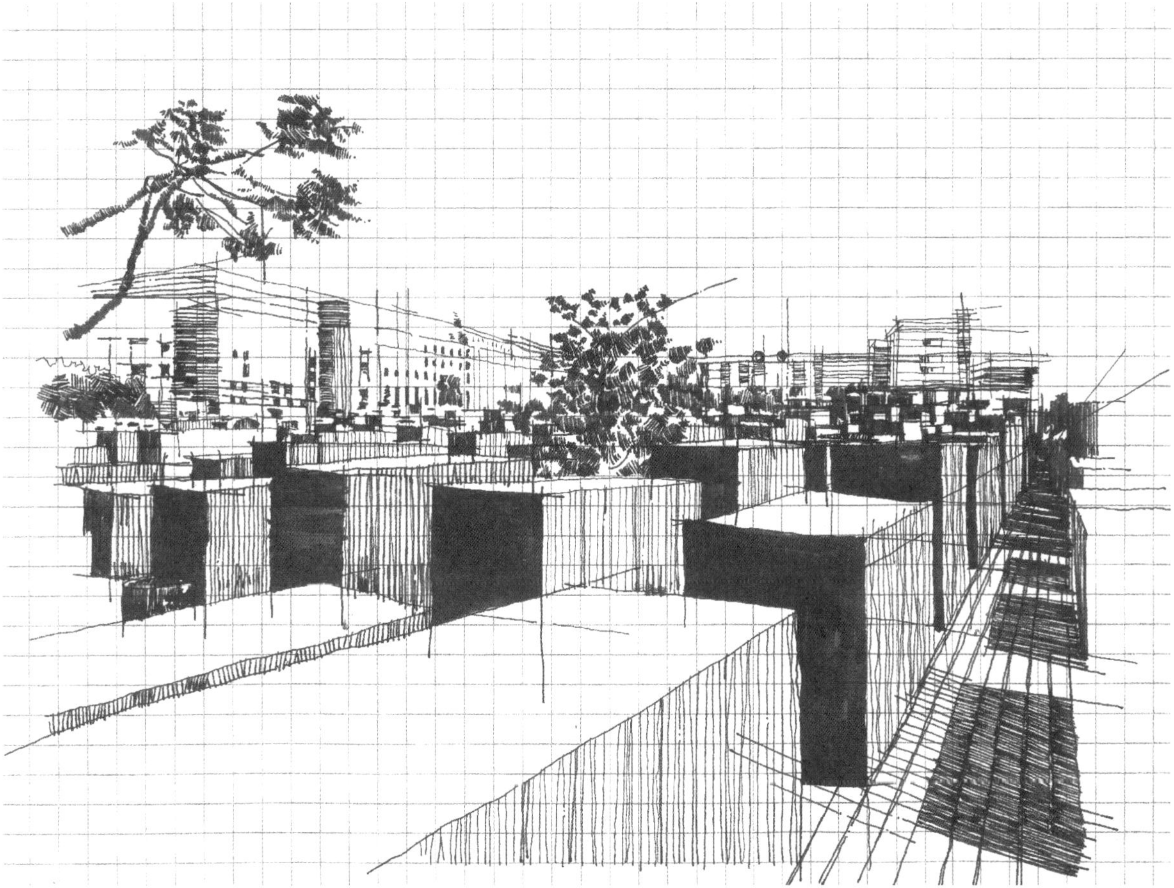

Berlin, Deutschland, Platinum Blue-black

텅 빈 서재

1933년 나치는 베를린대학(지금의 훔볼트대학교) 앞 광장에서 '독일의 정신을 해치는' 책 2만 권을 불태웠다. 괴벨스의 지시를 받은 극우청년단원들의 짓이었다. 분서 이후 카프카, 토마스 만, 마르크스 등 유대계 저자의 책 대부분이 베를린 시내에서 자취를 감췄다.

이 사건이 있고 얼마 되지 않아 히틀러는 반제wannsee 회의에서 이른바 '최종 해결책'이라고 알려진 유대인 절멸 정책을 채택한다. 600만이 희생된 홀로코스트의 시작이었다. 흔히 유대인 학살을 지칭하는 홀로코스트는 '모두holo 태운다caust'는 뜻의 유대어다.

지금 베를린의 훔볼트대학 광장 한복판엔 작은 유리 바닥이 깔려 있다. 유리 바닥 아래로 텅 빈 서재가 들어서 있는데 당시의 야만을 잊지 말자고 설치해둔, 이른바 '가라앉은 서재'다. 역사상 가장 끔찍한 체제 중 하나였던 나치는 단 1퍼센트의 불법성도 없이 정권을 획득한 합법 정당이었고, 나치에게 사상적 토대를 만들어준 베를린대학은 근대 대학의 틀을 만든 유럽 지성의 거푸집이었다.

유리 바닥 아래를 들여다보고 있노라면 왜곡된 민주주의의 끔찍함과 지성이란 이름의 더러운 위선이 작은 웅덩이 안에서 소용돌이 치고 있는 듯한 기분이 든다. 유리 바닥 옆엔 괴물을 봉인하는 주문과도 같은 하이네의 시가 적혀 있다.

"책을 태운 자는 결국 인간도 불태울 것이다."

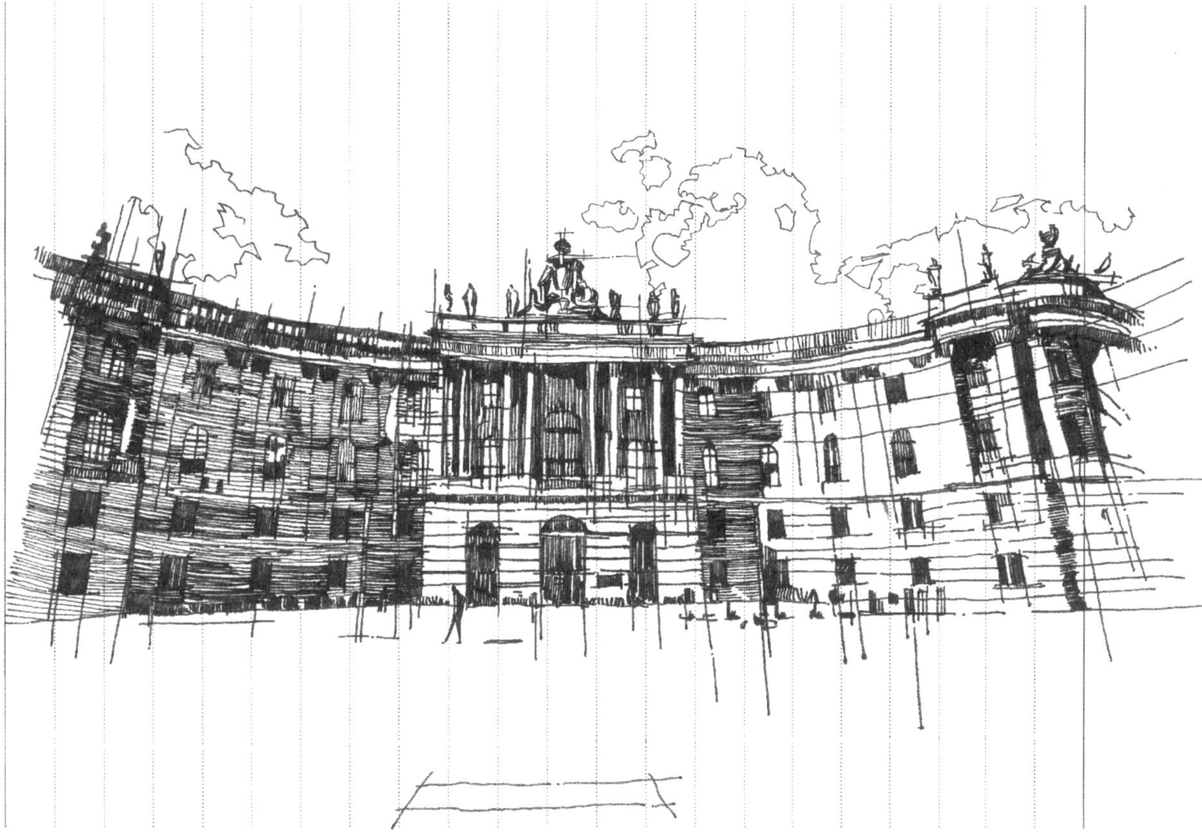

Berlin, Deutschland, Platinum Blue-black

데자뷔, 한국과 대만

대만의 역사와 한국의 역사를 포개면 그 굴곡이 제법 일치하는 데 놀라게 된다.

중일전쟁 패배 후, 철도 같은 인프라를 부설해주는 대가로 일본의 지배를 받으며 그 과정에서 말과 글이 말살되고, 독립운동의 싹을 자르는 비밀경찰이 조직적으로 활동했던 세월은 기본. 그러는 동안 남자는 강제 징용당하고 여자는 위안부로 끌려간 역사마저 우리와 비슷했다.

해방 후 자국인을 대상으로 학살이 벌어졌던 점도 똑같다. 장개석 패전 정부는 강제 진압을 통해 현지 대만인 2만여 명을 도륙했는데 이 사건이 바로 훗날 영화 〈비정성시〉의 배경이 되었던 2·28 학살사건이다. 이후 대만을 무장 점령한 장개석이 철강, 조선, 항공 등 주요 산업을 모두 독점하고 35년간을 계엄령으로 다스리게 되니 이 모든 게 불과 몇십 년 전 일이다.

이 과정에서 정부를 비판하거나 그런 낌새가 조금이라도 있으면 정치범 수용소에서 젊은 날을 보내야 했지만 대만의 경제는 아무튼 급성장하게 되어 아시아의 용이란 칭호를 최초로 얻게 된다. 그렇게 얻은 칭호가 얼마나 영광스러운 현판인지 나로선 알 길 없으나 민주주의를 담보로 군인들이 일으킨 경제 부흥과 그 과정에서 벌어진 잔혹한 인권 탄압이 어찌 이리 한국과 똑같은가 싶어 깊은 관심이 가는 나라다.

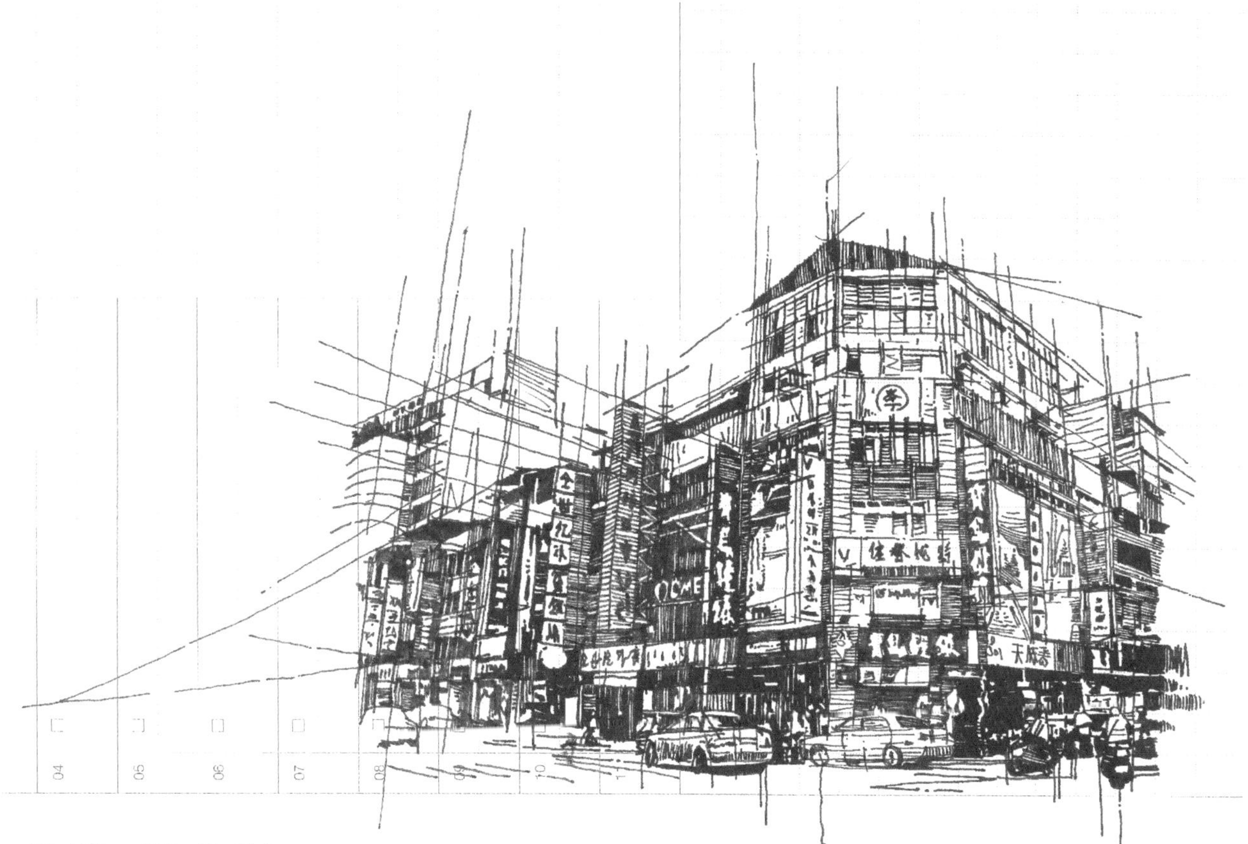

Taipei, Taiwan, Pelikan Blue-black

대만에는 여기저기 마스크를 착용하고 다니는 사람들이 많다. 실제로 대부분의 잡화점에서 마스크를 판매하는데 그 종류나 형태가 실로 다양해서 놀랐다. 이것은 신종플루와 같은 질병이 창궐해서가 아니라 심각한 대기오염 때문이란 것을, 타이베이 시내를 조금이라도 걷다 보면 금세 알게 된다. 20세기의 계엄 통치는 급속한 경제 성장을 일궈냈지만 그 결과 21세기 대만의 도시 외관은 흉물스럽게 변하고 매연은 세계 최악의 수준이 되어버렸다.

지금의 타이베이만 놓고 보자면 대만을 최초로 발견한 포르투갈인들이 왜 이곳을 아름다운 섬이란 뜻의 '일라 포모사Ilha Formosa'라고 불렀는지 아리송하기만 하다.

말레이시아 육골차

말레이시아를 여행하다 보면 '육골차肉骨茶'라는 간판을 내건 로컬 식당이 눈에 많이 띈다. 어찌 보면 다소 스산한 이름의 이 음식은 이름만 차일 뿐 돼지 뼈와 고기에 한방 약재를 넣어 함께 끓인 탕이다. 돼지가 들어갔으니 국민의 대다수를 차지하는 무슬림의 음식은 아닐 것이다.

육골차는 무슬림과 더불어 동남아 사회의 한 축을 이루고 사는 화교들의 보양식인데, 말이 보양식이지 아침 점심 가릴 것 없이 무시로 먹는 일상식에 가까웠다. 같은 이유로 이웃 나라 싱가포르 역시 화교를 위한 육골차 식당이 많다고.

우리가 찾은 식당은 대단한 맛집이 아니었다. 그저 한 집 걸러 하나 꼴로 있는 매우 흔한 육골차 식당 중 하나였다. 그 평범함이 그들의 일상에 '내 삶'도 녹아들었다는 느낌을 줘 좋았다. 육골차를 통해 대단한 견문을 넓히고 싶었다거나 하는 마음 따윈 처음부터 없었다. 나는 그렇게 대단한 여행가가 못 된다. 그저 어디를 가나 신기한 것, 아름다운 것을 구경하는 일보다 내 삶을 더 중요하게 여길 뿐이다.

남들의 기이한 삶, 뜻 있는 삶을 바라보는 것도 흥미롭지만 그 이상으로 "지금 여기, 내가 저들과 함께 살아간다"는 마음이 여행에서 더 필요하기 때문이다. 그 마음이 들어야 비로소 남의 삶, 남의 풍경이 내 일부가 되어준다.

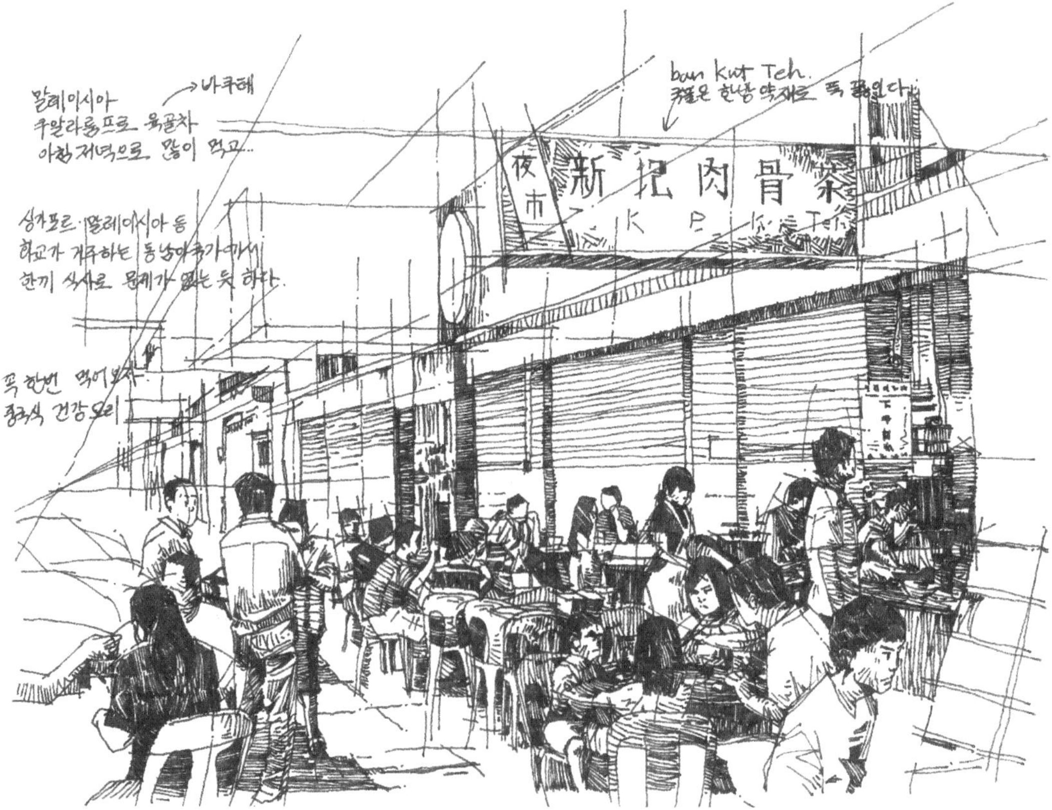

Kotakinabalu, Malaysia, Waterman Blue-black

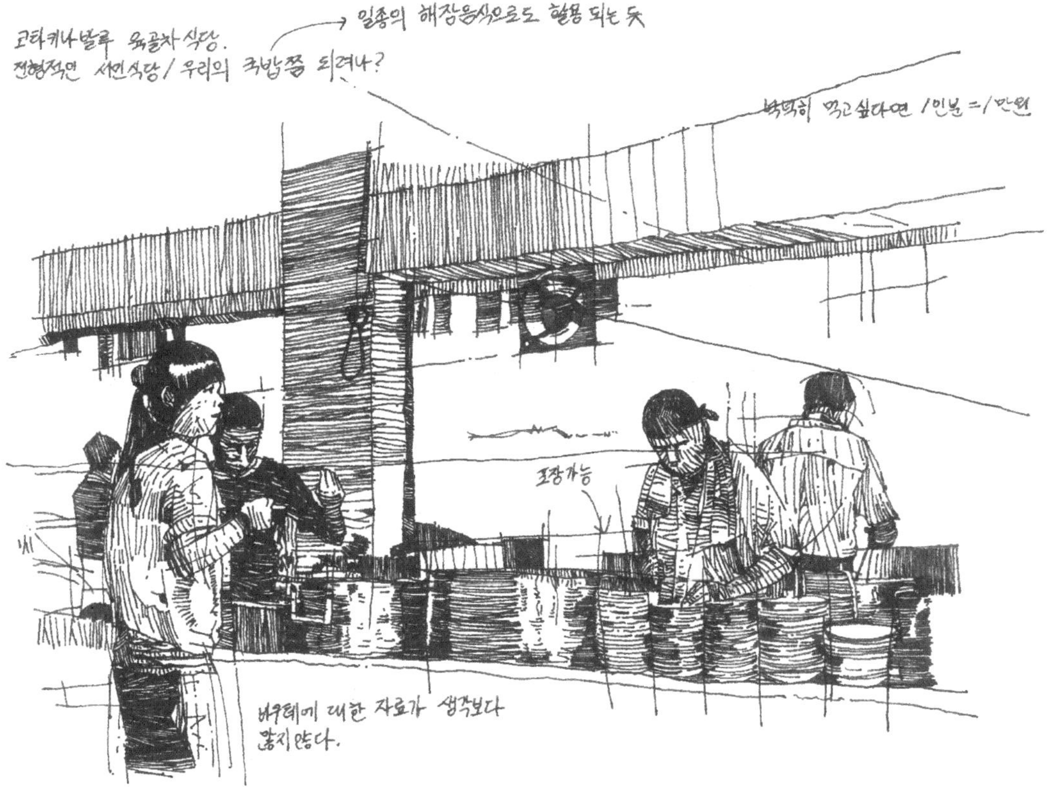

Kotakinabalu, Malaysia, Waterman Blue-black

돗토리 사카이미나토행 기차

갑작스레 비가 내리긴 했지만 예정대로 사카이미나토행 기차를 탔다.
기차에 오른 후 아무 생각 없이 그녀를 바라보는 그 순간이
별다른 줄거리도 대사도 없는,
영화 한 편 같았다.

나는 문득 이 시간이 다시 돌아오지 않을 한때임을 깨달았다.
귀한 줄 모르고 쉽게 흘려보낸 시간,
사람들이 떠올라 가슴이 아려왔다.

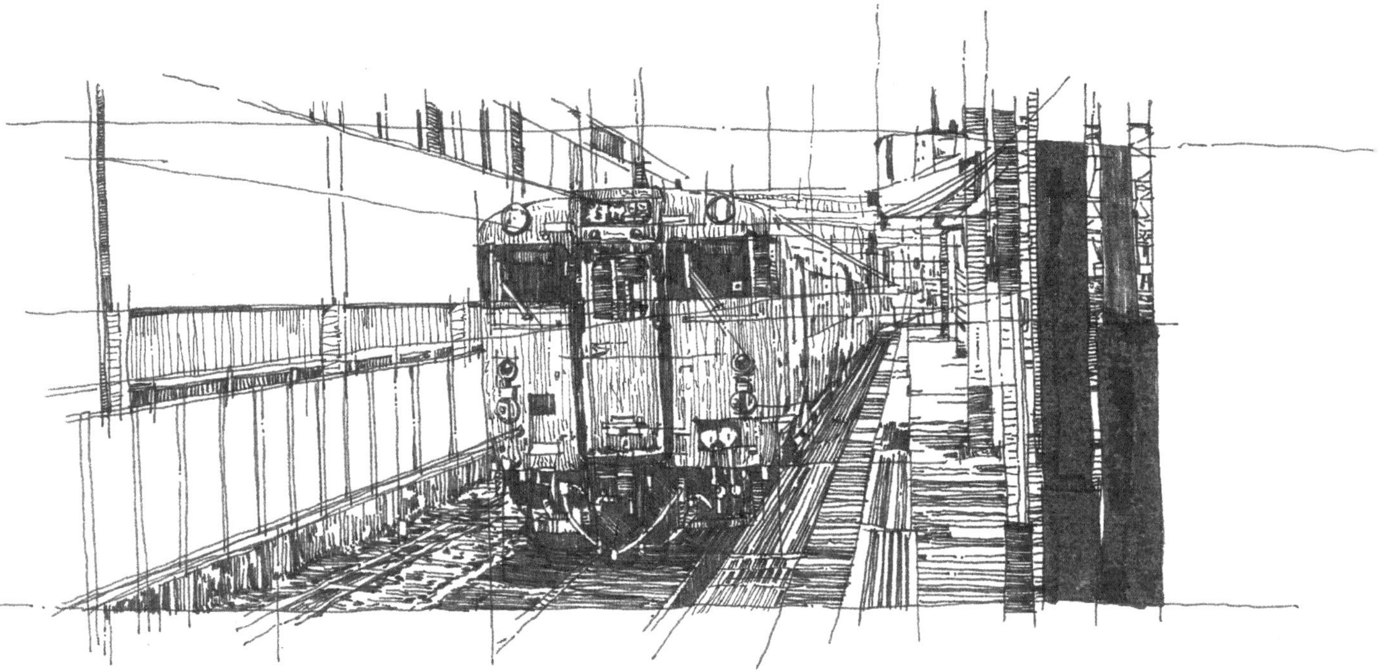

Yonago, Japan, Platinum Blue-black

그곳의 일상을 보라

동년배들에 비해 외국을 많이 다니다 보니 '좋은 여행법'에 대해 물어오는 이들이 가끔 있다. 그런 게 있을 리 만무. 그래도 이왕 떠나는 여행 무언가 특별하길 바라는 이들에게 나의 대답은 언제나 한결같았다.

"그곳의 일상을 보라."

파리의 에펠탑이나 북경의 자금성을 보고 오는 여행을 타박하려는 것이 아니다. 문제는 '그것을' 보는 여행이 아니라 '그것만' 보는 여행이다.

생각해보자. 나는 지금껏 수많은 외국을 누비며 많은 사진을 찍어왔지만 그 많은 사진들도 어렸을 적 마당 수돗가에 앉아 따뜻한 물에 세수하던 그 일상 풍경만큼의 이야기를 담아내지 못한다. 나는 그 사진을 보면 당시 세수하던 내 주변에 피어 있던 장미꽃과 엄마가 한 땀 한 땀 짜주신 스웨터와 우리 집 강아지 등 모든 사물들을 발견할 수 있다. 그런 사진을 보고 있으면 기억은 잊히는 게 아니라 엉켜 있을 뿐이라서 실마리만 잡히면 얼마든지 풀려 나올 수 있다는 확신을 가지게 된다.

하지만 에펠탑만 좇았던 사진은 여행에서 돌아온 후에도 에펠탑에 올라가려고 줄 섰던 이야기 외에는 떠올릴 게 없다. 돌아와 주변 사람들에게 파리에서 만났던 수많은 '경이로

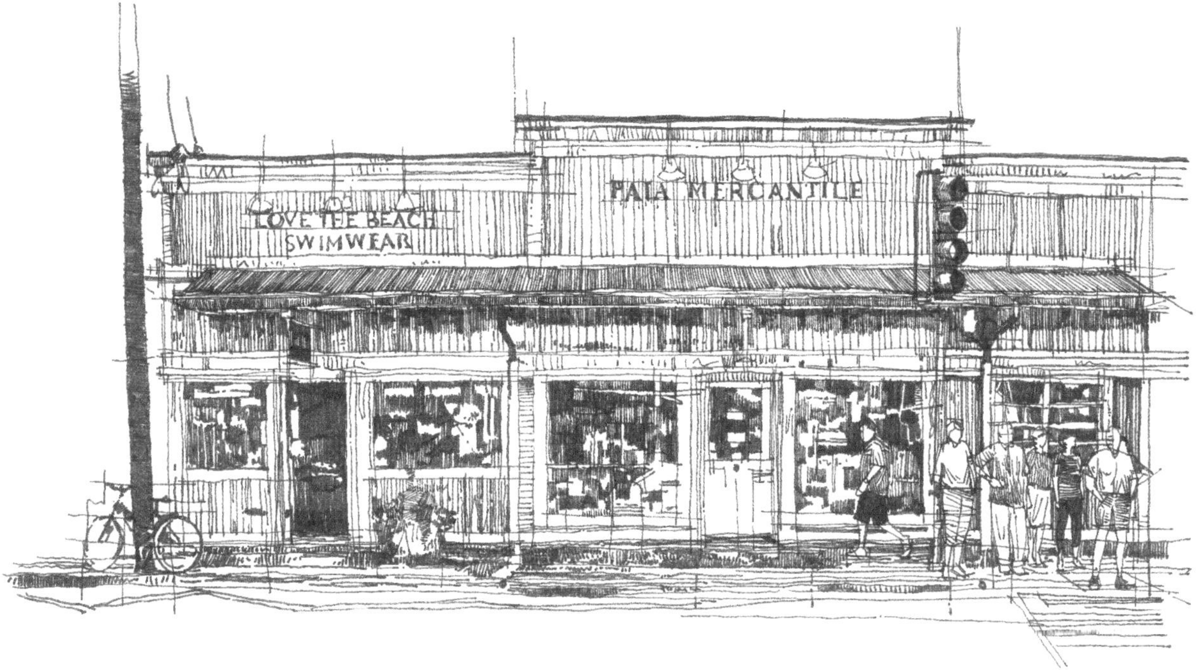

Hawaii, U.S, Platinum Blue-black

움'에 대해 얘기할 가능성은 언감생심 거의 없다.

여행은 어쩌면 파리의 에펠탑을 보는 것보다 에펠탑을 보러 가는 과정에 있다. 그 속에 담겨 있는 일상의 아름다움에 조용히 천착하는 것이, 적어도 내겐 여행이다. 시장은 이런 일상이 모인 가장 대표적인 공간이다. 그래서일까. 이국의 시장에서 나는 약간 '하이High' 상태가 된다.

우리의 삶은 결국 직접 보면 아무것도 아니라서 지나칠지도 모를 수많은 일상이 모여서 이루어진다. 누가 내게 여행이 뭐냐고 물어온다면 그건 이 세상의 사소한 것들을 들여다보는 가치를 깨닫는 과정이라 말하고 싶다.

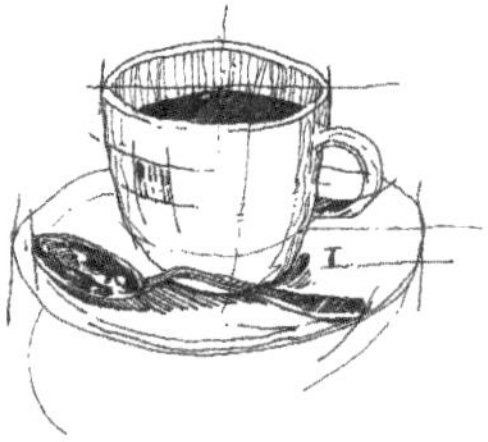

쿠바에서 찾은 보물

시가, 살사나 룸바, 커피와 사탕수수, 체 게바라와 〈모터사이클 다이어리〉, 〈부에나 비스타 소셜 클럽〉……. 쿠바를 이야기하면 떠올리는 것들. 쿠바의 위치가 지구 반대편임을 감안하면 의외로 많다. 꼭 그걸 보겠다는 기대 때문은 아니었지만, 그래도 거기에 가면 쉽게 그런 것들을 볼 수 있을 거라 생각했다.

그런데 아바나부터 산티아고까지 일부를 제외하고는 모든 것이 생각 밖이었다. 도시는 낡아버린 큰 라디오처럼 여기저기 칠이 벗겨져 있고, 무쇠라도 녹일 듯한 적도의 태양은 왜 아바나와 가까운 미국 마이애미의 농구팀 이름이 'HEAT'인지 너무나도 잘 알게 해주어 발걸음을 더욱 무겁게 했다. 하지만 나는 머지않아 시가나 살사, 럼주를 넘어서는 보물이 쿠바에 있음을 알게 되었다.

적도의 열기는 무덥고, 해도 늦게 지며, 우리로 치면 낙조가 생기는 다섯 시경이 되어도 좀체 그림자가 길어질 생각을 않는다. 지구가 둥글다는 것도 아직 내 눈으로 직접 확인하지 못해 믿기 힘들어 하는 내가 적도라는 개념을 온전히 이해할 리 만무지만, 어쨌거나 무더위가 우리와는 '차원'이 다르다는 것을 단박에 알게 하는 열기가 쿠바에는 있다.

그러다 보니 사람들은 해가 완전히 넘어가는 밤 아홉 시가 넘어서야 슬슬 '사교생활'을

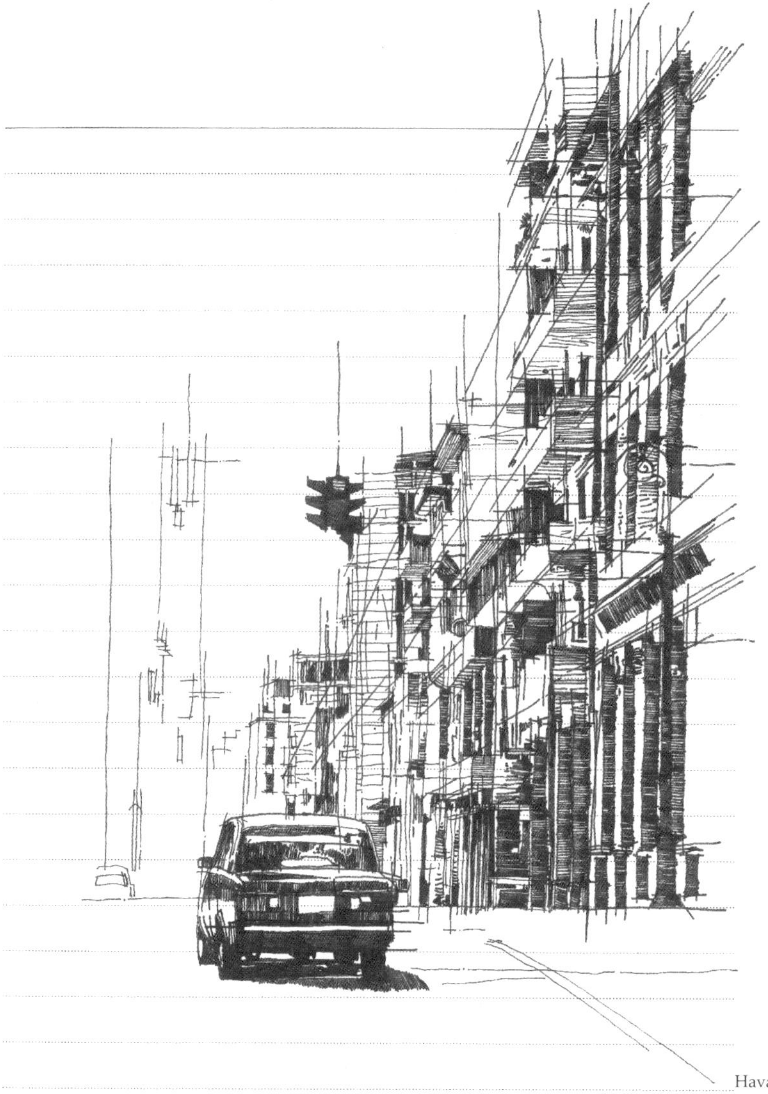

Havana, Cuba, Platinum Blue-black

시작한다. 사람들은 집 앞에 흔들의자를 가져다 놓고 이웃들과 그날 하루 있었던 이야기를 나눈다. 아이들은 조악한 방망이와 공으로 야구를 하며, TV 앞에 모여 온 가족이 웃고 떠든다. 티 없이 맑은 웃음과 선의가 거리에 그득그득하고, 그런 밤거리를 아무리 돌아다녀도 누구 하나 위협하거나 나쁜 짓을 하려 들지 않는다.

기억해보자. 그건 우리가 가지지 못한 것들이 아니다. 우리가 잃어버리거나 애써 내동댕이쳐버린 것들이다. 집집마다 TV가 들어서고 방방마다 컴퓨터가 생기고, 초등학교 때부터 사교육에 찌들면서 우리는 그런 것들을 다 잃어버리고 잊어버렸다.

방방마다 가족들은 문을 걸어 잠그고, 거리에 뛰어노는 아이들 구경은 언제 해봤는지도 모르겠다. 그러면서 컴퓨터와 휴대폰이 손에 있으니 더 위대한 것을 얻었다고 착각한다. 쿠바 사람들이 가진 이런 소중한 가치는 한때 우리 자신의 일부였던 것들이다.

여행은 이렇게 우리의 착각을 여지없이 무너뜨려준다. 그런 것을 찾아서 나는 쿠바로 날아갔다는 믿음이 그제야 들었다. 시가도, 커피도, 룸바와 차차차도 좋지만 쿠바에서 내가 발견한 가장 소중한 선물은 바로 그런 것이었다.

소극적인 욕망

여러 번 다녀온 홍콩이지만 즐거웠던 기억은 없다. 온갖 공사와 포화 상태의 인구, 그로 인한 심각한 소음과 정체, 거기다 소음에 파묻힌 도시를 휘젓는 더위 때문에 갈 때마다 힘들었다. 상태가 그랬으니 홍콩이 자랑하는 거의 모든 것들에 심드렁했다.

여행지의 풍경은 도시의 외부보다 자기의 내면에 의해 결정된다. 도시를 우울하게 바라보는 여행자는 흑백 복사기와 같아서 세상의 온갖 좋은 빛도 그 속에 빨려 들어가면 흑백이 되고 만다.

불유쾌함은 1제곱킬로미터당 13만 명이 모여 산다는 세계 최고 인구밀도의 카오룽 반도 몽콕 거리에서 절정을 이룬다. 여행을 하다 피로가 몰려오는 기미가 보이면 저항하지 않고 호텔로 돌아가 낮잠을 자는 버릇이 생긴 것도 이즈음이었다.

그럼에도 홍콩 여행을 매번 저어하지 않았던 이유는 무엇일까. 적극적으로 거부하지 않았다는 건 소극적으로 욕망했단 뜻인가. 모르겠다. 그저 사람들로만 그득한 거리가 좀 낯설어서였겠지.

旺角 Mong kok

카오룽 반도는 세계에서 인구밀도가 가장 높은 곳이다. Mongkok으로 표기하지만 광동어로는 왕콕이라고 부른다. 1800년대 이 지역에 온 중국인 이민자들이 몽콕이라 발음한 것 때문에 몽콕이 된 것이다. 이곳은 2천년대 들어 재개발이 진행되었는데 그 덕분에 신구가 조화된 더욱 특색있는 지역이 되었다.

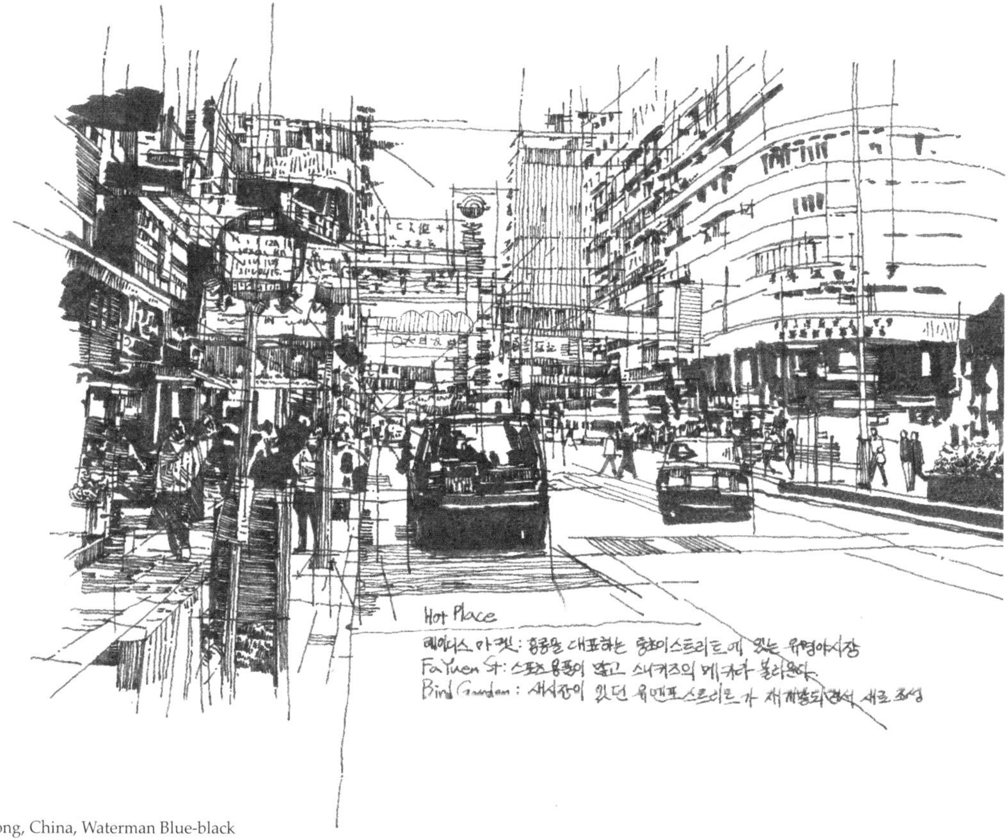

Hong Kong, China, Waterman Blue-black

부다페스트가 진주라면

"다뉴브 강에 살얼음이 지는 동구의 첫 겨울."

헝가리 혁명의 슬픔을 노래한 김춘수의 시는 이렇게 시작된다.

고교 시절 문제집에 실린 그의 시를 통해 이 도시와 도시가 가진 사연을 처음 접한 나는 이후 부다페스트를 혹한과 혁명의 도시로만 기억했다.

민망하고 가난한 상상력의 최선이었다.

"네 죽음을 보듬고 부다페스트의 밤은 목 놓아 울 수도 없었다."

소련에 유린당한 사연도 서러운데 제 맘대로 목 놓아 울 수도 없는 기구한 팔자라니.

부다페스트를 두고 흔히 도나우의 진주라고 부른다. 하지만 빈이나 브라티슬라바 등 도나우 강이 지나오는 도시 어느 하나 예쁘지 않은 곳이 없었던 내게 그 표현은 좀 지나친 자화자찬으로 들렸던 게 사실이다.

그럼에도 아름다운 도시 풍경을 기어이 보석으로 불러야겠다면, 상처가 보석이 되는 진주는 풍경에 아픔이 섞여든 부다페스트의 몫일지도 모르겠다.

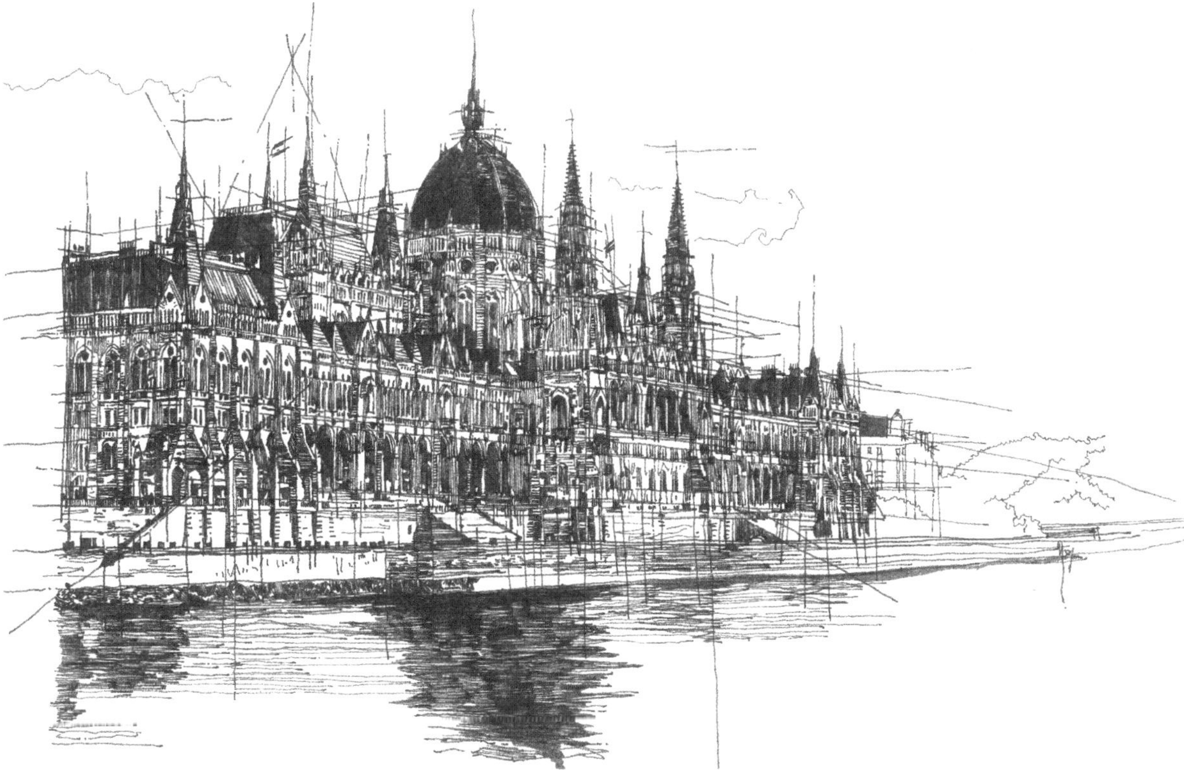

Budapest, Hungary, Platinum Blue-black

교토 이야기

흔히 우리는 교토를 일본의 경주쯤에 비유하곤 한다. 경주만큼이나 많은 오래된 사찰과 유적 때문일 텐데, 교토를 다녀온 지금 그곳을 떠올려보면 그 비유는 적절치 않아 보인다. 한때 수도였고 천년이 넘는 건물이 더러 있다는 이유만으로 모두가 경주라면 피렌체나 이스탄불 역시 경주가 못 될 게 없다.

무엇보다 교토는 '절의 도시'나 게이샤가 떠오르는 '전통의 도시'에만 머물러 있기에는 억울할 정도로 일본 현대사에 기여한 바가 크다. 우선 교토엔 전통의 도시란 별칭이 무색할 만큼 첨단 IT 기업의 본사가 다수 모여 있다. 닌텐도, 교세라 같은 기업은 물론, 한때 유행병마냥 우리나라 비즈니스맨들의 필독서로 읽히며 전 국민의 노동 숭배를 이끌었던 《일본전산 이야기》의 일본전산 역시 교토에 적을 두고 있다. 소득의 대부분이 관광업에서 나올 것 같지만 이처럼 IT 기업 종사자가 훨씬 많은 곳이 교토다.

건물은 또 어떤가. 절이 무척 많은 도시인 건 맞지만 일본 현대 건축의 본고장도 바로 교토다. 건축을 전공하는 우리나라 대학생뿐 아니라 건축을 전공하지 않은 일반인에게도 인기가 높은 일본의 현대 건축가 안도 타다오의 건물이 교토엔 가장 많다. 동경이나 오사카에서 신칸센을 타고 교토에 이르면 여행객을 맞아주는 첫 건물 '교토 역'이 바로 안도의 대표작이다.

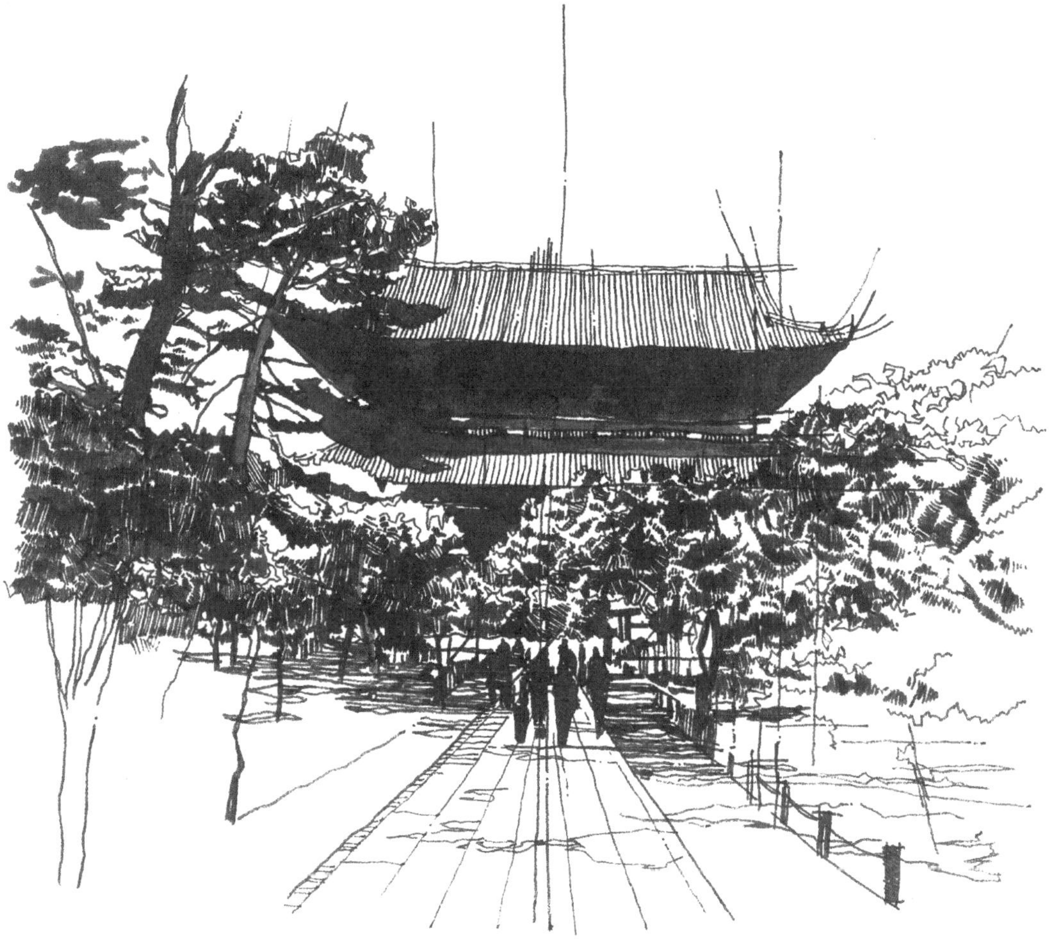

Kyoto, Japan, Platinum Blue-black

교토가 전통을 넘어 지금의 일본 현대사를 이끈 도시라는 내 주장에 방점을 찍는 장소는 바로 교토대학이다. 흔히 동경대가 일본 최고의 수재 집단으로 알려져 있지만 과학 분야 노벨상 수상자가 가장 많이 배출된 곳이 바로 교토대이다.

아닌 게 아니라 이러한 교토대만의 창의적이고 자유로운 사고는 다양한 분야에서 두각을 나타냈는데, 대표적인 분야가 일본 추리소설이다. 1980년대 등장해 일본 추리소설계를 발칵 뒤집어놓은 아비코 다케마루《살육에 이르는 병》나 노리즈키 린타로《잘린 머리에게 물어봐》 역시 교토대 동문이다.

자신과 다른 사상이나 시간을 건강하게 이종 교배시키고 그 마찰력을 내면화시키는 과정이 얼마나 소중한지 교토는 스스로 증명한다.

사도 바울과 호치민의 삶

사도 바울과 호치민은 역사의 전혀 다른 타임라인에 나타난 인물이지만 둘 사이엔 의외로 많은 공통점이 존재한다. 우선, 직업적으로 둘 다 제자들에게 훌륭한 교사였고 지독한 역마살로부터 자유롭지 못한 여행가란 사실도 비슷하다. '모든 이의 모든 것이 되었다'는 사도 바울이나 살아생전 자신을 위해서 아무것도 해본 게 없는 호치민의 성정 역시 겹쳐 오르는 부분이 많다. 숱한 공통점이 존재하지만 나는 무엇보다 이들 스스로 꿈꾸던 세상을 결국 보지 못한 채 눈을 감았다는 마지막 공통점이 가장 흥미롭다.

언젠가 신영복 교수의 책에서 다음과 같은 구절을 읽은 적이 있다.

"돌아보면 제자백가 중에 그 뜻을 이룬 이는 드뭅니다. 하지만 그 도전은 씨앗이 되어 언젠가 열매를 맺습니다. 아름다운 꽃은 훨씬 훗날의 사람들을 위한 것입니다. 하물며 열매는 더 먼 미래의 것입니다. 우리의 삶은 씨앗과 꽃과 열매의 인연 속 어디쯤 놓여 있는 것이지요."

어디 전국시대 제자백가들의 도전만 그럴까. 위대한 혁명가라 불리는 이 중 누가 자신이 꿈꾸던 세상을 보고 눈을 감았던가.

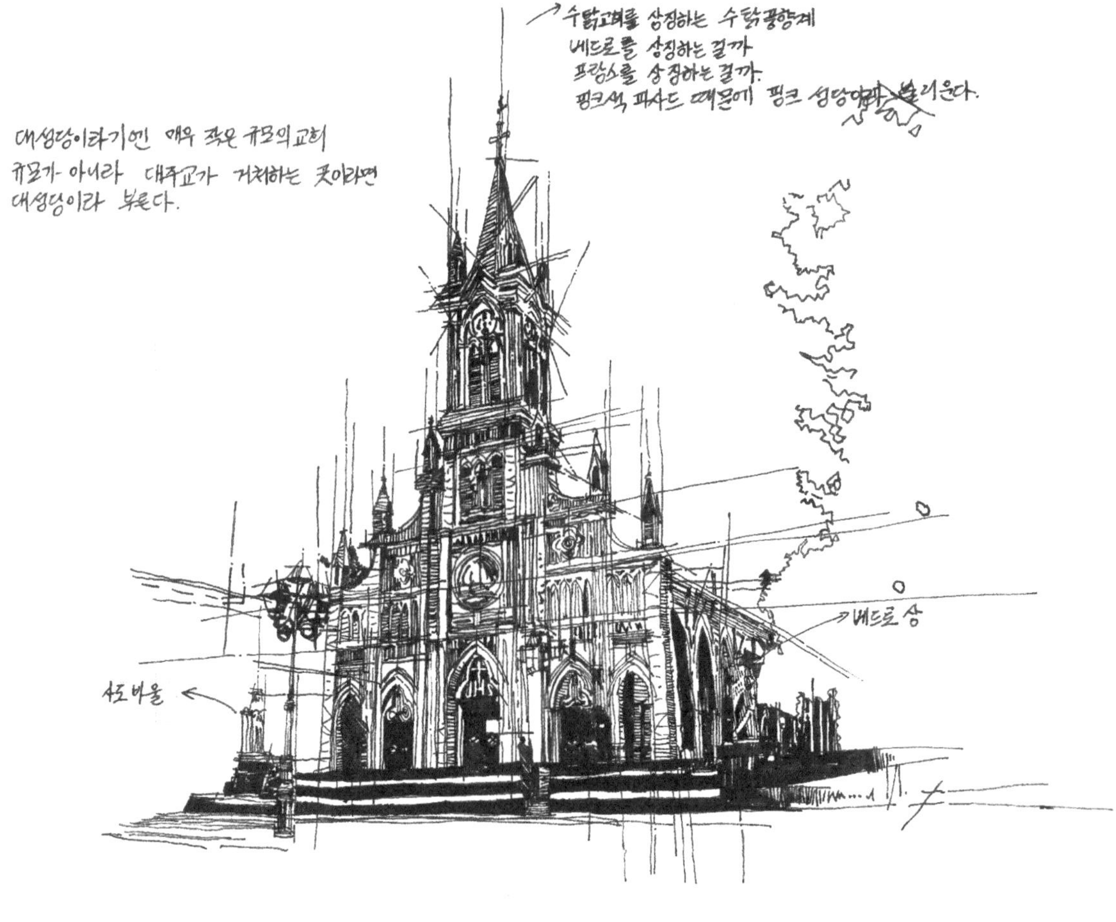
수탉고회를 상징하는 수탉풍향계
베드로를 상징하는 걸까
프랑스를 상징하는 걸까.
핑크색 파사드 때문에 핑크 성당이라 불리운다.
대성당이라기엔 매우 작은 규모의 교회
규모가 아니라 대주교가 거처하는 곳이라면
대성당이라 부른다.
베드로 상
사도 바울

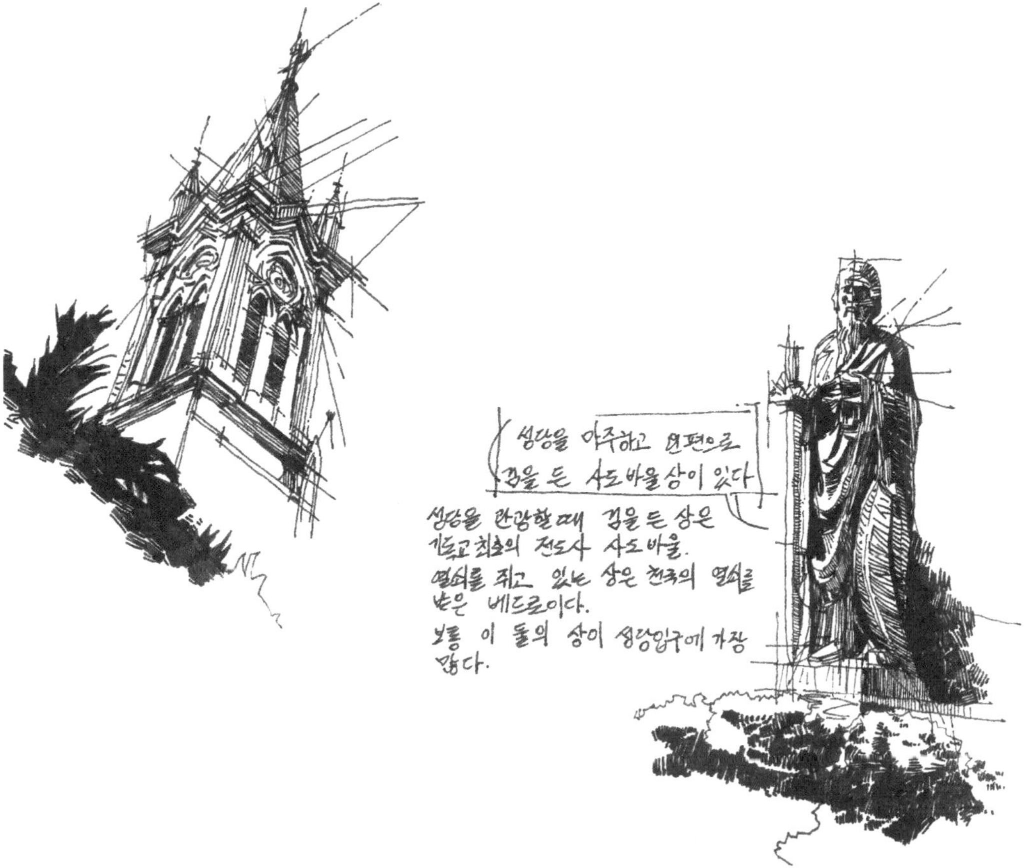

Da Nang, Vietnam, Waterman Blue-black

뉴욕 타임스퀘어

뉴욕은 무진장한 공간, 끝없이 걸을 수 있는 미궁이다.

아무리 멀리까지 걸어도,

근처에 있는 거리들을 아무리 잘 알게 되어도,

그 도시는 언제나 그에게 길을 잃고 있다는 느낌을 안겨주었다.

_폴 오스터의 《뉴욕 3부작》 중에서

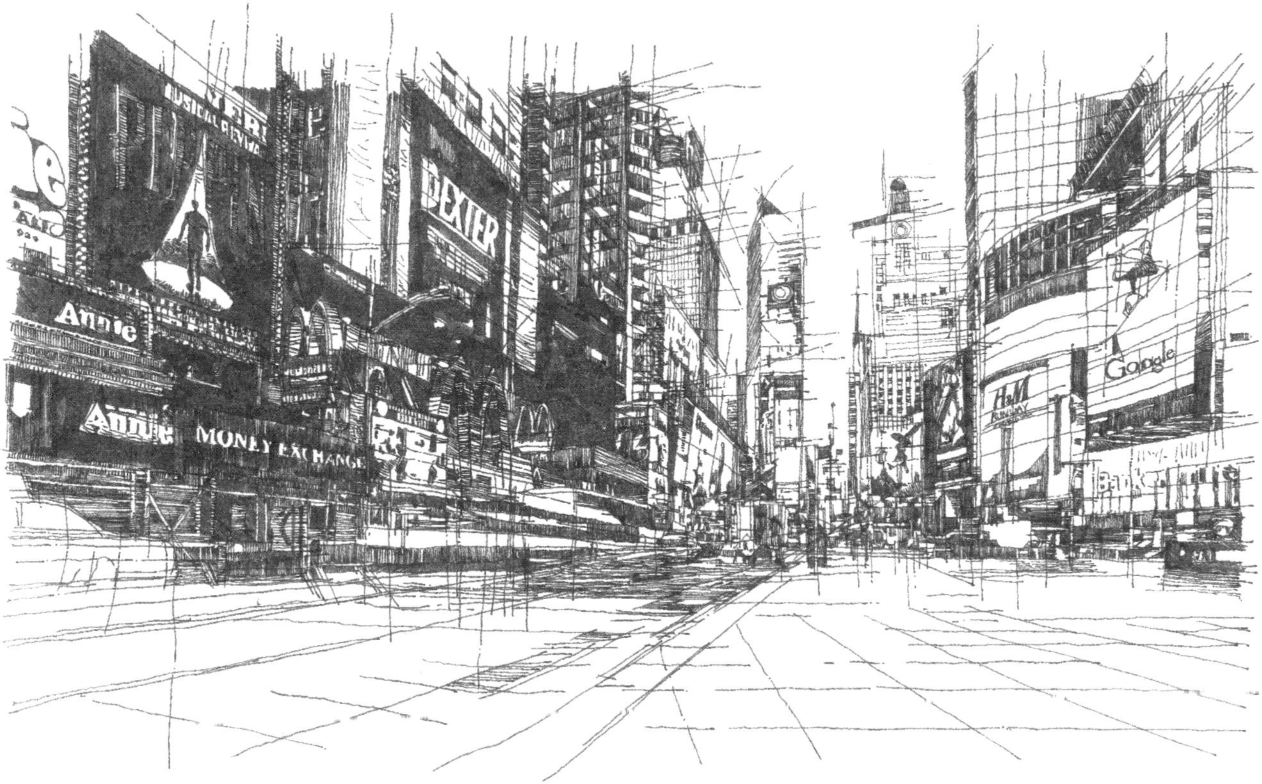

New York, U.S, Pelikan Blue-black

명가의 DNA

쉐퍼 SF100

Sheaffer SF100

쉐퍼는 세계 최초로 진공 튜브 기술의 만년필을 개발해 미국 만년필의 우수성을 유럽에 알린 브랜드다. 쉐퍼가 진공 튜브 기술을 개발해내기 전까지 인류는 스포이드 형태의 점안기를 이용해 어렵게 잉크를 주입했다. 그 과정에서 더러는 옷을 버리기도 했을 것이고 손톱이 상하는 경우도 있었다. 혁신적인 특허 기술은 당연히 사람들의 주목을 끌었다. 거기에 보석세공사였던 창업자의 섬세한 디자인이 더해져 창립 1년 만에 쉐퍼는 크로스와 더불어 미국의 대표 만년필이 되었다. (당시 만년필은 금 같은 금속을 다루어야 하는 일이 많았기 때문에 보석세공사 출신들이 디자이너로 근무하는 경우가 많았다.)

결코 흔들리지 않을 것 같던 쉐퍼도 세월의 부침에 쇠락을 피하지 못했다. 세상의 이치란 게 그렇다. 돌고 돈다. 디지털 시대의 도래와 브랜드 간 치열한 기술 경쟁으로 경영이 악화된 쉐퍼는 1997년 세계적 소재 회사 BIC에 인수된다. 맞다. 볼펜과 라이터로 유명한 바로 그 BIC. 하지만 100년 동안 만년필을 만들던 회사의 기술력이 인수합병으로 갑자기 먼지처럼 사라질 리는 없다. 쉐퍼를 상징하는 대표적인 기술들은 여전하거나 혹은 더 진보했다.

가령, 클립에 있는 이 수상쩍은 흰 점White Dot의 정체는 쉐퍼가 1920년부터 고집하고 있는 평생 보증의 상징이다. 그 자신감의 상징인 흰 점은 인수된 이후에도 여전히 남아 '쉐퍼의 자존심'을 상징하고 있다. 이 점을 보고 있으면 엉뚱하게도 한가인과 그녀의 점이 떠오른다. 하긴 한가인이 시집갔다고 그 미모가 어디 가나. 써놓고 보니 놀라운 비유라는 생각이 들어 혼자 웃는다.

일본 만년필이 한자를 위해 특화된 궁극의 세필 기술을 가졌다면 미국 만년

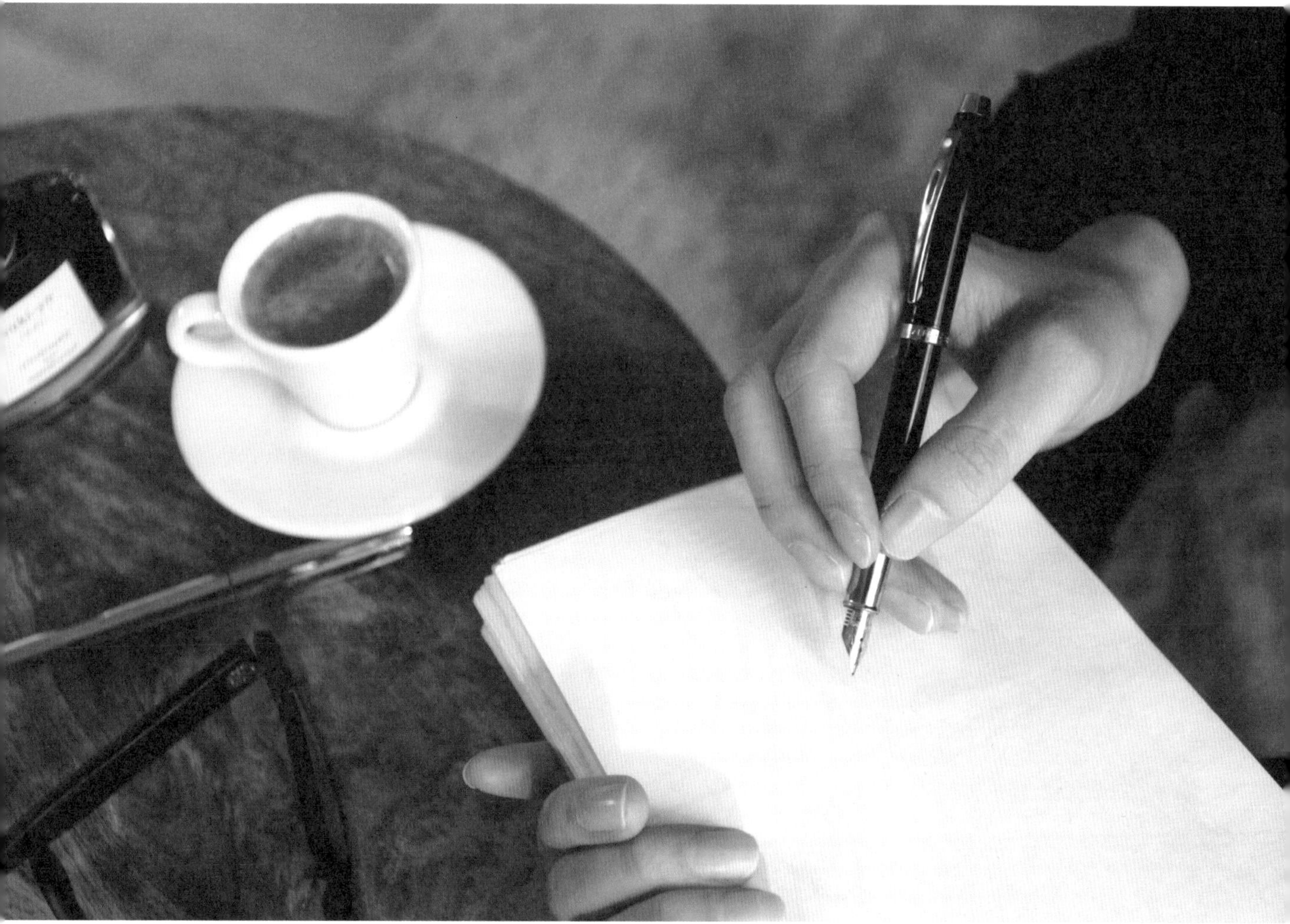

필 쉐퍼는 부드러운 필기감의 정수다. 다른 브랜드보다 닙에 루테늄 합금을 많이 사용하는 기술이 미끄럼틀 같은 필기감의 이유다.

만년필에 중독된 사람은 안다. 상체를 수그린 채 사각사각 소리를 들으며 누군가에게 보낼 편지를 써 내려가는 매력을. 이는 만년필로 씌어진 글자 하나하나가 다양하고 섬세한 색의 깊이의 층을 담고 있는 탓이다. 그 신비함은 겪어보지 않으면 모른다. 허세도 아니고 거짓말도 아니다. 그냥 만년필이 만들어내는 하나의 풍경을 있는 그대로 표현했을 뿐이다.

인간이 고통을 견디는 방법은 저마다 다르겠지만 나로 말할 것 같으면 그럴 땐 항상 만년필로 그림을 그리거나 글을 적는 편이다. 몇 번을 생각하고 이야기해봐도 주위에 안개만 차오를 때 만년필을 들어보라. 글로 적어놓으면 어렴풋하던 것이 선명해지고, 그림을 그려보면 그 풍경 속에 안온해진다. 내가 써놓고 그린 것을 훑는 것만으로도 그렇게 된다.

스마트폰이 슬슬 지겨워져 아날로그를 기웃거리는 사람이라면 만년필에 재미를 붙여볼 만하다. 거창하지 않아도 좋다. 쉐퍼 SF100 정도면 생애 첫 만년필로 충분하다.

교황이 썼네 미국 대통령이 썼네 하는 거창함에 주눅 들어 모셔두기만 하는 만년필은 필요 없다. 만년필의 본령은 글을 쓰는 데 있다. 만년필을 잘 쓰는 방법이 있다면 그것뿐이다. 여전히 많은 이들이 고가의 만년필만 화제로 삼으며 모셔두기에 하는 말이다.

자연스럽게 변하는 것
로러 & 클링너 잉크
Rohrer & Klingner

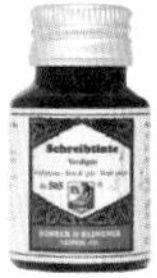

오래된 것일수록 최신의 설비가 못 미더워 초기 방식을 그대로 계승 중인 경우가 많다. (낡은 것과는 또 다른데, 우린 이것을 보수적이라 부른다.) 헌데 그런 것들의 대부분은 전통에 대한 단순한 집착이거나 발전에 대한 지나친 외면으로 보일 때가 많았다. 전통의 방식을 고수하려면 그 전통의 방식으로 만들어진 제품이 현대 산업사회가 만들어낸 제품보다 훨씬 우수해야 한다.

로러&클링너 잉크는 그런 경쟁에서 살아남은 몇 안 되는 아날로그 브랜드다. 로러&클링너 잉크는 1892년 독일 라이프치히에서 개발된 100년도 훨씬 더 된 잉크인데 지금도 전통의 방식을 고수하고 있다. 1907년 창업주의 아들이 고안한 수작업 생산 방식만 고수하는 고집은 여전히 스마트폰이나 IT 기기들을 미심쩍어 하는 '첨단 부적응자'인 나와 묘하게 닮았다.

뚜껑을 열면 병 속에 갇혀 있던 묵은 포도주보다 맑고 깊은 검은색이 드디어 공기를 만나 기지개를 켠다. 만년필 잉크를 좀 사 모아본 사람은 알 것이다. 잉크가 무슨 색이든 가득 담겨 있으면 미상불 검은색이란 사실을. 뿐만 아니라 어린 시절 감기약 같은 패키지에 얼굴을 가까이 갖다 대보면 비릿한 숲 냄새 같은 것도 난다. 아마 포함된 다양한 천연재료 때문인 듯하다. 신비한 녀석이다.

천연재료니 수작업이니 하는 단어들에서 짐작이 가겠지만 로러&클링너는 만년필 잉크치고 비싸다. 나 역시 이렇게 비싼 돈을 들여 구매할 만큼 꼭 필요한 잉크도 아니었다는 것을 인정한다. 그래도 언젠가 한 번쯤 써보고 싶은 잉크였단 변명은 해야겠다.

물론 천연재료니 전통 제작 방식이니 하는 눈에 보이지 않는 것들에 혹했던 것은 아니다(라고 강하게 주장하는 바이다!). 내가 반했던 점은 오직 한 가지, 눈에 보이는 '오묘한 색' 때문이었다.

만년필의 매력이 글을 쓰는 부드러움(애호가들은 이를 통칭해 '흐름'이라고 한다.)에 있듯 잉크의 매력은 영롱한 발색과 자연스러운 변색에 있다. 나는 로러&클링너가 가진 훌륭한 발색과 매력적인 변색이 궁금했던 것이다.

나는 만년필 필기의 매력이 이 변색에 있다고 믿는 사람이다. 세월은 고여 있지 않기에 아무리 영롱한 발색의 잉크라도 결국 변한다. 시계의 시침도 움직이지 않는 것처럼 보이지만 자세히 들여다보면 실제 움직이고 있듯, 이 색상도 우리 눈엔 보이지 않지만 세월이 지남에 따라 천천히 변하고 있는 것을 잉크를 통해 알게 된다. 물론 이런 대단한 교훈(?)을 주려고 일부러 변색되는 잉크는 없겠지만.

오래된 장인의 잉크가 새어 나와 사각거림과 함께 글씨를 만들어갈 때면 사뭇 경건하기까지 하다. 세월의 부침 속에도, 자고 일어나면 바뀌는 빠른 변화 속에도 여전히 따사로운 색과 자연스러운 변화를 가진 잉크가 있다는 사실이 특히 그러하다.

한결같은 사람이고 싶다는 꿈은 포기한 지 오래다. 다만 자연스럽게 변하는 사람이고 싶다는 바람은 여전히 유효하다. 하지만 대체 그 비결이란 것이 무엇인지 비결이 있긴 한 것인지 모르겠다. 오래된 사물에는 우리가 풀지 못한 그런 수수께끼가 너무 많다. 나는 그저 사는 동안 주변의 좋은 것들을 실컷 즐기다 잘 죽기만 바라야겠다.

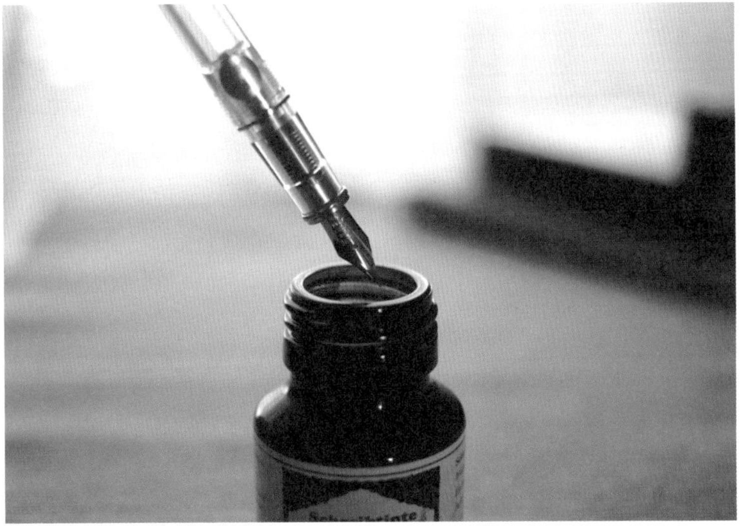

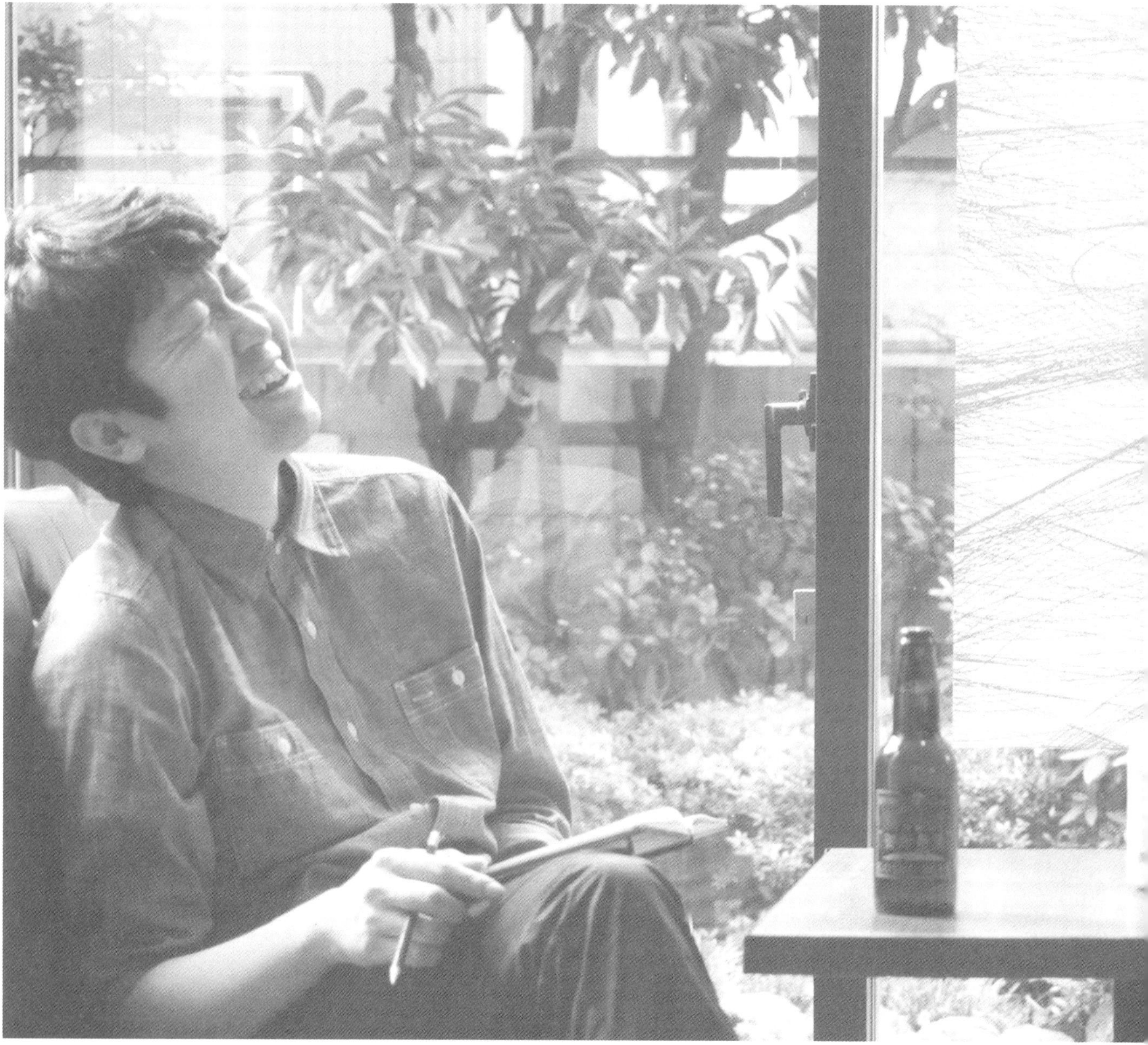

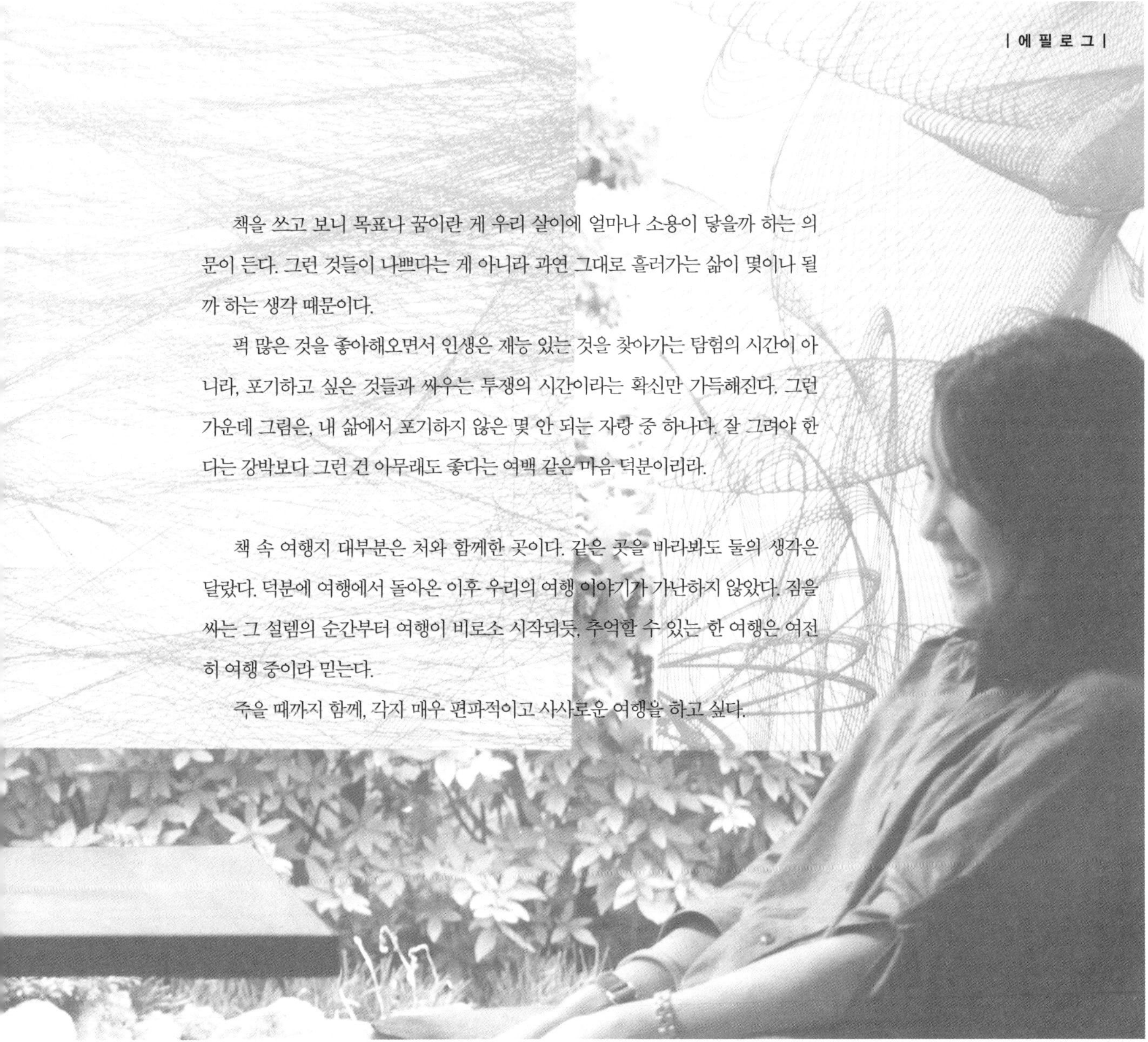

책을 쓰고 보니 목표나 꿈이란 게 우리 삶이에 얼마나 소용이 닿을까 하는 의문이 든다. 그런 것들이 나쁘다는 게 아니라 과연 그대로 흘러가는 삶이 몇이나 될까 하는 생각 때문이다.

퍽 많은 것을 좋아해오면서 인생은 재능 있는 것을 찾아가는 탐험의 시간이 아니라, 포기하고 싶은 것들과 싸우는 투쟁의 시간이라는 확신만 가득해진다. 그런 가운데 그림은, 내 삶에서 포기하지 않은 몇 안 되는 자랑 중 하나다. 잘 그려야 한다는 강박보다 그런 건 아무래도 좋다는 여백 같은 마음 덕분이리라.

책 속 여행지 대부분은 처와 함께한 곳이다. 같은 곳을 바라봐도 둘의 생각은 달랐다. 덕분에 여행에서 돌아온 이후 우리의 여행 이야기가 가난하지 않았다. 짐을 싸는 그 설렘의 순간부터 여행이 비로소 시작되듯, 추억할 수 있는 한 여행은 여전히 여행 중이라 믿는다.

죽을 때까지 함께, 각자 매우 편파적이고 사사로운 여행을 하고 싶다.

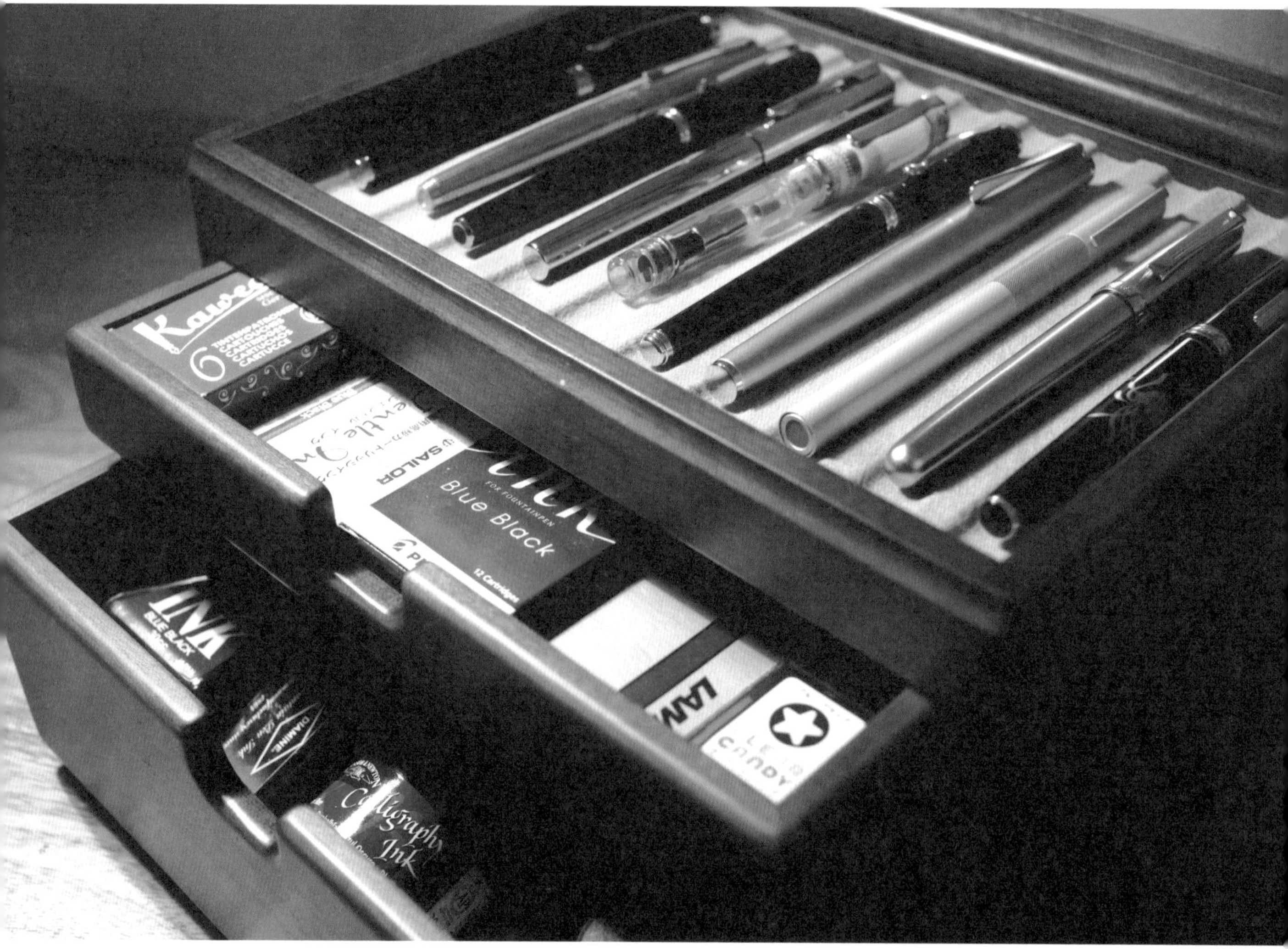
SAILOR
FOR FOUNTAINPEN
Blue Black
12 Cartridges
INK
BLUE BLACK
DIAMINE
Calligraphy
Ink